MW00985641

BIBLIOTECA ERA

Consejo Nacional
para la
Cultura y las Artes

Adolfo Gilly
(compilador)

FELIPE ÁNGELES
EN LA REVOLUCIÓN

Adolfo Gilly
(compilador)

FELIPE ÁNGELES
EN LA REVOLUCIÓN

EDICIONES ERA

Consejo Nacional
para la
Cultura y las Artes

Este libro es resultado del coloquio organizado por el Instituto Nacional de Estudios Históricos de las Revoluciones de México, la Facultad de Ciencias Políticas y Sociales de la Universidad Nacional Autónoma de México y su división de Estudios de Posgrado, en noviembre de 2005.

Coedición Ediciones Era / Consejo Nacional para la Cultura y las Artes, Dirección General de Publicaciones

Primera edición: mayo de 2008
Primera reimpresión: diciembre de 2008
ISBN: 978.968.411.710.5 (Era)
ISBN: 978.970.35.1558.5 (CNCA)

DR © 2008, Ediciones Era, S.A. de C.V.
Calle del Trabajo 31, 14269 México, D.F.
Impreso y hecho en México
Printed and made in Mexico

www.edicionesera.com.mx

ÍNDICE

INTRODUCCIÓN
▪ Adolfo Gilly

Singular figura de la Revolución mexicana, el general Felipe Ángeles: educado en el Ejército Federal de Porfirio Díaz, destacado teórico y técnico militar, respetado entre los oficiales del Antiguo Régimen, a sus cuarenta y tres años de edad el presidente Francisco I. Madero lo trajo de Francia, en cuyo ejército perfeccionaba sus conocimientos de artillería, para designarlo a inicios de enero de 1912 director del Colegio Militar de Chapultepec. En los meses siguientes el presidente y el militar trabaron estrecha amistad.

En agosto de ese mismo año, ante el fracaso de la sanguinaria campaña del general Juvencio Robles en Morelos (cuyos propios amigos la llamaban "campaña de exterminio"), Madero envió a Ángeles como jefe de la zona militar. Cambió éste métodos y política y logró, si no la amistad pues en campos enemigos estaban, sí el respeto de los jefes y los insurrectos campesinos indios al mando de Genovevo de la O y Emiliano Zapata.

La señora Rosa King, británica, dueña del hotel Bella Vista en Cuernavaca, adonde iban a alojarse en esos años personas destacadas, desde Francisco Madero hasta Victoriano Huerta y otros, en su libro *Tempestad sobre México* lo recuerda así:

El general Ángeles era delgado y de buena estatura, más que moreno, con la palidez que distingue al mejor tipo de mexicano, de rasgos delicados y con los ojos más nobles que haya visto en un hombre. Se describía a sí mismo, medio en broma, como un indio, pero sin duda tenía el aspecto que los mexicanos llaman de indio triste. Otros grandes atractivos se encontraban en el encanto de su voz y sus modales.

Desde que me lo presentaron percibí en él un par de cualidades que había echado de menos en sus antecesores, las de la compasión y la voluntad de entender. Me agradó, incluso antes de escuchar entre sus jóvenes oficiales que no toleraba crueldad ni injusticia alguna de sus soldados. [...]

Un día en que el general Ángeles y yo hablábamos del sufrimiento de los pobres indios contra quienes se hallaba en campaña, me dijo con un gesto de acentuado desaliento: "Señora King, soy un general, pero también soy un indio". Era en efecto un indio, y lo parecía: un hombre distinguido en su tipo, educado en Francia.

Este militar, descrito así en los recuerdos de la dama inglesa como una figura extraña en una revolución que vista de cerca debía de parecerle aún más extraña, fue el único alto jefe del Ejército Federal que se mantuvo leal a Madero durante el golpe de Félix Díaz y Victoriano Huerta y los días sucesivos de febrero de 1913 conocidos como la Decena Trágica. Huerta lo apresó junto con Madero y Pino Suárez y, mientras que mandó asesinar a éstos después de obligarlos a renunciar entre amenazas y falsas promesas, dejó con vida al general Ángeles, a quien la solidaridad de casta de sus colegas militares ponía al abrigo, al menos en lo inmediato, de un crimen semejante.

■

El general Victoriano Huerta no mató entonces al general Felipe Ángeles, pero semanas después le fraguó un proceso pretextuoso, lo tuvo unos meses en la cárcel y luego lo mandó al exilio en Francia el día último del mes de julio. De allá el general maderista regresó clandestinamente en octubre de 1913 para incorporarse en Sonora al gabinete de Venustiano Carranza. En los primeros meses de 1914 pasó a formar parte de los mandos de la División del Norte: quería combatir, no ser subsecretario de Guerra a cargo del despacho.

Estuvo presente en la toma de Torreón el 3 de abril de 1914 y, junto con Francisco Villa, fue el artífice de la toma de Zacatecas el 23 de junio de 1914, la batalla decisiva para la caída de Victoriano Huerta tres semanas después.

No narraremos en estas líneas las victorias, las derrotas y las vicisitudes de Felipe Ángeles, cuya intervención personal fue determinante para convencer en octubre de 1914 a Emiliano Zapata y sus jefes –con quienes se había enfrentado con las armas desde bandos enemigos apenas dos años antes– de que se incorporaran a la Convención Militar Revolucionaria de Aguascalientes, y luego para que en ésta se aprobara el Plan de Ayala.

Después de esa Convención se precipitaron los acontecimientos que marcaron los destinos de la Revolución mexicana: la ocupación de México por los ejércitos convencionistas, la División del Norte y el Ejército Libertador del Sur; la contraofensiva del Ejército Constitucionalista de Obregón y Carranza; las derrotas de la División del Norte en las cuatro sucesivas batallas del Bajío en 1915; el exilio de Ángeles a Estados Unidos en la segunda mitad de ese mismo año; la sanción de la Constitución de febrero de 1917; la prolongación de la guerrilla villista contra el presidente Carranza en Chihuahua y Durango y de la guerra zapatista en el sur, y el regreso solitario del general Ángeles en diciembre de 1918 para sumarse a las fuerzas de Villa, convencido de que así podría evitar la que creía inminente intervención de Estados Unidos en México.

Lo apresaron el 17 de noviembre de 1919, le montaron una corte marcial a sala llena en el Teatro de los Héroes de Chihuahua, hizo ante sus jueces y el público una extensa defensa en la que expuso una peculiar mezcla de ideas liberales, humanistas y socialistas que era en verdad su testamento político y espiritual, lo condenaron a muerte y lo fusilaron en la madrugada del 26 de noviembre de 1919.

■

¿Qué podía salir del estudio de este personaje solitario que no hubiera sido ya analizado y dicho sobre el curso y los significados de la Revolución mexicana? Tal vez mucho de lo que todavía queda por decir: cierto aire del tiempo, cierta visión sobre los militares mexicanos de entonces y también ciertas fantasías de los hombres y mujeres arrastrados por la Revolución, que hoy sabemos que son tales, pero que quienes las llevaban en su imaginación entonces no sabían que lo eran.

El general Felipe Ángeles, escribe Katz en su biografía de *Pancho Villa*:

representó una excepción a todas la reglas, tanto del México porfiriano como del México revolucionario. Fue el único alto oficial del Ejército Federal que se unió a las fuerzas revolucionarias y también uno de los muy pocos generales mexicanos, fueran federales o revolucionarios, que era a la vez un intelectual en el más amplio sentido del término. Enseñaba matemáticas y ciencias de la artillería, y escribió trabajos muy conocidos sobre ambos campos. También mostraba un profundo interés por la literatura y era un hombre culto. Además, era uno de los muy pocos militares que gozaba tanto de prestigio nacional como de popularidad en gran parte del país. Ante todo, fue uno de los pocos ideólogos que produjo la Revolución. Tendría una enorme influencia sobe Villa y sobre su ejército en diferentes sentidos: como especialista en artillería, como estratega, como organizador, como dirigente ideológico y como intermediario con los estadounidenses.

Convocados por el Instituto Nacional de Estudios Históricos de las Revoluciones de México (INEHRM), la Facultad de Ciencias Políticas y Sociales de la Universidad Nacional Autónoma de México (UNAM) y su División de Estudios de Posgrado, un grupo de historiadores se reunió los días 17 y 18 de noviembre de 2005 –a ochenta y cinco años del inicio de la Revolución mexicana, a setenta y cuatro de la muerte de Ángeles– para considerar desde sus diversos saberes, entenderes y mirares a esta figura singular así definida por Katz.

Entre ellos estuvieron el propio Friedrich Katz; Odile Guilpain, autora de *Felipe Ángeles y los destinos de la Revolución mexicana* (1991); Felipe Ávila Espinosa, autor de *Entre el Porfiriato y la Revolución. El gobierno interino de Francisco León de la Barra* (2005); Pedro Salmerón, autor de *La División del Norte. La tierra, los hombres y la historia de un ejército del pueblo* (2006); el general Luis Garfias, autor de *Historia militar de la Revolución mexicana* (2005); y Rubén Osorio, autor de *La correspondencia de Francisco Villa* (2004). Todos ellos presentaron los ensayos sobre

Felipe Ángeles que conforman este volumen. Participó también en este coloquio como ponente el historiador Santiago Portilla. Fueron organizadores y participantes Javier Garciadiego, entonces director del INEHRM y hoy presidente de El Colegio de México, Adolfo Gilly, profesor e investigador de la Facultad de Ciencias Políticas de la UNAM, y Pablo Serrano Álvarez, director de investigación y luego director en funciones del INEHRM.

■

Ocho ensayos históricos conforman este volumen. Friedrich Katz estudia la controvertida cuestión de la actitud del general Ángeles durante la Decena Trágica. Adolfo Gilly, a partir de un proceso judicial posterior a la Decena Trágica y anterior al exilio de Ángeles en Francia, recorre varios episodios de la vida del general. Felipe Ávila Espinosa se ocupa de la intervención política de Ángeles en la Convención de Aguascalientes y en torno a ésta. Javier Garciadiego trae a luz las semejanzas entre Ángeles y Carranza en la rivalidad que hasta la muerte los contrapuso. Pedro Salmerón analiza la historiografía sobre Felipe Ángeles y la relación militar de éste con las campañas de la División del Norte. Odile Guilpain estudia las relaciones políticas y personales de Ángeles en su último exilio en Estados Unidos y las posibles motivaciones de su regreso en diciembre de 1918 para sumarse a las fuerzas villistas en Chihuahua. Rubén Osorio expone el desarrollo del Consejo de Guerra que en noviembre de 1919 sentenció a muerte a Felipe Ángeles y reproduce en especial aquellos pasajes de la defensa del general en donde éste, sabiéndose condenado, explicó por extenso sus ideas, sus razones y sus motivos. Finalmente, el general Luis Garfias traza un esbozo biográfico de Felipe Ángeles en tanto militar del Ejército Mexicano.

Siete escritos del general Felipe Ángeles, en diferentes circunstancias de su vida, completan el volumen como apéndice. Ellos darán al lector una visión más amplia de su personalidad, sus preocupaciones intelectuales y su estilo.

A. G., mayo de 2007

13

RECONOCIMIENTOS

La realización del Coloquio Internacional Felipe Ángeles y la Revolución Mexicana fue posible gracias a la colaboración de la Facultad de Ciencias Políticas y Sociales de la UNAM y su División de Estudios de Posgrado y los doctores Fernando Pérez Correa, director de la Facultad, y Judit Bokser, jefa del Programa de Posgrado; del Instituto Nacional de Estudios Históricos de las Revoluciones de México, su entonces director, doctor Javier Garciadiego, hoy presidente de El Colegio de México, y su actual director en funciones, doctor Pablo Serrano Álvarez.

El director de Producción Editorial del INEHRM, Ulises Martínez Flores, y la diseñadora gráfica Sandra Mireya Camargo Hernández, tuvieron a su cargo el diseño de los carteles de difusión del evento. La Dirección de Estudios Históricos del Castillo de Chapultepec y su director, el doctor Salvador Rueda Smithers, facilitaron la reproducción de los murales existentes en esa sede.

A todas estas instituciones y académicos, nuestro reconocimiento.

La colaboración de Tatiana Pérez Ramírez y Édgar Urbina Sebastián fue imprescindible para llevar a buen término este trabajo.

FELIPE ÁNGELES Y LA DECENA TRÁGICA
- Friedrich Katz

Felipe Ángeles fue, sin duda alguna, una de las personalidades más interesantes y singulares que intervinieron en la Revolución mexicana. No sólo fue el general del Ejército Federal más cercano a Francisco I. Madero; también fue el único general de ese ejército que se unió a los revolucionarios cuando Victoriano Huerta tomó el poder y Madero fue asesinado. Fue el único verdadero intelectual que produjo el Ejército Federal.

Cuando digo intelectual no me refiero a sus excepcionales capacidades como experto en balística o como profesor en el Colegio Militar. Había entre los militares otros que también tenían tales cualidades. Lo que lo diferenciaba de todos los demás era su genuino interés y su conocimiento acerca de las teorías sobre el desarrollo social. Había leído a Karl Marx y Karl Kautsky, y a otros teóricos sociales.

Fue además, durante la Revolución, uno de los jefes militares más humanos, tanto durante su servicio en el Ejército Federal como en el ejército revolucionario. Cuando fue comandante en jefe de las fuerzas federales maderistas en el estado de Morelos, en lucha contra los zapatistas, Felipe Ángeles puso término, al menos por un tiempo, a las salvajes represalias de sus predecesores contra la población civil.

En 1915, después de la toma de la ciudad de Monterrey, en la cual se tomaron cientos de prisioneros, hizo algo del todo inusual, sin precedentes en la historia de la Revolución. En lugar de ejecutar a todos los oficiales y presentar a los soldados la alternativa de sumarse al ejército revolucionario o ser fusilados (como era norma entre las facciones revolucionarias), reunió a los prisioneros en la plaza central de la ciudad y les pidió que juraran nunca más tomar las armas contra las fuerzas de la Convención. Una vez que los soldados y los oficiales pronunciaron tal juramento, los dejó en libertad.

A pesar de estas cualidades, que se le reconocen habitualmen-

17

te, Ángeles era y sigue siendo, hasta cierto punto, una personalidad controvertida tanto entre los historiadores como entre aquellos interesados en la historia de la Revolución. Las discusiones se centran en cuatro cuestiones: la primera es su actitud durante la Decena Trágica. ¿Fue realmente leal a Madero? ¿Pudo haberlo salvado? ¿Hizo cuanto estaba a su alcance?

La segunda se refiere a cómo pudo unirse a un hombre como Villa, a quien muchos consideraban un bandido.

La tercera es hasta qué grado fue responsable de la ruptura entre Villa y Carranza y, en consecuencia, de la sangrienta guerra civil entre Villa y Zapata por un lado y Carranza por el otro.

Finalmente: ¿era demasiado pro estadounidense y no un patriota mexicano?

Dejaré las tres últimas cuestiones a otros autores que participan en el presente volumen. Pero yo diría que en la medida en que la imagen de Villa en la historia oficial al menos ha mejorado (entre amplios sectores de la población esa imagen fue siempre positiva), esas tres controversias han ido perdiendo fuerza. En cambio, las que se refieren a las actividades de Ángeles durante la Decena Trágica son todavía tema de discusión. Esto se debe, entre otras cosas, al hecho de que Ángeles, aparte de algunos pocos comentarios con amigos y una breve entrevista sobre un aspecto de su actividad durante la Decena Trágica, nunca tocó el tema en entrevistas, ensayos, artículos o cartas.

El 9 de febrero de 1913 una parte de la guarnición de la ciudad de México, apoyada por cadetes de la Escuela de Aspirantes (una de las dos academias militares de México), se alzó en armas contra el gobierno revolucionario de Francisco Madero. Logró liberar de la cárcel a los dos políticos que habían preparado la rebelión: el general Bernardo Reyes, ex ministro de Guerra y gobernador del estado de Nuevo León bajo Porfirio Díaz, y el general Félix Díaz, sobrino del dictador. Consiguió incluso tomar el Palacio Nacional, aunque no apresar a Madero, que residía en el castillo de Chapultepec. Tropas leales a Madero recuperaron el control de la mayor parte de la ciudad, incluido el Palacio Nacional. Bernardo Reyes murió en los enfrentamientos. Los rebeldes ocuparon una plaza fortificada dentro de la ciudad, que era también el arsenal donde estaba almacenada la mayor parte de las armas y municiones, la Ciudadela, y desde ahí desafiaron al gobierno. Cuando el jefe de las tropas que habían recapturado el Palacio Nacional, Lauro Villar, resultó herido, Madero entregó el mando de las operaciones en el Distrito Federal a Victoriano Huerta, general con el cual había tenido reiterados choques.

El día mismo del golpe, a hora tardía, Madero tomó una decisión no sólo peligrosa, sino que, en cierto modo, podía considerarse temeraria. En un automóvil con unos cuantos hombres, sin escolta militar, se trasladó a Cuernavaca donde estaba Felipe Ángeles con sus tropas. Era una empresa muy riesgosa dado que grandes tramos de la ruta entre ambas ciudades estaban bajo el control o bajo ataques frecuentes de tropas zapatistas hostiles a Madero. Poco después, regresó de Cuernavaca a la ciudad de México, junto con Ángeles y el grueso de sus tropas.

Madero nunca explicó por qué había tomado la decisión de ir a Cuernavaca en lugar de ordenar a Ángeles, simplemente, que se reuniera con él en la ciudad de México. Las comunicaciones telegráficas entre Cuernavaca y México estaban abiertas y disponibles. Podía también haber enviado algún mensajero. Sin embargo, escogió arriesgarse en persona.

Sólo es posible sugerir algunas hipótesis. La primera es que Madero no se sentía muy seguro en la ciudad de México. La lealtad de muchos oficiales y unidades militares osciló constantemente durante el primer día de la rebelión, y tenía motivos para dudar del hombre al cual le había confiado el mando de la guarnición leal, Victoriano Huerta.

La segunda explicación posible es que había cuestiones que sólo podían resolverse en el terreno, en Cuernavaca. Antes de retirar a las tropas federales de Morelos, Madero quería estar seguro de que Zapata no aprovecharía el vacío militar resultante para lanzar una gran ofensiva.

La tercera posibilidad es que tuviera un plan muy especial para el general Ángeles, y quisiera consultarlo con él antes de que llegara a la ciudad de México.

El hecho de que Madero tomara tales riesgos para comunicarse personalmente con Ángeles es un claro signo de cuán cercano se sentía al general federal, aunque no hay indicios de que ambos hombres se hayan siquiera conocido antes de que Madero designara a Ángeles como director del Colegio Militar en 1912. Tres razones pudieron impulsar a Madero para darle a Ángeles cargo tan importante.

La primera fue que Ángeles nunca combatió contra los maderistas. No es que no lo intentara, sino que en el momento en que la Revolución estalló Ángeles estaba en Francia haciendo estudios sobre la organización de la artillería francesa. Cuando le llegaron las primeras noticias de la Revolución, inmediatamente ofreció sus servicios a Porfirio Díaz, pero el secretario de Guerra respondió diciendo que la situación no lo requería.

La segunda razón fue probablemente su indiscutido conocimiento en cuestiones de balística. Sus logros en este terreno como estudiante habían sido tan notables que aun antes de graduarse ya se le había pedido que enseñara balística en el Colegio Militar.

Finalmente, y tal vez más importante, fue el hecho de que tenía fama de incorruptible. El departamento de adquisiciones para la artillería del ejército porfiriano era, sin la menor duda, una de sus ramas más corruptas. Su director, el general Manuel Mondragón, pedía una comisión de veinte por ciento a cualquier fábrica que le vendiera cañones. Ángeles había sido enviado una vez en misión de compras a Europa; estuvo en desacuerdo con los otros integrantes de la misión, fue enviado de regreso y nunca más tuvo que ver con adquisiciones. Ésta era una indicación clara de que no se prestaba a participar en tales prácticas.

Una vez nombrado director del Colegio Militar, Ángeles estuvo encargado de acompañar a Madero en sus recorridos a caballo por la ciudad de México. Así pues, ambos hombres conversaban con frecuencia y Madero pudo darse cuenta de que Ángeles compartía muchos de sus valores y tenía también un conocimiento de las cuestiones sociales y políticas mucho mayor de lo que se podía esperar de un militar. Cuando comenzó a tener dudas crecientes sobre la brutal represión que sus generales estaban llevando a cabo en Morelos, sintió que Ángeles podría aplicar una política muy diferente en la lucha contra los zapatistas. En efecto, así sucedió. Ángeles, al menos por un tiempo, puso fin a las represalias masivas contra civiles, como la quema de aldeas y las ejecuciones colectivas. En consecuencia, muchos de los hombres de Zapata que habían dejado sus poblados a causa de la represión decidieron regresar a sus casas. Esto debilitó al ejército de Zapata, lo que Madero vio con gran satisfacción.

En cuanto Madero llegó a Cuernavaca, Ángeles tomó una decisión sorprendente: aunque él controlaba la ciudad, era tal su inquietud por la suerte de Madero que lo colocó bajo la protección de una bandera extranjera, cosa bastante inusual para el presidente de un país. Rosa King, súbdita inglesa, era dueña del hotel Bella Vista en Cuernavaca. Éstas son sus memorias:

Un domingo en la tarde, cuando descendía la escalera, me encontré con un oficial de muy buena presencia, desconocido para mí, que me dirigió la palabra en perfecto inglés. Me preguntó si yo era la señora King y, una vez confirmado, me dijo que el presidente Madero estaba llegando a Cuernavaca por una noche, y que quería hacer los arreglos necesarios para que el presidente y sus acompañantes se alojaran en el Bella Vista. Quedé bastante sorprendida. El presidente Madero había venido a Cuernavaca con frecuencia, y casi siempre venía a verme con su señora. Pero nunca se había alojado en el Bella Vista, sino en la casa de su amigo, el señor Carreón.

La sorpresa se reflejó seguramente en mi rostro, pues el oficial dijo francamente: "Señora King, el presidente no debe quedarse en una residencia privada. Su vida está en peligro. Queremos que usted lo tome bajo la protección de su techo y de la bandera británica mientras permanezca en Cuernavaca".

Me di cuenta entonces de que las cosas eran más graves de lo que yo había creído, si el presidente de la República necesitaba la protección de una bandera extranjera.

Al principio no quise aceptar darle alojamiento. No me parecía que yo, como ciudadana particular de Gran Bretaña, pudiera asumir tal responsabilidad. Me gustaba el señor Madero y la sencilla y directa señora Madero, pero me resistía a verme arrastrada en la política de un país donde yo era una extranjera. Además, me parecía muy posible que la devoción de este oficial por su amigo el presidente lo hubiera llevado a exagerar el peligro que corría.

"Oh, señora King", dijo por fin el hombre, "el general Ángeles me envió con usted; dijo que sabía que usted haría todo lo posible por ayudarnos."

Cuando dijo que Ángeles lo había enviado, supe que el peligro para el presidente era real. Ahora estaba yo más bien asustada. Pero quería tanto a la señora Madero y tenía tal respeto por el general que sentí que no podía abandonarlos. Di mi consentimiento.

Se izó la bandera británica sobre el Bella Vista y una fuerte guardia de soldados rodeó la casa en preparación de la llegada de nuestro distinguido visitante. Otros soldados más fueron apostados adentro, y nadie estaba autorizado para entrar o salir sin permiso. Ninguno de mis servidores tenía permiso para acercarse al presidente, excepto mi ayudante indio y mi cocinero chino, en los cuales tenía yo confianza total.[1]

Por un lado, Ángeles temía que una parte importante de la población de Cuernavaca, que simpatizaba con Zapata, intentara matar o al menos hacer daño a Madero de uno u otro modo. En efecto, hubo una concentración frente al hotel, pero Ángeles no tuvo dificultad para hablar al pueblo y dispersar a los manifestantes:

Cuando el presidente y sus acompañantes estaban cenando, un servidor vino y me dijo que enfrente, en la plaza, se estaba reuniendo una hosca multitud, murmurando contra el presidente y diciendo que no había cumplido con las promesas que le había hecho al pueblo. La multitud fue creciendo más y más y el confuso rumor iba aumentando. Se oyeron silbidos y gritos de "¡Muera Madero!"

El presidente estaba hablando conmigo en la sala cuando oyó estos gritos. Saltó de inmediato, diciendo: "¡Señora King, debo salir al balcón y hablar con ellos!"

Le rogué que no lo hiciera y rápidamente envié por el ge-

[1] Rosa E. King, *Tempest Over Mexico: A Personal Chronicle*, Little, Brown, Boston, 1940, pp. 106-108.

neral Ángeles, quien podía tener una mayor influencia sobre él que yo. Ángeles vino apresuradamente y no quiso ni hablar de que Madero se dirigiera a la multitud. Finalmente convenció al presidente de que lo dejara ir a él y hablar con el pueblo, lo cual hizo, y pronto los calmó.[2]

Es muy posible que a Ángeles no sólo le preocuparan los sentimientos populares contra Madero, sino también que parte de sus propias tropas muy bien podía volverse contra el presidente. Por dos veces durante su mando en Morelos se había enfrentado con rebeliones entre sus propios hombres:

"Parte del once regimiento que guarnecía Yautepec", le informó a Madero el 31 de octubre de 1912, "se rebeló y otra parte tenía una actitud próxima a la rebelión y mandé desarmarla." También informaba que había tenido que ordenar a otro batallón, el treinta y dos, que saliera de la ciudad de Jojutla, donde tenía su guarnición, para enviarlo al Estado de México, porque "amenazaba con destruir un importante acueducto". [...] Las razones de la impopularidad de Ángeles entre muchos de sus soldados no son difíciles de entender. Con sus predecesores, Huerta y Robles, los soldados, alistados a la fuerza y mal pagados, podían saquear a voluntad y matar a los civiles que se les enfrentaban. Ángeles había restringido mucho estas actividades.[3]

Una de las razones más importantes por las cuales Madero había venido a Cuernavaca era que quería reemplazar a Huerta por Ángeles como comandante en jefe de la guarnición federal en la ciudad de México. Lo expresó con claridad uno de los pocos miembros revolucionarios del gabinete de Madero, Manuel Bonilla: "Al regresar el señor Madero, lo primero que propuso fue que el señor general Ángeles se encargara de reorganizar la línea de batalla, para preparar el asalto decisivo a la Ciudadela, y que se destituyera a Huerta, colocándose a Ánge-

[2] Ibid., p. 110.
[3] Friedrich Katz, *Pancho Villa*, Era, México, 1998, t. 1, p. 317.

les como jefe".[4] Todo el gabinete, sin embargo, se opuso a esta medida:

Empero, los señores ministros al discutir el asunto hicieron observar que el general Ángeles era en realidad coronel, pues el Senado no había comunicado aún su aprobación al ascenso y en todo caso sólo se le podía considerar como brigadier, y de una antigüedad completamente reciente. Había en las fuerzas que combatían otros jefes de más alta graduación o de la misma, pero de una antigüedad mayor que la del general Ángeles, y temían que su susceptibilidad se lastimara si se les ponía como jefe a Ángeles, a quien muchos de ellos no querían porque le tenían envidia debido a su excepcional talento, o simplemente porque nunca quiso participar de las pequeñas miserias que llevaban a aquellos señores a creerse insultados o despreciados cuando el presidente Madero, de quien Ángeles era devoto y particular amigo, ascendía a alguien o reprochaba a la corporación algunas de sus indignidades o defectos, que se proponía corregir. Esto era más que probable, pues nada menos el ascenso del señor Ángeles había sido calificado de inmerecido, como el del señor García Peña, y los otros, a que ya en algún lugar me he referido. Contando con tan escasos elementos, si se introducía el desaliento o la envidia, el fracaso era, más que seguro, inevitable.[5]

El temor que tenía el gabinete de provocar la ira de los mandos militares al promover a Ángeles estaba relacionado con un principio básico observado en el Ejército Mexicano durante la larga dictadura de Porfirio Díaz: la promoción se basaba exclusivamente en la antigüedad. Ésta es una de las razones por las cuales el Ejército Federal tuvo una actuación tan mala durante la Revolución, dado que la mayoría de sus oficiales más capaces nunca fueron promovidos y estaban subordinados a hombres incapaces que sólo ocupaban sus posiciones por antigüedad.

[4] Manuel Bonilla, *El régimen maderista*, Arana, colección Biblioteca de la Historia Mexicana, México, 1962, p. 176.
[5] Ibid., pp. 176-77.

Mientras Bernardo Reyes fue ministro de Guerra cambió en parte esta política, y fue ésta una de las razones de su tremenda popularidad entre el cuerpo de oficiales. Madero, en cambio, nunca intentó terminar con el principio de antigüedad. Si lo hubiera hecho, podría haberse ganado una lealtad mucho mayor dentro del Ejército Federal.[6]

Una propuesta alternativa de Madero también fue rechazada por el ministro de Guerra:

Se convino en que para no herir susceptibilidades de viejos jefes del ejército, no se cambiara al ministro de la Guerra, pero para controlar esa importante Secretaría se comisionara al general Felipe Ángeles, en la jefatura de Estado Mayor, y poder así vigilar el desarrollo completo de la actividad de los jefes que no inspiraban completa confianza. La disposición para que el general Ángeles se encargara de su comisión fue comunicada de palabra por el señor presidente al general García Peña, secretario de Guerra, y éste en lugar de cumplimentar lo acordado, llamó al general Ángeles, subió con él en un automóvil y lo condujo al punto militar que estaba establecido en la esquina de la calle Colón, e imperativamente le ordenó permanecer allí y no separarse del lugar sin su previo consentimiento. Así fue desobedecida la orden del señor presidente Madero.[7]

No hay indicios de que ni Madero ni el secretario de Guerra hayan dado alguna explicación a Ángeles sobre por qué nunca se llevó a efecto el proyecto que éste había discutido con Madero. Por el contrario, en cierto modo Ángeles había sido degradado. No sólo no tenía un mando propio, sino que incluso en lo que tocaba a la artillería, su especialidad, estaba bajo el mando de otro oficial del mismo rango, el coronel Rubio Navarrete, leal a Huerta. Pese a que Madero implícitamente confiaba en Ángeles, no hay tampoco indicio o signo de que lo haya consultado en

[6] Véase Juan Manuel Torres, *La Decena Trágica*, Academia Nacional de Historia y Geografía, México, 1963, pp. 10-11.

[7] M. Bonilla, op. cit., pp. 203-204.

algún momento durante la Decena Trágica. Ello puede contribuir a explicar la subsiguiente conducta de Ángeles. Pronto se dio cuenta de que las actividades de Huerta como comandante en jefe eran sumamente sospechosas. Cuando su vieja amiga Rosa King lo visitó después del fin de la Decena Trágica, él le dijo:

"La traición: es eso lo que rompía el corazón. Una cosa, señora King, es enfrentar a un enemigo; ¡pero tener enfrente los fusiles de amigos!" Se levantó y comenzó a caminar yendo y viniendo incansablemente por la habitación; y yo vi en sus zancadas cómo el confinamiento en esa casa estrecha lo estaba desgastando, acostumbrado como estaba a la acción. "¡Imagine, señora, si puede, el momento en que abrí fuego sobre la Ciudadela y descubrí que la mira de mi cañón había sido destruida en secreto! Y el pobre Castillo y sus hombres, a quienes Huerta ordenó apostarse en la esquina de Balderas y Morelos, donde sabía que los iban a volar en pedazos."[8]

No tenemos indicios de que Ángeles haya intentado en algún momento contactar a Madero con respecto a estas dudas o, si lo hizo, que haya realmente insistido sobre el tema. Ángeles lo dijo así, claramente, a Manuel Calero, el abogado que lo defendió en el proceso subsiguiente. Calero cita a Ángeles:

Después me ha dicho usted que por disciplina, por no parecer intrigante, no podía usted insistir demasiado con los señores del gobierno sobre que Huerta estaba conduciendo las operaciones contra la Ciudadela en forma de tal modo disparatada, que la conducta de aquél parecía más que sospechosa.[9]

El hecho de que no hiciera saber a Madero sus críticas sobre Huerta fue ligado por los críticos de Ángeles con la acusación de traición que Obregón hizo en su contra en un manifiesto, publicado en 1915, en estos términos:

[8] R. E. King, op. cit., pp. 117-18.
[9] Manuel Calero, *Un decenio de política mexicana*, s.e., Nueva York, 1920, pp. 114-15.

Durante la "Decena Trágica", haber retirado su artillería, que tenía emplazada frente a la legación inglesa para batir a la Ciudadela, por haberle informado el fatídico León de la Barra –que se hallaba refugiado en la mencionada legación– que había el propósito de deponer al presidente Madero y que él, Ángeles, era el candidato más viable para sustituirlo.[10]

Tal conversación, en efecto, tuvo lugar, aunque la oferta de De la Barra nunca fue claramente planteada:

En una entrevista para el periódico villista *Vida Nueva*, el 16 de abril de 1914, Ángeles dijo que durante una conferencia con el embajador británico, quien protestó porque su artillería se hallaba cerca de la legación de ese país, habló en efecto con De la Barra, que estaba refugiado allí, y éste le dijo que Madero tendría que renunciar y ser sustituido por un general, lo cual sería la única solución para lograr la paz en México. Ángeles objetó que ningún general estaba capacitado para ser presidente y que el que tenía más poder, Huerta, no sólo era un borracho, sino que tenía muy mal carácter. De la Barra estuvo de acuerdo y dijo que el sucesor de Madero debería ser un amigo de éste elegido por él. La clara implicación, tal como Ángeles la entendió, fue que él mismo sería el mejor candidato.[11]

En apariencia, esta cuestión fue discutida entre miembros del gabinete:

El 17 de febrero de 1913, el embajador alemán Paul von Hintze fue a ver al secretario de Relaciones Exteriores de México, Lascuráin, y le propuso el "nombramiento del general Huerta como gobernador general de México con plenos poderes para terminar la Revolución, según su propio criterio". Lascuráin le dijo a Hintze que había trasmitido la sugerencia a Madero. [...] Así lo registró Hintze en su diario: "Lascuráin

[10] Álvaro Obregón, *Ocho mil kilómetros en campaña*, Fondo de Cultura Económica, México, 1959, p. 237.
[11] F. Katz, *Pancho Villa*, cit., t. 1, p. 513, n. 65.

presenta mi iniciativa al presidente –al regresar, después de cierto tiempo, me da a entender que la iniciativa era aceptada en principio. Ahora bien, si sería Huerta o algún otro, aún no estaba decidido".[12]

No hay pruebas de que Ángeles haya suspendido el cañoneo sobre la Ciudadela.

Había una persona muy claramente convencida de la lealtad y la devoción de Ángeles hacia Madero: era Victoriano Huerta. Por esta razón, el día del golpe Huerta convocó a Ángeles al Palacio Nacional, supuestamente para recibir órdenes, y lo arrestó. Dos diplomáticos amigos de Madero, los ministros de Cuba y de Chile, fueron testigos de la detención de Ángeles junto con Madero y Pino Suárez. El ministro cubano, Manuel Márquez Sterling, que había obtenido permiso del general Blanquet para visitar a sus prisioneros, Madero, Pino Suárez y Ángeles, trazó un revelador retrato de Ángeles durante esos dramáticos momentos:

El ambiente era franco. Nada hacía presentir la catástrofe. Echado en un sofá, el general Ángeles sonreía con tristeza. Es hombre de porte distinguido, alto, delgado, sereno; ojos grandes, expresivos; fisonomía inteligente y finas maneras. Cuando le dieron orden de volverse contra Madero se negó a obedecer. Acababa de cambiarse la ropa de campaña por el traje de paisano. Y era el único de todos los presentes que no fiaba en la esperanza ilusoria del viaje a Cuba. Una hora después me decía, con su lenguaje militar, ante la sospecha de un horrible desenlace:

–A don Pancho lo truenan...[13]

Mientras el ministro cubano nos trasmite una clara impresión de la profunda simpatía que Ángeles sentía por Madero, su colega chileno describe la actitud de Madero hacia Ángeles y la relación entre éste y Huerta:

[12] Friedrich Katz, *La guerra secreta en México*, Era, México, 1981, p. 128.
[13] Manuel Márquez Sterling, *Los últimos días del presidente Madero*, Instituto Nacional de Estudios Históricos de la Revolución Mexicana, México, 1985, p. 496.

El señor Madero me rogó que al hablar otra vez con el general Huerta, le pidiera en su nombre que dejaran a Ángeles en la dirección del Colegio Militar, como estaba antes. Cuando manifesté al general Huerta este deseo del presidente, me dijo que él había pensado dar a Ángeles otra comisión, pero que se haría como el presidente lo disponía.[14]

A continuación, Huerta hizo venir a su presencia al general Ángeles y pidió al ministro chileno que estuviera presente en la conversación que ambos tendrían. Refiere el ministro:

Presencié enseguida la conferencia entre el general Huerta y el general Ángeles, que fue extremadamente cordial. El general Huerta dijo a Ángeles: "Contra usted general no hay nada, sólo que usted tiene muchos enemigos, porque vale mucho. Todos tenemos enemigos; los tengo yo y también muchos otros, pero usted tiene más que ninguno porque, como le digo, vale mucho. Está usted en libertad. Aunque yo había pensado darle una comisión, ahora he resuelto que vaya usted a hacerse cargo de la dirección del Colegio Militar. El presidente, señor Madero, el vicepresidente y sus familias salen esta tarde en tren especial para Veracruz donde se embarcarán para el extranjero. Usted también irá, al mando de la escolta del tren. Llegado a Veracruz, si el presidente quiere que usted siga con él, deja la escolta en Veracruz y continúa con el presidente. Si éste no quiere llevarlo, vuelve usted a México con la escolta y va a hacerse cargo de la dirección del Colegio Militar".

Siguió entre ellos una conversación muy amistosa y durante ella el general Ángeles manifestó al general Huerta el deseo de que se le diera más bien alguna comisión en el extranjero, pero el señor Huerta le dijo que, por el momento, no sabía qué comisión podría darle, que eso se estudiaría después. El general Ángeles dijo además que, debiendo acompañar al pre-

[14] Sol Serrano (compilación e introducción), *La diplomacia chilena y la Revolución mexicana*, Archivo Histórico Diplomático Mexicano, Secretaría de Relaciones Exteriores, México, 1986, p. 74.

sidente hasta Veracruz y, si éste lo quería, hasta el extranjero, necesitaba ir a su casa a despedirse de su familia y a traer ropa, porque no podía ir con la que llevaba puesta. Pidió todavía que se pusiera en libertad a un ayudante suyo que lo acompañó a Palacio cuando fue llamado y que fue dejado preso con él. A todo accedió el general Huerta y al despedirse abrazó efusivamente a Ángeles y le dijo "Vaya a ponerse a las órdenes del general Blanquet, comandante militar de la plaza", lo que Ángeles hizo enseguida, dirigiéndose a la comandancia militar acompañado del general Garza.[15]

La conversación entre ambos hombres parece, a primera vista, amistosa y cordial, pero era pura simulación. Al negarse a aceptar la oferta para quedar como director del Colegio Militar y al manifestar claramente que quería dejar el país y, por lo tanto, no quedar bajo el mando de Huerta, es evidente que Ángeles despertó la sospecha en el otro. El ministro chileno anota:

Cuando me retiraba, vino a mi encuentro el señor Lascuráin y me pidió lo acompañara a la comandancia militar a buscar al general Ángeles, porque acababa de saber que lo iban a tomar nuevamente preso, porque había entendido que cuando Ángeles dijo que iba a buscar ropa a su casa lo que realmente quería era llegar hasta su batería para levantarse con ella. En la Comandancia Militar nos impusimos de que el general Ángeles estaba esperando órdenes en el gabinete del general Blanquet después de haber tenido una conferencia con éste. Habló el señor Lascuráin con el general Blanquet y enseguida el general Ángeles fue enviado en compañía del general Garza hasta la prisión de los presidentes. En el camino se nos acercó Ángeles y nos dijo que la conversación que había tenido con el general Blanquet le había dejado la convicción de que lo iban a fusilar.[16]

[15] Ibid., pp. 74-75.
[16] Ibid., p. 75.

¿Estaban justificadas las sospechas de Huerta? Vista la conducta posterior de Ángeles, cuando se unió a los revolucionarios, es probable que en aquel momento hubiera tratado de liberar a Madero. Si podía tener éxito o no, es otra cuestión. Aparte del problema de si sus hombres eran suficientes para recapturar el Palacio Nacional y liberar a Pino Suárez y Madero antes de que fueran asesinados, está la incógnita de si lo hubieran seguido. Días antes parte de sus tropas se le había amotinado: un diputado que visitaba el cuartel general de Ángeles, García de la Cadena, atestiguó más tarde, en el juicio que se le hizo a Ángeles en 1913, que "la tropa estaba muy irritada por la muerte de su coronel que atribuía a una imprudencia del general Ángeles, por lo cual estaba esa tropa esperando que bajara de la azotea en que se encontraba para matarlo". Con grandes dificultades, el diputado y un capitán lograron convencer a los soldados de que Ángeles no era responsable de la muerte del coronel, sino que cumplía órdenes.[17]

Tampoco está nada claro que su segundo, el coronel Bernard, lo habría seguido. Después de la detención de Madero, pero antes de su renuncia, uno de sus más cercanos colaboradores, su ayudante Gustavo Garmendia, había conseguido escapar y había ido al cuartel general de Ángeles para pedir ayuda. En esos momentos éste había sido ya convocado al Palacio Nacional y Bernard se negó a acudir en ayuda de Madero. Años después declaró que había perdido una oportunidad histórica. En lo inmediato, sin embargo, su actitud le fue ampliamente recompensada, pues fue designado sucesor de Ángeles como director del Colegio Militar.

Huerta tenía entonces tres opciones con respecto a Ángeles. La primera era ejecutarlo, decisión que podía tener consecuencias peligrosas para Huerta, en un momento en que su control del ejército no estaba totalmente seguro. Esto lo vio con claridad Pino Suárez, quien le dijo al ministro cubano: "Al general Ángeles no se atreverán a tocarle. El ejército lo quiere porque vale mucho y además porque fue el maestro de sus oficiales.

---

[17] AHDN, expediente Felipe Ángeles, declaración del diputado Enrique García de la Cadena, f. 625.

Huerta peca por astucia y no disgustará, fusilándolo, al único apoyo de su gobierno".[18]

Otra poderosa figura, el embajador de Estados Unidos, Henry Lane Wilson, se opuso enérgicamente a la ejecución de Ángeles. En los días siguientes a la Decena Trágica, Henry Lane Wilson ejerció una influencia decisiva en los asuntos mexicanos.

Descartada la ejecución, a Huerta le quedaban dos opciones. La primera era hacer con Ángeles lo que Porfirio Díaz había hecho pocos años antes con su ministro de Guerra, Bernardo Reyes: enviarlo a Europa oficialmente en una misión de estudio, pero en realidad exilado. Por un momento Huerta pensó en esa opción y hasta concedió a Ángeles una comisión para ir a Bruselas. Pero pronto recapacitó y decidió que tenía una alternativa mejor: desacreditarlo ante los mexicanos y los extranjeros, y abrir un proceso judicial en donde podría ser enviado a la muerte o a pasar muchos años en prisión. Este proceso –que se trata en otro ensayo de este libro– se basaba en que las tropas de Ángeles (no está claro si él lo sabía o no) habían ejecutado a un muchacho de dieciocho años que durante la Decena Trágica se había puesto a arengar a los soldados llamándolos a sublevarse y pasarse al bando enemigo.

Finalmente, quisiera volver a las tres cuestiones principales que se plantearon al inicio de este ensayo: ¿fue Ángeles leal a Madero? ¿Hizo cuanto estaba a su alcance para salvarlo? ¿Pudo haberlo salvado?

Los críticos de Ángeles, sobre todo el coronel Bernardino Mena Brito y el coronel Rubén Morales, ayudante de Madero, han planteado tres pruebas de su deslealtad hacia Madero. La primera se basaba en el testimonio de Maldonado, un maderista que apenas había llegado a la ciudad de México cuando se supo el arresto de Madero, y que fue enviado por otro maderista para llamar a Ángeles a marchar sobre el Palacio Nacional y liberar al presidente y al vicepresidente:

Nos encontrábamos en el hotel Casa Blanca cuando se nos informó que acababan de ser traicionados y detenidos los seño-

---

[18] M. Márquez Sterling, op. cit., p. 514.

32

res Madero y Pino Suárez. A iniciativa del doctor Cámara Vales nos distribuimos trabajo de investigación, y, en lo posible, de alguna defensa acertada; fuimos comisionados el doctor Patrón Correa y yo para entrevistar al general Felipe Ángeles que tenía su cuartel general en el edificio del hotel Imperial, esquina de las calles de Lucerna y Paseo de la Reforma; allí lo encontramos, le dimos la noticia que él no conocía aún, al menos así nos lo dijo, y lo requerimos, como connotado maderista y amigo personal del señor Madero, para que tomase alguna providencia insinuándole que bien podría irse sobre el Palacio Nacional y caer sobre los traidores, pero se limitó a contestarnos: "yo soy subordinado del general Huerta, véanlo a él para que me ordene lo conducente; yo no puedo hacer nada porque no soy el jefe de la guarnición de la plaza, sino de la artillería, y como tal tengo que recibir órdenes de mis superiores jerárquicos"; nosotros como buenos provincianos apenas habíamos llegado a la capital y no sabíamos ni quién era el general Huerta ni nada... Descorazonados nos alejamos de allí; al alejarnos se nos tiroteó con ametralladoras y más adelante recibimos dos descargas de fusilería que por fortuna nos dejó ilesos.[19]

Vito Alessio Robles, amigo y partidario de Ángeles, llegó a la conclusión de que Maldonado no se encontró con Ángeles, sino con otro oficial:

Conozco y estimo desde hace muchos años al señor licenciado Maldonado. Me constan sus actos de gran valor civil y gallardía. Lo creo incapaz de pretender alterar la verdad. Pero en el texto de su testimonio incurre en cuatro errores notorios: 1°] El cuartel general de Ángeles nunca estuvo establecido en el edificio del hotel Imperial. El 18 de febrero, fecha de la aprehensión de los señores Madero, Pino Suárez y Ángeles, dicho cuartel general se encontraba en los sótanos de la casa del señor ingeniero don Manuel Stampa, en la colonia

[19] Bernardino Mena Brito, *Felipe Ángeles, federal*, Herrerías, México, 1936, pp. 223-24.

Cuauhtémoc, esquina de las calles de Amazonas y Lerma. 2°]
El edificio del hotel Imperial se encontraba y se encuentra
en la esquina del Paseo de la Reforma y de la Avenida Morelos.
3°] Ángeles nunca fue jefe de la artillería durante la Decena
Trágica y por tanto no pudo asegurar tal cosa a sus interlocutores. Ángeles mandaba un sector y cubría éste con una brigada de corto efectivo, pero no la artillería; el comandante de
ésta lo era el general Guillermo Rubio Navarrete. 4°] Antes
de que fuesen aprehendidos los señores Madero y Pino Suárez, el general Ángeles fue llamado al Palacio Nacional de parte de Victoriano Huerta y en la parte del centro fue capturado
por oficiales del 29° Batallón.[20]

La conclusión de Vito Alessio Robles se ve fortalecida por el
hecho de que la primera persona que buscó a Ángeles y le pidió
ayuda para liberar a Madero fue uno de los ayudantes de éste,
Gustavo Garmendia, quien había logrado escapar del Palacio
Nacional. Cuando llegó al cuartel general de Ángeles, el segundo de éste, el coronel Bernard, le informó que media hora antes Ángeles había sido llamado al Palacio Nacional. En efecto,
con la excepción única de esta declaración de Maldonado, todos
los relatos de la Decena Trágica coinciden en que Ángeles había sido convocado al Palacio Nacional y arrestado antes de que
fueran detenidos Madero y Pino Suárez.

Una segunda acusación contra Ángeles es que nunca logró
penetrar con su artillería los muros de la Ciudadela. Esto es verdad. La razón fue que Ángeles disponía solamente de granadas
de metralla, insuficientes para tal fin, y carecía de los proyectiles de penetración que hubieran sido eficaces. No está claro por
qué no los tenía. Tal vez se debió a un sabotaje del jefe de la artillería, Guillermo Rubio Navarrete, confidente cercano de Huerta. Una segunda causa posible es que poco antes de la Decena
Trágica prácticamente toda la munición de la ciudad de México había sido almacenada en la Ciudadela, ahora controlada
por Félix Díaz y sus tropas.

Un tercer argumento de los críticos de Ángeles es que no hizo

[20] Ibid., p. 224.

lo suficiente para advertir a Madero del peligro y que esto se debió sobre todo a que tenía esperanzas de convertirse en presidente. En cierto aspecto, este argumento es más serio, dado que el propio Ángeles reconoció que pudo haber hecho más para alertar a Madero.

Sin embargo, la acusación no resulta muy convincente. Según la propuesta de De la Barra el nombramiento de un reemplazante tendría que haber contado con la aprobación del mismo Madero. Si Ángeles hubiera alertado a Madero sobre la sospechosa conducta de Huerta, esto habría disminuido las posibilidades de que Madero nombrara a Huerta en su lugar y aumentado las de la candidatura de Ángeles.

Si como reconoció Ángeles podía haber hecho más para advertir a Madero, ¿se debió sólo a su temor de ser considerado un intrigante, como él mismo le dijo a Calero? ¿Era un soldado educado como tal, poco dispuesto a pasar por sobre la cadena de mando? ¿O sencillamente temió que alertar a Madero fuera inútil, dada la facilidad con que éste había capitulado ante las autoridades militares y cedido en su intento de nombrar a Ángeles en una posición prominente? Estas preguntas quedan abiertas. Pero la prueba más fuerte de la lealtad de Ángeles a Madero es que si en algo coincidían Madero y Huerta es que ambos estaban convencidos del maderismo de Ángeles.

¿Pudo Ángeles haber salvado a Madero? Es muy dudoso que si le hubiera comunicado sus sospechas acerca de Huerta, el presidente lo hubiera escuchado. Después de todo, desoyó el consejo de su propio hermano Gustavo, quien había encontrado pruebas de una conferencia secreta entre Huerta y Félix Díaz, y había conducido a Huerta ante el presidente a punta de pistola; aun así, Madero confió en las protestas de inocencia de Huerta y sus promesas de tomar la Ciudadela en veinticuatro horas.

Si Madero hubiera actuado de modo diferente y hubiera tenido mayor cuidado de su propia seguridad, le habría ordenado a Ángeles ocupar el Palacio Nacional y proteger la presidencia. Pero no lo hizo: en realidad, nunca hizo el menor intento por proveerse de una guardia personal de Palacio que le fuera leal en cualquier circunstancia. Si la guardia de Palacio hubieran sido los rurales maderistas, poca duda cabe de que habrían resistido cualquier tentativa de arrestar al presidente. Fue al fin de cuentas la confianza casi ciega de Madero en los jefes del Ejército Federal lo que acabó con él.

¿Y DE MIS CABALLOS, QUÉ?
(Un incidente en la vida del general Felipe Ángeles)

- Adolfo Gilly*

> *Cuando a Patroclo vieron muerto*
> *que era tan audaz y fuerte y joven,*
> *los caballos de Aquiles se echaron a llorar;*
> *su naturaleza inmortal se sublevaba*
> *contra la obra aquella de muerte que veían.*

C. P. Cavafis[1]

FORRAJE PARA DOS CABALLOS

El 3 de agosto de 1912 el general Felipe Ángeles, hasta enton-ces director del Colegio Militar de Chapultepec, fue designado, por acuerdo del presidente Francisco I. Madero, jefe interino de la 7ª Zona Militar en el estado de Morelos.[2] Este nombra-miento significaba un cambio de la política presidencial ha-cia la revolución zapatista y la población india de ese estado, combatida hasta entonces por el general Juvencio Robles con los métodos de tierra arrasada, quema de aldeas, fusilamientos de civiles y concentración de los desplazados en "aldeas estra-tégicas" ya probados en guerras coloniales por Estados Unidos, entre otros ejércitos, en Filipinas y en Cuba a fines del siglo XIX.

El 7 de agosto la Secretaría de Guerra concedió haberes su-plementarios por mando de tropa en campaña al general Felipe Ángeles y a sus ayudantes, el capitán segundo de artillería Pablo

---

* La investigación de archivos y bibliografía en que se sustenta este escri-to habría sido imposible sin la colaboración inteligente y asidua de Tatiana Pérez Ramírez, Édgar Urbina y Rodián Rangel.

[1] Juan Ferraté (selección y traducción), *Veinticinco poemas de Cavafis*, Lumen, Barcelona, 1974. Los dos caballos de Aquiles, uno negro y el otro blanco, se lla-maban Xanto y Balio y eran inmortales.

[2] Archivo Histórico de la Defensa Nacional (AHDN), Cancelados, expediente Felipe Ángeles, XI/III/1-17, f. 563.

Bazán y el teniente José Herón González.[3] Ese mismo día dicha dependencia aprobó un pago de un peso diario por concepto de forraje para dos caballos del general, y de cincuenta centavos diarios, por el mismo concepto, para cada uno de los caballos de sus dos ayudantes.[4] Tal cantidad equivalía a lo que, poco más o menos, era por entonces el pago diario de un peón de hacienda morelense.

El general Ángeles tenía un especial afecto por sus caballos, a los cuales solía poner nombres de mariscales de Francia. Turena, como el mariscal general de los ejércitos franceses bajo Luis XIII y Luis XIV, se llamaba su caballo en la batalla de Zacatecas: "sobre mi Turena, que saltaba deliciosamente los muros y las anchas zanjas, fui a rogar a mi general Villa que me diera cuatro brigadas de caballería para ir a tomar Aguascalientes", recuerda en su relato de aquella batalla.

Sobre Turena, dejado en herencia por Ángeles cuando partió hacia Estados Unidos, cabalgaba Pancho Villa por la sierra de Chihuahua en enero de 1916, después de disuelta por él mismo la División del Norte el 19 de diciembre de 1915.[5] Sobre Turena seguía cabalgando a mediados de marzo de ese año por la región de Galeana, después del ataque a Columbus, eludiendo la persecución de la Expedición Punitiva.[6]

[3] AHDN, Cancelados, expediente Felipe Ángeles, f. 572. El teniente González formaría parte después del Estado Mayor de Ángeles en la División del Norte e iría a morir, ya general José Herón González, "Gonzalitos", en la campaña villista de Sonora el 20 de noviembre de 1915 (Paco Ignacio Taibo II, *Pancho Villa. Una biografía narrativa*, Planeta, México, 2006, pp. 578-79). También el capitán Pablo Bazán habría de seguir a su jefe en los ejércitos de la Revolución.

[4] AHDN, Cancelados, expediente Felipe Ángeles, f. 573.

[5] P. I. Taibo II, op. cit., pp. 590-91 y 598. Sobre la disolución de la División del Norte, véase Jorge Aguilar Mora, "La despedida de Villa", *Una muerte sencilla, justa, eterna. Cultura y guerra durante la Revolución mexicana*, Era, México, 1990, pp. 116-27.

[6] "Un hombre, tocado con finísimo texano, envuelto en un cobertor a rayas de los fabricados por los indios tarahumaras de la sierra de Chihuahua, cabalgando el brioso Turena (regalo del general Ángeles), caminaba un poco delante de la partida. Lo acompañaban cuatro de sus fieles Dorados que más tarde asumirían puestos militares de importancia en la reorganización de la poderosa División del Norte. El jefe de aquella partida revolucionaria era

De sus caballos habla Felipe Ángeles en sus relatos de guerra: Ney, mariscal de Napoleón, fusilado en diciembre de 1815, y Curély, general de la caballería ligera de Napoleón en Rusia, eran los nombres de sus otros caballos en Zacatecas. En enero de 1919, un mes después de haberse internado en territorio mexicano, su último y breve mensaje a José María Maytorena fue para pedirle que le enviara "un caballo muy bueno pero no delicado, de modo que se pueda alimentar con el pasto de las praderas y de vez en cuando maíz, esto es, un muy buen caballo de *cowboy* y un botiquín de campaña en una sólida caja que no pese mucho, pero en donde con seguridad puedan conservarse las medicinas (yodo especialmente)".[7]

No he llegado a saber cuál era el nombre de sus dos caballos de Morelos, ni si Maytorena alcanzó a cumplir ese último encargo. Lo que sí se sabe es que, como se dirá más adelante, cuando en diciembre de 1918 cruzó la frontera, lo esperaba gente de Pancho Villa con un caballo excelente, cuyas virtudes Ángeles no paró de elogiar durante las largas horas de su inicial cabalgata.

LA GUERRA SECRETA EN EL EJÉRCITO FEDERAL

El nombramiento de Ángeles como jefe de la campaña de Morelos fue uno de los episodios importantes en las pugnas dentro del Ejército Federal en el interinato de Francisco León de la Barra y en la primera mitad de 1912 bajo la presidencia de Madero. Durante el interinato, estos conflictos se entrecruzaban con las discrepancias, las negociaciones y los acuerdos inestables entre León de la Barra y Madero, uno de cuyos mayores puntos de fricción eran los métodos y los objetivos militares en la campaña contra la revolución del sur.

Estos choques salieron a la luz pública en más de una ocasión y eran comentados y atizados por la prensa y las caricaturas. Caso destacado fue una ceremonia militar de jura de la bandera

Pancho Villa", relata José María Jaurrieta (*Con Villa [1916-1920], memorias de campaña*, Consejo Nacional para la Cultura y las Artes, México, 1997, p. 237).

[7] Felipe Ángeles a José María Maytorena, Rancho de la Majada, 10 de enero de 1919, The Library of Pomona College, Claremont, California, Fondo José María Maytorena, caja VI, fólder 5.

el 6 de agosto de 1911, en cuyo trascurso el general Bernardo Reyes fue saludado con fuertes aplausos por los oficiales presentes mientras que a Francisco I. Madero lo recibió un silencio total, y hasta se oyeron algunos abucheos a su discurso del momento.[8] Al día siguiente, 7 de agosto, el presidente interino escribía a José Yves Limantour diciéndole del "periodo de amargura inaugurado con la salida del señor general Díaz"; pero agregando también que "la fiesta militar del domingo último ha mostrado que cuento con el ejército".[9]

Dos días después, el 9 de agosto, entró en Morelos una columna federal al mando de Victoriano Huerta y ocupó Cuernavaca, lo cual rompió las negociaciones de Madero con los zapatistas. Madero viajó de inmediato a Morelos y pudo restablecer un frágil acuerdo. Pero el 19 de agosto Huerta, con el visto bueno de León de la Barra, atacó Yautepec, chocó con los zapatistas y el acuerdo en definitiva se deshizo. Siguió una ofensiva federal que ocupó todas las plazas importantes de Morelos. Zapata tuvo que buscar refugio en la montaña. A fines de agosto, Madero responsabilizó a Huerta, y tras de él a la influencia de Bernardo Reyes, de la ruptura con Zapata.[10]

En realidad, durante todo el interinato, mientras se llevaba una activa política de desarme de las fuerzas maderistas insurgentes y una ambigua y contradictoria política de negociación y presión militar sobre las fuerzas zapatistas, tenía lugar un despiadado juego de presiones y contrapresiones dentro del Ejército Federal y de la Secretaría de Guerra.

Antes de resolverse en la disputa por la tierra, foco que alimentaba todos los conflictos, la relación de fuerzas y la política a llevar se estaban resolviendo en la disputa por el ejército, don-

[8] María Teresa Franco y González Salas, *José González Salas: ministro de la guerra*, tesis de licenciatura, Universidad Iberoamericana, México, 1979, pp. 102-106; y Felipe Arturo Ávila Espinosa, *Entre el Porfiriato y la Revolución. El gobierno interino de Francisco León de la Barra*, Universidad Nacional Autónoma de México, México, 2005, pp. 106-107.

[9] Ibid., p. 96, n. 13.

[10] Ibid., p. 107, Felipe Arturo Ávila Espinosa, *Los orígenes del zapatismo*, El Colegio de México-Universidad Nacional Autónoma de México, México, 2001, pp. 173-74; y Francisco Pineda Gómez, *La irrupción zapatista. 1911*, Era, México, 1997, pp. 164-77.

de Madero estaba en neta desventaja frente a las fuerzas del Antiguo Régimen.

La Decena Trágica no surgió de improviso: tuvo una larga y tortuosa preparación.

Francisco I. Madero se hizo cargo de la presidencia de la República el 6 de noviembre de 1911. Menos de tres semanas después, el 25 de noviembre, el Plan de Ayala marcó la ruptura radical y definitiva del zapatismo. En lo sucesivo, la guerra sin cuartel del Ejército Libertador del Sur se cruzaría con las pugnas persistentes dentro del Ejército Federal para marcar el pulso de la imposible estabilización de la presidencia de Madero.

Durante todo el año 1912 la cuestión de la tierra sería también la cuestión del ejército.

EL SUICIDIO DE UN GENERAL

El 8 de enero de 1912, apenas de regreso de Francia llamado por el presidente Madero,[11] el coronel Felipe Ángeles se hizo cargo de la dirección del Colegio Militar de Chapultepec, donde años antes había sido prestigioso profesor.[12] Venía precedido de los informes muy favorables para su persona enviados en octubre de 1911 desde París por Rodrigo García, primo de Francisco I. Madero, quien le había hecho saber que el coronel, "hombre muy recto", estaba "contrariado" por los negocios turbios de generales federales –el más destacado de ellos, Manuel Mondragón– en la adquisición de armamento en las fábricas francesas.[13]

[11] Rodrigo García a Francisco I. Madero, 8 de octubre de 1911, Archivo Francisco I. Madero, Secretaría de Hacienda y Crédito Público (AFIM-SHCP), caja 101, fs. 15194-201; Francisco I. Madero a Rodrigo García, AFIM-SHCP, caja 101, f. 15202 (está fechada el 8 de octubre, pero de su texto se desprende que es del 8 de noviembre de 1911).

[12] AHDN, Cancelados, expediente Felipe Ángeles, f. 1402.

[13] Rodrigo García a Francisco I. Madero, 8 de octubre de 1911, AFIM-SHCP, caja 101, fs. 15194-201. Acerca de Ángeles, escribía García desde París a su primo Madero: "Por mis conversaciones con él he comprendido que, como hombre muy recto, está contrariado en el desempeño de estas comisiones por el carácter de los contratos hechos con fábricas, en condiciones y circunstancias muy desfavorables para el país, compra de armamento de sistemas diferentes e inadecuados, o bien innecesarios [...]. Estas comisiones, por ciertas

En los meses sucesivos, en matutinos recorridos a caballo por Chapultepec, presidente y coronel fueron estrechando una relación de amistad y confianza mutua. Se combinaban tal vez la formación intelectual de ambos en el Antiguo Régimen, la influencia de la cultura francesa, ciertas inclinaciones espirituales y, por qué no, el hecho de que Madero respetara en el coronel –hombre de acción– al intelectual; y el coronel apreciara en el presidente –intelectual– al hombre de acción que en 1910 había llamado a una insurrección armada y la había preparado contrabandeando armas y pertrechos desde Estados Unidos.[14]

El 29 de mayo de 1912 el Congreso de la Unión concedió licencia al coronel Felipe Ángeles para aceptar "la Condecoración de Caballero de la Legión de Honor, que le confirió el presidente de la República francesa".[15] Días después, el 2 de junio, Felipe Ángeles fue ascendido a general brigadier, lo cual suscitó cierto conflicto con otros oficiales que, por antigüedad en el servicio, se consideraban con mayor derecho al ascenso.[16] Mientras tanto, dos series de acontecimientos militares diferentes mantenían viva la aguda crisis dentro del ejército y entre su oficialidad.

Por un lado, en el sur la campaña de Juvencio Robles era un fracaso: no lograba doblegar ni aminorar la fuerza de la guerra zapatista y las críticas llovían sobre el gobierno de Madero.

influencias, según muchas personas serias [...] han recibido armamento y materiales que no son de lo mejor, con un costo exagerado". Un mes después, el 8 de noviembre, Madero responde a su "muy querido primo" que en cuanto él llegue a la presidencia el coronel Ángeles será nombrado director del Colegio Militar. Esta correspondencia puede tal vez dar idea de algunos de los temas de las conversaciones entre el general y el presidente.

[14] Sobre el contrabando de armas, véase Santiago Portilla, *Una sociedad en armas. Insurrección antirreeleccionista en México, 1910-1911*, El Colegio de México, México, 1995, pp. 73-77 y 83-84. Para mayor referencia sobre el contrabando maderista, véase Édgar Urbina Sebastián, "Se prepara una revolución" y "La organización desde el exilio", *Catálogo parcial del Archivo Francisco I. Madero, perteneciente a la SHCP (cajas 1-23). Madero, los preparativos y la dirección de la revolución de 1910*, tesis de licenciatura, Universidad Nacional Autónoma de México, México, 2005, pp. 481-561; y sobre la compra de armamento, pp. 529-33.

[15] Archivo Histórico de la Secretaría de Relaciones Exteriores (AHSRE), Fondo Genaro Estrada, general Felipe Ángeles, expediente personal, fondo 14, legajo 28, expediente 92, fs. 50-52.

[16] AHDN, Cancelados, expediente Felipe Ángeles, f. 538.

Por el otro, en el norte la rebelión de Pascual Orozco había infligido una derrota severa en El Rellano al general José González Salas, uno de los oficiales adeptos a Madero, enviado a enfrentar a seis mil orozquistas con apenas seiscientos hombres mal preparados, únicas fuerzas que se le concedieron. González Salas, víctima en los meses anteriores de una insidiosa campaña de prensa, el 24 de marzo ordenó la retirada y en su compartimento del tren militar escribió al presidente Madero:

No sintiéndome con ánimo de resistir la ignominia de una derrota me mato o me hago matar para evitarme la vergüenza de parecer y oírme llamar sin conocimientos para llevar a buen fin una campaña que con los elementos que me habían ofrecido hubiera sido de triunfo y con los que me dieron ha sido una vergonzosa derrota al ejército [...] no quiero que recaiga la responsabilidad más que en mí que por querer salvar a la República o por mi ambición, llegué a un fracaso que ojalá no lleve a la República a la intervención o a la anarquía. [...] Por haber sido derrotado por chusmas de traidores y evitarme la vergüenza de que me lo digan o sin decírmelo lo piensan, me mato.[17]

Firmó la carta manuscrita, escribió otra de despedida para su familia y se pegó un tiro. En su momento final el general González Salas mencionaba como un peligro pendiente lo que, en la tradición del Ejército Mexicano desde la época de don Porfirio, era una preocupación constante: la posibilidad de la intervención de Estados Unidos.

La muerte de González Salas abrió camino a otros jefes en la jerarquía militar. El presidente Madero designó ministro de Guerra al general Ángel García Peña, y jefe de la División Federal del Norte al general Victoriano Huerta. Ambos tendrían papel destacado, menos de un año después, en la caída y asesinato del presidente durante la Decena Trágica.

Poco después Victoriano Huerta fue a batir a Orozco con seis mil hombres bien pertrechados y en El Rellano mismo lo derro-

[17] M. T. Franco, op. cit., pp. 182-83.

tó y dispersó. Madero había perdido uno de sus apoyos en el ejército y Huerta había seguido ganando prestigio y posiciones.[18] El licenciado Manuel Calero le envió una calurosa felicitación.[19]

ENTRA MANUEL CALERO

Manuel Calero, secretario de Relaciones Exteriores de Madero, fue designado embajador en Washington el 12 de abril de 1912. A fines de ese mes, en camino hacia su destino oficial, pasó por Chicago. Allí fue entrevistado por el periódico *Examiner*. El 2 de mayo el *Examiner* publicó esta nota con las declaraciones de Calero y los comentarios del entrevistador:

"La Revolución, a distinguir del bandolerismo, hoy está confinada a un solo estado, Chihuahua. En Morelos y en otros sectores bandidos indios están provocando problemas. El gobierno ha aniquilado sus bandas en combate abierto. El gobierno quiere aprobar cierta legislación agraria para mejorar la situación de los poblados indios, pero no puede hacerlo mientras ellos sigan saqueando y robando. La única manera en que el gobierno puede tratar con este infortunado pueblo en sus presentes estallidos es exterminarlos. Lo que digo es –¿cómo dicen ustedes?– tan *hard-hearted* [despiadado], pero era el único camino", y el señor Calero suspiró. "Nos tomará tres meses someterlos", agregó.

Las opiniones del señor Calero con relación al sometimien-

[18] En 1917, en una amistosa carta a Manuel Márquez Sterling sobre su libro *Los últimos días del presidente Madero*, Felipe Ángeles se refiere a esta campaña: "Relata usted la campaña de Huerta contra Orozco, de manera que hace honor a la pericia militar de Huerta. El error provino, seguramente, de que tanto la prensa de oposición como la escasísima amiga del gobierno, elogiaban la campaña. Pero la oposición elogiaba porque Huerta era enemigo de Madero y quería engrandecer y fortalecer al general, y la gobiernista elogiaba porque la gente cree que algunas veces la mentira favorece" (Felipe Ángeles a Manuel Márquez Sterling, Nueva York, 5 de octubre de 1917, Biblioteca de La Habana, Fondo Epistolar Mexicano, copia recibida de Francisco Pineda Gómez).

[19] AHSRE, Fondo Manuel Calero, vol. 8, p. 48

to de los "bandidos indios" de Morelos hacían recordar mucho al general Valeriano Weyler en Cuba. Humano en sus maneras, dolorido por el cuadro que él mismo dibujaba, el señor Calero, sin embargo, aceptaba el exterminio de los nativos mexicanos como inevitable. La misma resignación, en forma más activa, mostraba Weyler en 1896 cuando asolaba a Cuba con una guerra de exterminio y reunía hombres, mujeres y niños del campo para que se murieran de hambre como "reconcentrados".

"Es muy triste", continuó el señor Calero. "Pero a los indios de Morelos no se les puede hacer entender. En el pasado tenían grandes extensiones de tierra en común, donde pastaba su ganado y de donde sacaban su madera. Después el gobierno permitió que cada jefe de familia titulara una parte prorrateada del dominio común. De inmediato cada indio, al recibir su título, vendía su tierra a los ricos hacendados de su zona. Ahora los indios no tienen tierras de pastoreo y están descontentos. Las leyes que proponemos son para recuperar tierras de los ricos y darlas a los pobres."[20]

Así exponía el representante del presidente Madero ante el gobierno de Estados Unidos la política y las ideas de su gobierno con respecto a la revolución del sur en particular y a los indios de México en general. Nótese que éstos, según el embajador, no habían sido despojados de sus tierras, sino que las habían vendido a los hacendados, cuya propiedad por lo tanto resultaba ser totalmente legítima y, en consecuencia, la recuperación sugerida de esas tierras significaba pagárselas al precio del mercado. Nótese también el asombro del periodista ante las enormidades que está escuchando.

Este porfiriano personaje volverá a aparecer en esta historia.

ÁNGELES EN MORELOS

En esta tensa y contradictoria situación del gobierno maderista, Felipe Ángeles se hizo cargo de la jefatura de las armas en

[20] AHSRE, Fondo Manuel Calero, vol. 8, pp. 8-9.

Morelos. Venía para cambiar radicalmente la política de Juvencio Robles, ésa que con tanta precisión exponía en Estados Unidos el embajador Manuel Calero. La disputa sobre este viraje llegó a la prensa, pues Ángeles tenía una inclinación, propia del intelectual independiente pero no de la disciplina militar, a ventilar ante la opinión pública el aspecto social o nacional de las estrategias militares, lo cual le ganó más de una vez reprimendas de sus superiores.

El 6 de noviembre de 1912 y días siguientes combatió en el cerro de La Trinchera con las fuerzas de Genovevo de la O, en la región que éstas controlaban.[21] Después de diez días y de la llegada tardía de un batallón federal de refuerzo al mando de Aureliano Blanquet, hubo tres horas de combate y los zapatistas se replegaron. Años después, en diciembre de 1917, en el periódico *La Patria* de El Paso, Texas, Ángeles describía esos combates y anotaba: "El triunfo fue celebrado por la prensa y otorgado naturalmente a Blanquet, el enemigo latente del gobierno. [...] Pero en realidad el triunfo era de Genovevo, que por diez días había desafiado desde la altura de La Trinchera a las tropas del gobierno y finalmente se iba casi intacto".[22]

La campaña de Morelos se iba volviendo compleja para Felipe Ángeles, pese a que por momentos endureció las medidas represivas y, a fines de 1912, hasta ordenó quemar poblados. Sus tropas se insubordinaron o amenazaron hacerlo más de una vez, muy posiblemente porque, a diferencia de Huerta y Robles, sus predecesores en Morelos, no les permitía saquear, robar ni matar civiles.[23] Pero su problema mayor era la conducta de los altos

---

[21] AHDN, Cancelados, expediente Felipe Ángeles, f. 589; Francisco Pineda Gómez, *La revolución del sur, 1912-1914*, Era, México, 2005, pp. 185-87; y Felipe Ángeles, "Genovevo de la O", en Álvaro Matute (selección y prólogo), *Documentos relativos al general Felipe Ángeles*, Domés, México, 1982, pp. 25-47.

[22] Reproducido en este volumen, pp. 258-78, conforme a un original mecanografiado de The Bancroft Library, University of California, Berkeley, California, Fondo Silvestre Terrazas, M-B18, Pt. I, caja 85.

[23] Friedrich Katz, *Pancho Villa*, Era, México, 1998, t. 1, p. 149. El 31 de octubre de 1912 Ángeles escribe a Madero desde Cuernavaca: "Parte del 11 Regimiento que guarnecía Yautepec se rebeló y otra parte tenía una actitud próxima a la rebelión y mandé desarmarla" (Archivo Francisco I. Madero, Archivo General de la Nación [AGN], caja 50, expediente 1407-1, f. 37871).

mandos de la Secretaría de Guerra hacia la zona militar que él comandaba.

El 15 de noviembre de 1912, el general Ángeles envió al presidente Madero una larga y amarga carta describiéndole la situación. Decía así:

Cuernavaca, noviembre 15 de 1912

Señor Don Francisco I. Madero
México.

Señor presidente:

Tengo una verdadera escasez de tropa. Los 250 soldados de Naranjo empezaron a cumplir hoy el tiempo de su contrato y se niegan a reenganchar. Los 250 del 41 Batallón que se van a destinar a Morelos reemplazarán simplemente a aquéllos y me quedaré como ahora, respecto a cantidad de tropas. Los 300 hombres del capitán Robert servirán para cubrir el servicio de seguridad de Cuernavaca. Si he de rechazar en Morelos a los rebeldes que el general Blanquet arroje del Estado de México con 500 caballos y 600 infantes de su batallón, me parece estrictamente indispensable que dispusiera yo de un batallón libre para moverlo sin desguarnecer las haciendas y pueblos que ahora y durante toda la guerra han tenido destacamentos.

Hasta ahora he mantenido la situación a fuerza de mover los destacamentos con disgusto de los habitantes de los pueblos y haciendas y con cansancio de la tropa. Me parece peligroso sostener por más tiempo la situación de esa manera.

Usted comprenderá que para poder dar el combate de La Trinchera tuve que hacer un gran movimiento con objeto de procurarme unos 700 hombres. Envidio al general Blanquet que se da el lujo de mandar 1 000 hombres reunidos, mientras que yo, que tengo un cargo mucho más importante, salgo con 50 soldados y cuando más bien me va con 300. Mandando 1 000 hombres nadie resiste y queda hecho el prestigio de cualquiera. Si yo tuviera 600 para rechazar los que él bata con más de 1 000, me consideraría feliz. Si no puedo disponer de esos 600 haré imposibles aunque me desprestigie; pero no crea usted que flaquee un solo instante. González Salas marchó con un puñado y Huerta con millares.

Sin decir palabra me van retirando tropas: me retiraron (para no hablar más que de los rurales) el 52; acaban de retirar el de Medina Barrón que estaba en la línea de Chalco; me iban a retirar de Guerrero el de Vicario.

Me parece que la prisión de don Pablo Escandón ha iniciado un movimiento hostil de los hacendados, ya sea para atacar al gobierno o simplemente para defenderse y defender a don Pablo.

Me es grato, señor presidente, reiterar a usted las seguridades de mi cariño y respetuosa adhesión.

Felipe Ángeles[24]

Lo que esta carta describía era una situación conocida por ambos: la activa conspiración antimaderista en los mandos del Ejército Federal, que así como había permitido enviar a González Salas a la derrota en el norte, socavaba las fuerzas de Ángeles para conducirlo al desgaste y, al extremo, a la derrota en el sur. La carta trasluce, además, una relación de estrecha confianza personal entre el presidente y el general: si no, no se envían por escrito reflexiones semejantes.

El Ejército Federal vivía en su seno una guerra secreta, en la cual el bando antimaderista prefería la derrota de los militares leales a Madero ante los rebeldes antes que la derrota de los rebeldes mismos, a quienes aquel bando confiaba en batir posteriormente. Su racismo no veía en ellos más que indios sublevados, incultos y exterminables.

En realidad, esta guerra de intrigas y golpes bajos trascurría en el interior del Antiguo Régimen, del cual el gobierno de Francisco I. Madero, el Ejército Federal, el Congreso y la prensa eran la prolongación pactada en los Acuerdos de Ciudad Juárez y sus secuelas, y no una negación. En él habían crecido y de

[24] Archivo Francisco I. Madero, AGN, caja 50, expediente 1407-1, fs. 37873-74.

él formaban parte, en bandos opuestos, tanto Victoriano Huerta como Felipe Ángeles.[25]

UN HACENDADO PRESO EN LECUMBERRI

La carta de Felipe Ángeles al presidente Madero informa sobre la situación militar en el estado. Sin embargo, un párrafo al final alude a la prisión de Pablo Escandón. Le preocupa la reacción de los hacendados ante esta medida. ¿A qué se refiere el general? ¿Qué tiene que ver con aquella situación?

Pablo Escandón, ex gobernador de Morelos bajo Porfirio Díaz (1909-mayo de 1911), dueño de Atlihuayán y de otras haciendas, educado en Gran Bretaña, destacada figura de la aristocracia del Antiguo Régimen,[26] fue apresado el 11 de noviembre de 1912 en su hacienda El Jabalí, de San Luis Potosí, por orden del juez Manuel Nagore, de la ciudad de México. Fue trasladado a esta ciudad y, a pedido de Escandón, el juez lo autorizó a viajar en su vagón privado, bajo custodia. A raíz de documentos hallados en poder de un emisario de Zapata, se acusaba al hacendado de entregar a los zapatistas caballos y dinero, a título de "impuesto revolucionario", para que no quemaran sus cañaverales o dañaran sus haciendas, en especial Atlihuayán. El intermediario habría sido el administrador de ésta, Antonio Sánchez.

Al día siguiente Escandón llegó a la estación Tacuba, donde lo esperaban familiares y amigos, y fue presentado ante el juez. Su abogado pidió a éste que no lo ingresara al recinto de la Penitenciaría: "Quien conozca a don Pablo Escandón comprenderá que para él permanecer en una celda es peligroso". El hacendado pasó esa noche en una habitación especial del juzgado. A

---

[25] Sobre los conflictos internos del Ejército Federal durante el gobierno de León de la Barra, véase F. A. Ávila Espinosa, *Entre el Porfiriato y la Revolución. El gobierno interino de Francisco León de la Barra*, cit., en especial el apartado "El Ejército Federal", pp. 101-10. Sobre el combate de La Trinchera, mencionado en la carta de Ángeles, véase en este volumen el artículo de Felipe Ángeles, "Genovevo de la O", 1917, pp. 258-78; y F. Pineda Gómez, *La revolución del sur, 1912-1914*, cit., pp. 51 y 185-87.

[26] John Womack, *Zapata y la Revolución mexicana*, Siglo XXI, México, 9ª ed., 1978, pp. 14 y ss., 118-19 y 131-32.

la mañana siguiente declaró ante el juez que era inocente y que, "aun cuando no era amigo del gobierno actual", esperaba justicia.[27]

Declarado formalmente preso, ingresó a la Penitenciaría a las 11:30 de la mañana del día 13 de noviembre. Se le asignó una celda especial como "preso político" y allí pasó la noche de ese día. El día 14 Ernesto Madero, ministro de Hacienda, acudió ante el juez y declaró que respondía por la inocencia del hacendado. Dijo además que si las zafras se suspendían por las amenazas de los rebeldes, "todos esos brazos sin trabajo irían a sumarse a los zapatistas". El administrador de Atlihuayán echó sobre sus hombros la entrega de dinero al jefe zapatista Amador Salazar.

Ese 14 de noviembre al anochecer, por orden del juez, don Pablo Escandón salía libre de toda culpa. La crónica de entonces es memorable:

> Nuestro repórter presenció la salida del terrateniente. Vestía correctamente y traía una pequeña maleta y un mozo que lo seguía portaba una colchoneta que sirvió de lecho al señor Escandón. En la oficina del director lo esperaban muchas personas. Su esposa y su hija lo recibieron en sus brazos, desarrollándose una escena triste y conmovedora. Minutos después y a bordo de poderosos autos, salía una larga comitiva de distinguidas personas que había ido a esperar al señor Escandón.[28]

El cronista registró el diálogo de despedida entre Escandón y el director de la Penitenciaría: "¡Qué frío, qué frío se sufre en esta prisión! Yo sólo he pernoctado una noche y casi estoy helado. ¡Cómo deben sufrir esos pobres presos! ¿Cuántos reclusos hay, señor Liceaga?" El director contestó: "Son trescientos, por ahora". "Pues entonces", concluyó Pablo Escandón, "mañana recibirá usted igual número de sarapes para que sufran menos esos infelices presos."

[27] *El País*, México, 12, 13 y 14 de noviembre de 1912.
[28] *El País*, México, 15 de noviembre de 1912.

50

El periódico *El Imparcial,* a raíz del asunto Escandón, había anotado el 12 de noviembre que

esta contribución al zapatismo la hacían casi todas las haciendas, entre las que se citan la de Tenextepango, Atencingo, Colón, Hospital, Santa Inés, Buena Vista, Coahuixtla y otras muchas, unas veces entregando el dinero por conducto de los administradores y otras en los respectivos despachos de esta capital.[29]

Liberado Escandón, el 15 de noviembre el mismo periódico justificaba las contribuciones de los hacendados. Si bien no se sabe de Escandón, decía la nota editorial, "las sumas de dinero que los propietarios de Morelos han puesto en manos de la rebeldía fueron tan sólo el movimiento defensivo de sus propios intereses [...] por evitar en sus negocios el pillaje, el incendio y la destrucción". Era "el sacrificio mínimo para salvar parte no pequeña de la riqueza agrícola nacional", ya que el gobierno y su ejército no podían dar garantías.[30]

No quedó claro quién y por qué había ordenado el intempestivo apresamiento de Pablo Escandón. Pero sí se sabe que éste era miembro distinguido de un grupo conservador que conspiraba contra Madero. Friedrich Katz registra la versión, proveniente del mismo Villa, de que Pablo Escandón lo había ayudado a fugarse a fines de diciembre de 1912 de la cárcel de Santiago Tlatelolco en donde lo mantenía preso el gobierno de Madero. Por otra parte, escribe Katz, las únicas personas que habían socorrido a Villa "durante su encarcelamiento, le habían proporcionado asistencia legal y lo habían ayudado a escapar eran una facción de los conservadores", que después de su fuga "le habían ofrecido ayuda y armas para levantarse contra Madero [...]. Es una ironía de la historia", agrega, "que el mismo hombre que fuera arrestado por colaborar con Zapata participara en la fuga de Villa".[31]

---

[29] *El Imparcial,* México, 12 de noviembre de 1912.

[30] *El Imparcial,* México, 15 de noviembre de 1912.

[31] F. Katz, *Pancho Villa,* cit., t. 1, pp. 219-20. En "Los patrocinadores de la fuga", P. I. Taibo II no comparte esta versión (P. I. Taibo II, op. cit., p. 163).

Una de las fuentes de Katz es una carta de Abraham González a Madero, del 6 febrero de 1913, después de haber hablado con Villa. Éste le había dicho que Escandón lo había contactado a través de enviados para ofrecerle ayuda que Villa no rechazó. González agrega: "Este señor Escandón es el que aprehendieron en Morelos acusado de estar ayudando a Zapata, y que fue internado en prisión en octubre por unos cuantos días". Katz da ejemplos y pruebas del interés de los conservadores por acercarse al Pancho Villa abandonado por Madero.[32]

En las memorias recogidas por Manuel Bauche Alcalde, Villa cuenta que, teniendo ya lista su fuga, lo visitó en la prisión un viejo amigo, Antonio Tamayo, quien le dijo que venía "autorizado por altos personajes que hoy ocupan alto rango en el gobierno", a proponerle que se adhiriera al inminente movimiento contra Madero. Saldría libre seis días después de firmar su adhesión. Villa no dijo ni que sí ni que no, pidió tres días para decidirse, y a los dos días se fugó según su propio plan ya previsto.[33] De ningún relato resulta del todo claro, sin embargo, si cuando Villa salió por la puerta de Santiago Tlatelolco, junto con su cómplice Carlos Jáuregui, caminando con calmita hasta la calle, alguna autoridad de la cárcel militar no estaba adrede mirando para otro lado. Nada de esto está dicho en la versión de Villa sobre su fuga, pero son cosas que en las memorias se suelen omitir.

Los dueños de haciendas de Morelos, tan enemigos del zapatismo como hostiles a Madero y a su representante militar en la región, no tenían muchos escrúpulos en cuanto a medios y aliados a utilizar contra el presidente o para proteger sus propiedades. Creían que, depuesto Madero, el Ejército Federal podía acabar muy pronto con los peones sublevados, así se llamaran

[32] F. Katz, "La fuga de Villa", *Pancho Villa*, cit., t. 1, pp. 212-23; Silvestre Terrazas relata que en junio de 1912 visitó a Villa en la Penitenciaría y que éste era "visitadísimo por amigos y enemigos" (Silvestre Terrazas, "Cómo se escapó Villa de la prisión", *El verdadero Pancho Villa*, Era, México, 1985, pp. 60-64).

[33] Las memorias recogidas por Manuel Bauche Alcalde con el título *El general Francisco Villa* han sido reproducidas, en edición preparada por Guadalupe y Rosa Helia Villa, con el título *Pancho Villa: retrato autobiográfico, 1894-1914* (Universidad Nacional Autónoma de México-Taurus, México, 2003, "La propuesta y la fuga", pp. 518-22).

Villa o Zapata. Las declaraciones de Calero en Chicago son explícitas al respecto.

Por otra parte, como consta en los diálogos registrados de la época, incluso en las memorias de Pancho Villa, todos ellos, desde Madero hasta el director de la cárcel, se permitían por entonces tratar a Villa de "tú", mientras éste les respondía de "usted".

Como se vería después, desde el bando opuesto a Madero cometían el mismo error que éste: subestimaban a Pancho Villa. Un error en el cual, a su debido tiempo, no caería el militar de carrera que era Felipe Ángeles.

Éste no podía ignorar que los hacendados de la zona bajo su mando hacían contribuciones a los zapatistas. Del texto en el que alude a la prisión de Escandón puede deducirse que, a su parecer, era mejor no entrometerse en esa relación para no enconar más a los hacendados contra el gobierno, pues todo el resto de la carta dice con claridad que a él, desde los altos mandos, no se le asignaban fuerzas suficientes para proteger las haciendas. ¿Qué se buscaba entonces con procesar a Escandón y "desatar un movimiento hostil de los hacendados"?

Motivos de sobra tenía Ángeles para preocuparse, aunque el 16 de noviembre *El País* informara en primera página que su reciente ascenso de coronel a general brigadier acababa de ser ratificado en el Congreso.

UN JOVEN DE BUENA FAMILIA

El 15 de enero de 1913 Ángeles viajó a la ciudad de México a conferenciar con el presidente.[34] El 5 de febrero de 1913, a las diez horas, en la plaza de Cuernavaca recibió una condecoración "por constancia en el servicio". Faltaban apenas cuatro días para el pronunciamiento de Bernardo Reyes y Félix Díaz.

El domingo 9 de febrero se inició el sangriento episodio de la Decena Trágica. El presidente Madero, en uno de sus golpes de audacia,[35] viajó ese mismo día a Cuernavaca, en un auto sin es-

---

[34] AHDN, Cancelados, expediente Felipe Ángeles, f. 591.

[35] El presidente Madero viajó desde México a Cuernavaca atravesando territorio controlado en buena parte por los zapatistas. Tal vez nunca sepamos

colta, a buscar al general Ángeles. Al día siguiente regresó con éste y parte de sus tropas a la capital. El 10 de febrero el general Ángel García Peña, ministro de Guerra, los recibió entre Xochimilco y Tepepan. Según testimonio de Ángeles, el presidente ordenó a García Peña tomar el mando de las tropas leales a su gobierno y designar al general Ángeles como jefe de su Estado Mayor.[36] Por resistencias en los mandos superiores del Ejército Federal esta orden no fue cumplida por el ministro de Guerra.

El alto mando federal quedó en manos del general Victoriano Huerta, los sublevados de Félix Díaz se encerraron en la Ciudadela y comenzó la tragedia de negociaciones y simulaciones cubierta por el fuego de ambos bandos, ineficaz contra la Ciudadela y muy eficiente para sembrar muerte y terror en la población civil. El general Ángeles recibió orden de emplazar sus baterías con el edificio de la legación británica a sus espaldas. Desde allí dirigía su fuego contra los golpistas. Según el general Gabriel Gavira, que en 1919 presidió el Consejo de Guerra que lo condenó a muerte, en esa circunstancia en que todos los altos mandos federales, de uno y otro bando, conspiraban contra Madero, Ángeles se mantuvo leal al presidente y fue "el único que cañoneaba efectivamente la Ciudadela, desde la calzada de la Reforma".[37]

Años después, Juan Sánchez Azcona escribió:

si en la gravísima situación no hubo un acuerdo con éstos para dejarlo pasar, a condición de que lo hiciera con discreción y sin escolta. Es apenas una conjetura, pero no un imposible en tiempos de guerra. Contactos de alto nivel entre ambos bandos, los había. En julio de 1913, doña Guadalupe viuda de Espejo, suegra del general Emiliano Zapata, declaró a *El Imparcial*: "El general Robles cada vez que ha ido a Morelos nos ha perseguido, lo mismo que a otros pobres que nada deben. No se parece en nada al señor general Ángeles, que cuando estuvo allá comió en dos ocasiones en la casa y lo queríamos porque era muy amable" (F. Pineda Gómez, *La revolución del sur, 1912-1914*, cit., pp. 259-60).

[36] Carta de Felipe Ángeles, s/f, no registra nombre del destinatario, Archivo Histórico de la Universidad Nacional Autónoma de México-Centro de Estudios Superiores Universitarios (AHUNAM-CESU), Fondo Carlos Castillo Bassave, BCN, serie 9, caja 3, documentos 126-29.

[37] El testimonio del general Gabriel Gavira está en Á. Matute, op. cit., pp. 363-66.

Desde el primer momento, Huerta había indicado al presidente la conveniencia de llamar a México al general Blanquet y a sus contingentes, que se hallaban en Toluca; la presencia de Ángeles en la capital desagradó profundamente al flamante comandante militar, quien al ver a don Felipe en los salones del Palacio Nacional, no pudo contenerse de decirme a mí: "¿Qué le habrá visto el señor presidente a este Napoleoncito para haberlo traído tan súbitamente?..."[38]

No toca aquí describir los sucesos de la Decena Trágica.[39] Quiero sólo enfocar un incidente que pesaría en el destino posterior del general.

El día 11 de febrero, por la tarde, se suscitó un conato de rebelión entre la tropa al mando de Ángeles. El coronel Juan Castillo murió bajo el fuego de la Ciudadela y en la tropa, leal a este coronel, corrió la versión de que el general Ángeles lo había llevado a reconocer una posición, "pero que esto no era más que una estratagema para que mataran a su coronel".[40] Los soldados estaban esperando a Ángeles para apresarlo y fusilarlo. Allí llegó un capitán que había presenciado los hechos, describió cómo habían sucedido y, según testigo, dijo a la tropa: "Muchachos, han matado al coronel porque él expresamente fue a examinar un puesto. No se anden creyendo de otras cosas". El teniente coronel Bernard y el diputado Enrique García de la Cadena hablaron a la tropa en el mismo sentido.[41] El motín se calmó y se disolvió en corrillos y conversaciones.

Entre las seis y las siete de la tarde llegó al lugar un joven que comenzó a dirigirse a los soldados a cargo de la batería. Según después se supo, se llamaba Francisco Medina y Baridó, era sobrino del gobernador del Estado de México y había llegado en

[38] Juan Sánchez Azcona, "El general Felipe Ángeles", *El Universal*, México, 3 de diciembre de 1937.

[39] Véase en este volumen Friedrich Katz, "Felipe Ángeles y la Decena Trágica", pp. 17-36.

[40] Declaración del soldado Manuel Ochoa, AHDN, Cancelados, expediente Felipe Ángeles, fs. 806 y ss.

[41] Declaración del diputado Enrique García de la Cadena, AHDN, Cancelados, expediente Felipe Ángeles, f. 625.

un auto conducido por su chofer. El muchacho tenía dieciocho años, medía 1.80 metros de estatura, piel blanca, cejas castaño claro, ojos verdes, nariz ligeramente torcida, dos dientes postizos. Vestía un traje de saco y pantalón y un chaleco de color aguamarino con rayitas blancas, cuello de camisa volteado, corbata, sombrero gris pálido con cinta gris más clara e inicial en su interior, calzado negro de charol y glacé, con botones. Llevaba consigo la tarjeta de su profesor de inglés, John Hubert Cornyn.[42] Era un inconfundible ejemplar de la juventud universitaria de clase alta de la ciudad, que estaba volcada a favor del golpe y contra el presidente Madero.[43]

Francisco Medina y Baridó, pues, llegó hasta un grupo de soldados y les comenzó a decir que "el general Ángeles era el culpable de la muerte de su coronel y que para qué seguían matándose, que era infructuosa la lucha, que mejor se pasaran para la Ciudadela".[44] Allí el joven fue apresado por órdenes de Ángeles y desde este momento las versiones difieren. Según unas, el general ordenó su fusilamiento: "Truénenlo", habría dicho. Según otras, entre ellas las declaraciones del propio Ángeles, sólo ordenó que se le llevara preso a la Sexta Comisaría y en el trayecto el oficial y el soldado de Rurales que lo conducían lo mataron, o porque intentó fugarse, dicen unos testigos, o porque se les dio la gana, dicen otros.

Sea como fuere, el joven Francisco Medina y Baridó, que fue a sublevar a la tropa leal al presidente Madero, era uno más de los cientos de muertos civiles de la Decena Trágica en la ciudad de México; y éste, al menos, no era uno de tantos curiosos, sino un partidario activo y audaz de Félix Díaz a quien en mal momento se le ocurrió ir a hacer propaganda en la línea de fuego.

[42] Declaración de Francisco Medina Garduño, padre del joven, 4 de abril de 1913, AHDN, Cancelados, expediente Felipe Ángeles, fs. 773-74.

[43] Javier Garciadiego, *Rudos contra Científicos. La Universidad Nacional durante la Revolución mexicana*, El Colegio de México-Universidad Nacional Autónoma de México, México, 1996.

[44] Declaración del soldado Manuel Ochoa, AHDN, Cancelados, expediente Felipe Ángeles, fs. 806 y ss.

Después de este incidente de los primeros días, muchas cosas sucedieron y muchos muertos se acumularon en la ciudad. Entre los últimos de estos muertos estuvieron el presidente Francisco I. Madero y el vicepresidente José María Pino Suárez, apresados por Huerta el 18 de febrero. Renunciaron a sus cargos el 19 de febrero, sancionando así el triunfo del golpe, y fueron asesinados por los militares el 22 de febrero, después de haberles prometido libertad y exilio en Cuba a condición de que firmaran esa renuncia.

Junto con ellos había sido detenido el general Felipe Ángeles. Este apresamiento en la intendencia de Palacio Nacional significaba para Felipe Ángeles una legitimación simbólica de su figura como el único general del Ejército Federal leal al presidente constitucional hasta el último instante.

Al lugar de detención los fue a visitar el embajador de Cuba, Manuel Márquez Sterling. Cuenta que todos estaban confiados en el viaje a Cuba y discutían los preparativos; el general Ángeles, no. En un párrafo ya clásico de sus memorias, el embajador lo describió así:

> El ambiente era franco. Nada hacía presentir la catástrofe. Echado en un sofá, el general Ángeles sonreía con tristeza. Es hombre de porte distinguido, alto, delgado, sereno; ojos grandes, expresivos; fisonomía inteligente y finas maneras. Cuando le dieron orden de volverse contra Madero se negó a obedecer. Acababa de cambiarse la ropa de campaña por el traje de paisano. Y era el único de todos los presentes que no fiaba en la esperanza ilusoria del viaje a Cuba. Una hora después me decía, con su lenguaje militar, ante la sospecha de un horrible desenlace:
>
> –A don Pancho lo truenan...[45]

---

[45] Manuel Márquez Sterling, *Los últimos días del presidente Madero. Mi gestión diplomática en México*, Porrúa, México, 1958, p. 269.

Se corrió al día siguiente por la ciudad la versión de que el general Ángeles sería sometido a Consejo de Guerra por insubordinación, pues se le acusaba de haber desobedecido la orden de alto al fuego al firmarse el armisticio y continuado sus descargas sobre la Ciudadela por tres horas más, aumentando los daños y las muertes de civiles.[46] No fue así finalmente. Lo dejaron libre.

El 24 de febrero, "por acuerdo del presidente interino", fue cesado como jefe de la 7ª Zona Militar y como director del Colegio Militar y nombrado agregado militar en Bélgica.[47] Seis días después, quedó sin efecto el nombramiento y Ángeles pasó a disponibilidad, en la categoría de "Sueltos".[48]

Felipe Ángeles había quedado en libertad en la ciudad de México, con domicilio en las calles de Mérida número 131 de la colonia Roma, o al menos así lo declaraba a las autoridades.[49] Su domicilio verdadero parece haber sido mucho más precario y, sobre todo, más escondido, allá por los límites de la ciudad.

La señora Rosa King, que tanto apreciaba al general y a su esposa Clara Krause con quienes había trabado cercana amistad en su hotel de Cuernavaca, preguntó a su cuñado por Ángeles y éste le respondió que nadie sabía de él: "Lo sacaron de la cárcel y desapareció. A lo mejor está escondido, o muerto, víctima de otra ejecución extraoficial". Entonces decidió ir la ciudad de México a rastrear el paradero de sus amigos:

La tarea resultó muy complicada. Ángeles se había escondido para escapar con vida. De hecho, con la ciudad llena de espías y francotiradores huertistas, que desde los tejados dispensaban a sus enemigos infalibles balas "perdidas", Ángeles estaba menos seguro libre que encerrado en la cárcel, donde no podía disimularse quién ordenaba las ejecuciones. Por esta razón, los amigos de Ángeles que conocían su escondite fingían ignorarlo. Por fin, al cabo de mucha paciencia y astucia, averigüé lo necesario. Para despistar a probables perseguidores

[46] *El País*, México, 25 de febrero de 1913.
[47] AHDN, Cancelados, expediente Felipe Ángeles, f. 604.
[48] AHDN, Cancelados, expediente Felipe Ángeles, fs. 614-15.
[49] AHDN, Cancelados, expediente Felipe Ángeles, f. 615.

me llevaron al refugio por un camino largo y tortuoso y hasta hoy no sabría decir por qué rumbo de la ciudad me encontré con el general y la señora Ángeles –sólo sé que la casa era pequeña, la calle tranquila y muy próxima a los límites de la ciudad. Nunca olvidaré el sufrimiento en el rostro de Ángeles cuando se asomó cautelosamente por una pequeña ventana enrejada e indicó con una seña que deseaba hablar conmigo. Parecía haber envejecido años desde el día en que semanas atrás nos despedimos en Cuernavaca.[50]

Recuerda la señora King el relato del general sobre su detención con Madero y Pino Suárez en la intendencia de Palacio Nacional y cómo en la noche del 22 de febrero los agentes de Huerta se los llevaron, supuestamente para la Penitenciaría:

Cuando salían de la habitación el presidente se volvió hacia Ángeles y le dijo: "Adiós, mi general, nunca volveré a verlo". Sabían que marchaban a encontrarse con la muerte. Ángeles escuchó cómo se perdía el sonido de sus pasos, y esperó. Intentó imaginar su trayecto paso a paso. De vez en cuando sacaba su reloj y lo miraba. Una idea, me dijo, lo atormentaba: "Ni siquiera sabré en qué momento sucederá. ¿O acaso ya sucedió?"[51]

En esas circunstancias estaba el general, cuando se le ocurrió tomar una iniciativa peregrina: el 12 de marzo de 1913 fue ante el jefe del Detall del ejército haciendo presente "que no le ha sido abonada su asignación como jefe de la 7ª Zona Militar, los forrajes para sus dos caballos, y la tercera decena del mes de febrero de 1913".[52] El general Manuel Mondragón, secretario de Guerra y Marina, aquel de las compras de armamentos en Francia, dispuso en la misma fecha que se le pagaran las sumas adeudadas por ambos conceptos: asignación de mando y forrajes.

[50] Rosa E. King, *Tempestad sobre México*, Consejo Nacional para la Cultura y las Artes, México, 1998, pp. 94-95.
[51] Ibid., p. 95.
[52] AHDN, Cancelados, expediente Felipe Ángeles, fs. 620-21.

Sin embargo, el paso dado por Ángeles era en verdad insólito. En situación frágil, semiclandestino, amenazado como lo describe la señora King, reclama al ejército pagos atrasados.

El reclamo tenía el aspecto de una insolencia y un insulto a los jefes militares: ustedes no sólo han asesinado al presidente y al vicepresidente, sino que se han quedado con el forraje de mis caballos. Tal era el mensaje implícito en la solicitud. Todos podían entenderlo, cuando era fama que muchos oficiales federales no sólo se guardaban la paga de soldados inexistentes, sino el dinero para el forraje de caballos también inexistentes. Si a alguien en especial podía irritar, era al propio general Mondragón, que en sus compras de armamentos se había quedado con algo más que pagas de soldados y forrajes de caballos.

EL PRIMER EXILIO: DE LECUMBERRI A PARÍS

Poco más de dos semanas antes del insólito reclamo, el 26 de febrero de 1913, Francisco Medina Garduño, padre del joven que había ido a arengar a las tropas de Ángeles y hermano del gobernador del Estado de México, ingeniero Manuel Medina Garduño, había presentado ante la justicia una extensa denuncia contra el general Ángeles, acusándolo de haber ordenado el fusilamiento de su hijo.[53] El caso estaba en suspenso, sin que se ejerciera acción penal, aunque era comentado en los corrillos del ejército y de Palacio Nacional.[54] Mientras, el general seguía en libertad.

El 1º de abril, sin que mediara motivo político aparente, se ordenó abrir proceso contra el general Felipe Ángeles por "el delito de violencia contra las personas en general", en razón de dicho presunto fusilamiento de un civil. El general fue apresado y encerrado en la intendencia de Palacio Nacional. Se designó juez especial al general brigadier Manuel Gordillo Escudero, el cual decretó la formal prisión el día 3 de abril a las once de la mañana y mantuvo la incomunicación del acusado.

El mismo día 3 de abril, el embajador de Estados Unidos, Henry Lane Wilson, hizo una insólita presentación ante Francisco León

---

[53] AHDN, Cancelados, expediente Felipe Ángeles, f. 702.
[54] AHDN, Cancelados, expediente Felipe Ángeles, fs. 779-84.

de la Barra, secretario de Relaciones Exteriores, en defensa del general Ángeles. El secretario le aseguró que la vida de Ángeles no corría peligro. Al día siguiente, el secretario de Estado Bryan cablegrafió al embajador haciéndole saber que consideraba esa gestión como una iniciativa personal de éste "absolutamente informal y no oficial".[55] El nuevo presidente, Woodrow Wilson, estaba así frenando el afán interventor del embajador heredado de su antecesor William Taft.

El general Ángeles nombró como sus defensores al licenciado Manuel Calero y al teniente coronel licenciado Diego Baz. En el expediente procesal se registró la "media filiación del acusado, que es como sigue: pelo y cejas negros, ojos cafés oscuros, frente despejada, nariz aguileña, boca regular, bigote negro, estatura 1 metro 75 centímetros, señas particulares ninguna".[56]

Al margen de la foja respectiva, trazadas en sentido vertical, figuran las firmas de Felipe Ángeles, Diego Baz y Manuel Calero. La del general ocupa seis renglones, es decir, seis centímetros; la de Diego Baz, cinco renglones; la de Manuel Calero, ex secretario de Relaciones Exteriores, ex embajador en Washington, y en esos días de abril de 1913 senador de la nación, trece renglones.[57]

En el proceso se fueron sumando testigos a favor y en contra. Como todos los de este tipo, se fue volviendo enredado e inextricable. Unos testigos se contradecían entre sí, otros no aparecían. Ángeles, detenido en la intendencia de Palacio Nacional, fue

---

[55] National Archives, Washington, Records of the Department of State (NAW, RDS), 812.00/7011, Henry Lane Wilson a William Jennings Bryan, 4 de abril de 1913: "Habiendo escuchado insistentemente informes de que el general Ángeles estaba por ser ejecutado por el gobierno fui ayer a la Secretaría de Relaciones Exteriores y protesté enérgicamente contra cualquier acción de tal tipo pues se trata de una persona de carácter y estoy seguro de que no es culpable de crimen alguno. El señor De la Barra me aseguró que estaba fuertemente en contra del curso riguroso que se había tomado hacia el general Ángeles y que pediría al gobierno garantías por su vida. Agregó que dudaba de la exactitud de la información"; y William Jennings a Henry Lane Wilson, 5 de abril de 1913: "Este Departamento considera que la acción tomada por usted por su propia iniciativa es totalmente informal y no oficial, basada sólo en razones humanitarias".

[56] AHDN, Cancelados, expediente Felipe Ángeles, fs. 753-58.

[57] AHDN, Cancelados, expediente Felipe Ángeles, f. 758.

trasladado al cuartel del Batallón de Zapadores y por fin, el 19 de mayo de 1913, a la Penitenciaría Nacional, la cárcel de Lecumberri, ilustre edificio por donde seis meses antes había pasado fugaz don Pablo Escandón.

Según el testimonio de Manuel Calero su relación con Ángeles se inició en esas circunstancias, cuando como abogado pudo comprobar que el proceso "era sólo un instrumento de persecución política". Huerta le habría dicho que Ángeles tenía muchos enemigos y que, por eso, "era preferible, para su seguridad, que permaneciera indefinidamente en la cárcel y que el proceso siguiera abierto, también indefinidamente, a pesar de que las investigaciones del juez instructor sólo daban resultados negativos".[58] La opinión de Huerta, en este punto, parecía coincidir desde el ángulo opuesto con la de la señora King, según la cual "Ángeles estaba menos seguro libre que encerrado en la cárcel, donde no podía disimularse quién ordenaba las ejecuciones".

Allí se inició, dice Calero en 1921, "una lucha difícil y tenaz con el dictador" durante varios meses, hasta lograr en esas negociaciones que al general se le pusiera en libertad. "Todas las maniobras que produjeron este resultado fueron obra exclusivamente mía", agrega, "sin que Ángeles tomara parte en ello ni se le exigiera cosa alguna." En ese momento Huerta creía haber dominado a la revolución, dice Calero, y era entonces "el momento psicológico" para que soltara al general Ángeles, cuyas capacidades militares menospreciaba y "de quien decía que era sólo un 'matemático'".

Durante esos meses, debe sin embargo recordarse, el senador Manuel Calero pronunció encendidos discursos en apoyo de la campaña de Juvencio Robles, de regreso en Morelos. El 10 de mayo el defensor del general Ángeles, en esos mismos días preso y procesado por Huerta, decía en el Senado de la República:

Dejemos al Ejecutivo, ante la necesidad suprema de restablecer la paz, de acabar con el salvajismo, hacer tabla rasa en ese

[58] Manuel Calero, "El linchamiento del general Ángeles", *Un decenio de política mexicana*, s.e., Nueva York, 1920, pp. 224-42; reproducido en Á. Matute, op. cit., pp. 337-51.

pobre estado, atropellar todas las autoridades, todas las leyes, y llevar hasta el fin una guerra de exterminio, si ella es necesaria para redimirnos de la vergüenza del zapatismo. Por eso he dicho que si combato al Ejecutivo dentro del terreno de la Constitución, puedo justificarlo ante el criterio de la necesidad pública y de la moral.[59]

El juez de la causa era el general brigadier Manuel Gordillo. El 13 de junio éste sale "en comisión de servicio" y el 17 de julio entra como juez el general brigadier Eduardo Paz. El 22 de julio éste es sustituido por el general brigadier Juan Quintero Arroyo, quien a su vez es sustituido el 26 de julio por el general brigadier Javier de Maure. El 29 de julio, por disposición del gobierno, se suspenden "los efectos de la orden de proceder en esta causa [...] por cuyo motivo se ha ordenado sea puesto desde luego en libertad".[60]

Ángeles salió libre ese mismo día. El 31 de julio se embarcó para Francia, junto con su familia, en el vapor *Antonina*, de bandera alemana. Los pasajes y gastos del viaje fueron pagados por Manuel Calero. El reintegro de la asignación de mando del general y del monto del forraje de sus caballos no había alcanzado, puede suponerse, para pagar el viaje a Europa del matrimonio Ángeles y de sus cuatro hijos.

El *Antonina* hizo escala en La Habana, donde Enrique Melgar, carrancista exiliado, aprovechó la ocasión para contactar al general. Éste, según Melgar, mucho se interesó en los documentos políticos que él le entregó, pero dijo que antes de tomar cualquier decisión debía cumplir con el compromiso contraído con Manuel Calero de que sólo tocaría tierra en Europa, para no comprometer a éste ante Huerta; y que, en todo caso, esperaría una invitación de Carranza. Es posible que Ángeles tampoco confiara en qué podía sucederle si ponía pie en los muelles de La Habana.[61]

[59] AHSRE, Fondo Manuel Calero, vol. 1, libro 6, discurso del 10 de mayo de 1913, pp. 154-59.
[60] Ibid.
[61] Memorándum mecanoscrito de Enrique Melgar, AHUNAM-CESU, Fondo Juan Barragán, K. XVII, expediente 17, s/f.

¿Cuáles habían sido los móviles de Calero para asumir la defensa de Ángeles y facilitar su exilio? Friedrich Katz sostiene que, en efecto, Huerta se proponía prolongar el proceso para mantener indefinidamente preso al general. Henry Lane Wilson, el embajador de Estados Unidos, no había objetado el asesinato de Madero pero se

"opuso teminantemente a toda posible represalia contra Ángeles". Además, prosigue, el general tenía "otro protector poderoso", su abogado defensor Manuel Calero quien "no sólo tenía una gran influencia entre los conservadores mexicanos, sino que mantenía estrechos vínculos con la más grande de las compañías petroleras estadounidenses que operaban en México, la Mexican Petroleum Company, dirigida por Doheny".[62]

Estos defensores de Felipe Ángeles dentro de los círculos del poder lograron al fin que el general fuera puesto en libertad a fines de julio de 1913 y enviado de inmediato al exilio. ¿Qué interés los unía? Katz propone una hipótesis:

Tanto Henry Lane Wilson como Manuel Calero habían apoyado el golpe de Huerta, pero ambos creían que debía entregar la presidencia a otra persona. Wilson esperaba que fuera Félix Díaz; Calero creía que debía ser él mismo. Tal vez ambos pensaban que ganarse la simpatía y el apoyo de un militar influyente como Ángeles les sería muy útil.[63]

El general guardó gratitud a Manuel Calero hasta el último de sus días, "a pesar de nuestros frecuentes desacuerdos, a menudo profundos", según éste escribió en 1920. A él dirigió su carta de despedida desde El Paso, el 11 de diciembre de 1918, cuando estaba por cruzar el río Bravo para sumarse, solitario, a las fuerzas de Pancho Villa; y a él pidió en esa carta dar buen consejo a

---

[62] F. Katz, *Pancho Villa*, cit., t. 1, p. 319.
[63] Ibid. En sus memorias recogidas por Bauche Alcalde, Villa coloca a Manuel Calero en una lista de "malvados" que "se soñaron presidenciables", a causa de "las ilimitadas complacencias del señor Madero" (G. y R. H. Villa, op. cit., p. 458).

su hijo Alberto Ángeles quien, junto con sus tres hermanos y su madre, Clara Krause, quedaba en Estados Unidos.[64]

EL ÚLTIMO REGRESO: DE TURENA A JOHN BROWN

Muchas y grandes cosas sucedieron a México y al general Felipe Ángeles entre el momento en que regresó de su primer exilio en Francia, en octubre de 1913, para sumarse a la revolución constitucionalista encabezada por Venustiano Carranza; aquel en que partió para su nuevo exilio en Estados Unidos en 1915 y dejó a su Turena con el general Pancho Villa; y este último, en diciembre de 1919, cuando volvió a su país por El Paso, Texas, para unirse a la guerra villista, "dispuesto a jugar una posibilidad contra novecientas noventa y nueve", según escribió a José María Maytorena.[65]

De esos grandes y numerosos sucedidos en los cuales el general anduvo envuelto en esos años no se hablará aquí. Lo cierto es que, según relata en sus memorias José María Jaurrieta, la noche en que Ángeles entró a México para la que sería su última campaña, lo estaban esperando con un caballo excelente. Narra Jaurrieta:

El día 11 de diciembre de 1918, entre diez y once de la noche, cruzó la frontera internándose en territorio mexicano el señor general Felipe Ángeles, acompañado de Alfonso Gómez Morentín, Pascual Cesaretti, dos guías y el que esto escribe. Partimos del rancho de mister George Holmes, ubicado en las cercanías del pueblo de San Elizario, Texas, a unos 35 kilómetros al este de El Paso, Texas, y punto principal en esos días para los embarques de municiones y envíos de expediciones ar-

[64] Manuel Calero, op. cit., pp. 230 y 232-34. Sobre los desacuerdos de Ángeles con Calero en el exilio en Estados Unidos, véanse las cartas de Felipe Ángeles a José María Maytorena, Nueva York, 20 de agosto de 1916 y 10 de octubre de 1916, The Library of Pomona College, Claremont, California, Fondo José María Maytorena, caja VI, fólder 2; ambas cartas están reproducidas en Á. Matute, op. cit., pp. 189 y 197-99.

[65] Felipe Ángeles a José María Maytorena, Nueva York, 9 de julio de 1918, The Library of Pomona College, Claremont, California, Fondo José María Maytorena, caja VI, fólder 4; reproducida en Á. Matute, op. cit., pp. 227-29.

madas que enviaban nuestros agentes a incorporarse a nuestras fuerzas.

El antiguo jefe de la artillería de la División del Norte caminaba sonriente y perfectamente tranquilo de la aventura en que se iniciaba. Montaba un brioso caballo moro, del que hizo constantes elogios durante toda la noche, premiando al corcel al otro día con bautizarlo, llamándolo en lo sucesivo John Brown.[66]

John Brown: el nombre que dio a su caballo moro fue su última declaración de intenciones profundas, su secreto manifiesto; y, también, el testimonio de los caminos de sus lecturas y sus reflexiones en los tiempos de su exilio en Estados Unidos.

John Brown fue el héroe fundador de la lucha violenta por la emancipación de los esclavos en Estados Unidos. Blanco, calvinista, ardiente abolicionista en sus escritos, discursos y hechos, el 16 de octubre de 1859 pasó a la acción y con un puñado de hombres –entre ellos dos de sus hijos, que murieron en la empresa– tomó el arsenal de Harpers Ferry con el propósito de distribuir armas a los esclavos y desencadenar una guerra de liberación.

La respuesta inmediata fue escasa, el ejército derrotó al pequeño grupo insurrecto, John Brown fue apresado el 18 de octubre y procesado. Se defendió ante sus jueces y en su alegato asumió y sostuvo la legitimidad de sus acciones, sabiendo que su sentencia sería la pena capital: "Estoy preparado para mi destino", declaró. "No pido un proceso. [...] Pido una vez más que se me excuse de esta farsa judicial."

Fue condenado el 2 de noviembre por "conspiración para incitar una insurrección de esclavos, traición contra el estado de Virginia y asesinato en primer grado". Desde la cárcel, ya condenado a muerte, escribió cartas y notas en defensa de su causa. Personajes famosos en Estados Unidos y Europa le dieron su apoyo: Henry David Thoreau, Ralph Waldo Emerson, Victor Hu-

[66] J. M. Jaurrieta, op. cit., p. 159. Agrega Jaurrieta: "El equipo del general consistía en dos pistolas calibre 38 especial, suspendidas al cinto, a la usanza del Ejército Federal, un rifle 8 mm Springfield con su dotación de cartuchos, y montura del ejército americano".

go, tomándolo como símbolo de la lucha contra la esclavitud. Fue ejecutado en la horca el 2 de diciembre de 1859.

Dos años después estalló la guerra civil entre el Norte y el Sur que llevó a la abolición de la esclavitud. Muchos consideraron a John Brown como su precursor, y los batallones negros de las fuerzas norteñas marcharon con una canción que se hizo famosa: "El cuerpo de John Brown".[67]

Para Felipe Ángeles el nombre que dio a su nuevo caballo era un homenaje a ese precursor y un simbólico programa de vida y hasta de muerte: puntualmente llegó a México solo, entró a la campaña militar, fue apresado y juzgado, defendió sus ideas y sus propósitos ante sus jueces y fue condenado a muerte y ejecutado.[68]

Felipe Ángeles había premiado a su caballo moro del retorno con un nombre de héroe y de mártir. El general quería de verdad a sus caballos y, como quien juguetea con la vida, hacía de sus nombres símbolos en clave de sus admiraciones y sus intenciones.

Por eso el Turena de la batalla de Zacatecas en 1914 se había convertido, cinco años y un exilio después, en el John Brown de la campaña de Chihuahua.

No abandono la esperanza de llegar a saber algún día los nombres de sus dos caballos de la campaña de Morelos, aquellos por cuyo forraje no pagado comenzó toda esta historia.

[67] Sobre John Brown, véase David S. Reynolds, *John Brown, Abolitionist. The Man Who Killed Slavery, Sparked the Civil War and Seeded Civil Rights*, Alfred A. Knopf, Nueva York, 2005; Peggy Russo y Paul Finkelman (comps.), *Terrible Swift Sword. The Legacy of John Brown*, Ohio University Press, Athens, 2005; y Henry David Thoreau, *A Plea for Captain John Brown*, Kessinger Publishing, Montana, 2004. Entre la muerte de John Brown y el asesinato de Abraham Lincoln, al final de la guerra civil, habían muerto unos 360 mil soldados norteños, mientras más de 198 mil cayeron luchando por la Confederación.

[68] En una de sus cartas desde la prisión, John Brown había escrito que su muerte "hará mucho más por el progreso de la causa que con todas mis fuerzas he defendido, que todo lo que yo haya hecho antes en mi vida". Cuando en noviembre de 1919, prisionero, pasó por Parral en camino a Chihuahua, Ángeles dejó anotadas en un autógrafo casi las mismas palabras: "Mi muerte hará más bien a la causa democrática que todas las gestiones de mi vida. La sangre de los mártires fecundará las buenas causas".

FELIPE ÁNGELES Y LA CONVENCIÓN DE AGUASCALIENTES

■ Felipe Arturo Ávila Espinosa

¿Cuál fue la participación de Felipe Ángeles en la Convención de Aguascalientes, la primera gran asamblea revolucionaria mexicana del siglo XX? ¿Qué postura tuvo y qué actitud asumió en ésa, la asamblea cimera de la Revolución mexicana, la más representativa, la única en la que estuvieron presentes todas las corrientes revolucionarias con el objeto de llevar a cabo la unificación de la Revolución? ¿De qué manera influyó Felipe Ángeles en la discusión y en las decisiones que tomó esa reunión para alcanzar sus grandes objetivos: la pacificación del país, el nombramiento de un gobierno revolucionario y la elaboración de un programa de gobierno que emprendiera las transformaciones sociales, económicas y políticas que demandaban los grupos populares? ¿Qué peso tuvo Ángeles en la línea política que siguió la División del Norte en esa asamblea y en las decisiones que tomó el líder de esa corriente, Francisco Villa, en esos cruciales días?

Las líneas que siguen tratan de explicar y responder a estos interrogantes en una doble vertiente: por una parte, analizar la influencia de Felipe Ángeles en la Convención Revolucionaria y en los acontecimientos que definieron el rumbo de la Revolución, en 1914-1916; y, por otra parte, dar cuenta de por qué la División del Norte y Ángeles perdieron el enfrentamiento militar y político decisivo de esa Revolución ante sus rivales constitucionalistas. Se busca, así, encontrar algunas de las razones de la victoria de Obregón.

Felipe Ángeles es un personaje central en la historia de la Revolución mexicana y, sobre todo, en la historia del villismo, como lo ha establecido el profesor Friedrich Katz.[1] Ángeles es, quizás, el principal heredero político y espiritual de Madero. Si hay algún personaje –entre el círculo de colaboradores más cercanos al presidente mártir– que represente fielmente el espíritu

---

[1] Friedrich Katz, *Pancho Villa*, Era, México, 1998, t. 1, p. 315.

maderista, en su sentido democrático, de transformación pacífica de las instituciones para establecer un orden social más justo y equitativo, ése es, sin duda, Felipe Ángeles, quien recogió y encarnó, de manera prístina y también trunca, ese proyecto.

Además de sus dotes personales, su cultura, su capacidad y su preparación dentro de la mejor tradición del Colegio Militar, a Ángeles le abrió las puertas de las corrientes revolucionarias que combatían a Huerta –luego del asesinato de Madero– el que se le reconociera como uno de los personajes más cercanos al líder fallecido, sobre todo en los últimos meses de éste.[2] Muchos de los hombres más afines a la persona y las ideas de Francisco I. Madero se incorporaron a la División del Norte villista. Pronto Ángeles asumió el liderazgo de ese grupo.

Felipe Ángeles tuvo un papel importante en la conformación de la División del Norte, gracias a que combinaba varias características que lo hacían peculiar. Por un lado, fue el militar de más rango del viejo ejército porfiriano que se incorporó a la Revolución. Por su capacidad militar, al poco tiempo se convirtió en el segundo en el mando dentro de la División del Norte y en la persona que más influencia tenía sobre Francisco Villa.

Pero además de sus conocimientos y experiencia militares, lo que más lo distinguió entre los generales villistas fue su mayor visión y perspectiva política. Prácticamente era el único de los generales de la División del Norte que tenía una ideología sólida y una visión nacional sobre los problemas, las tareas y los objetivos a los que tenía que abocarse el ejército villista para consolidarse y aspirar a la hegemonía en el proceso revolucionario.

La División del Norte estaba ya formada cuando Ángeles se incorporó a ella en abril de 1913. Su participación no la transformó cualitativamente, aunque contribuyó a mejorar sus técnicas y su organización militar. Esto se demostró en la que quizá sea la principal batalla militar ganada por el villismo, la toma de Zacatecas en julio de 1914, que selló la derrota de Huerta. Esa batalla también significó el momento de mayor gloria militar para Ángeles.[3]

[2] Ibid., p. 320.
[3] Ibid., p. 321.

Pero, sobre todo, su influencia fue determinante en el terreno político. Ángeles fue el principal arquitecto de la política de alianzas de la División del Norte. Fue quien tejió el acercamiento de Villa con el gobernador sonorense José María Maytorena, una alianza estratégica en los comienzos del ascenso del villismo; y, más importante aún, fue quien más influyó en tejer y llevar a cabo la alianza entre el villismo y el zapatismo. Su participación en esta alianza fue fundamental.[4]

Felipe Ángeles tuvo una intervención decisiva en el proceso que llevó al ejército villista a adquirir una identidad política propia, distinta y enfrentada al constitucionalismo, del que provenía. Este proceso tuvo un momento acelerado de definición a mediados de 1914. Como se sabe, previo a la batalla de Zacatecas ocurrió el distanciamiento entre Villa y Carranza por el empecinamiento de éste en obstaculizar la toma de esa ciudad por la División del Norte e impedir que Villa, luego de su previsible victoria, tuviera la vía franca para avanzar hacia la capital del país.

Pasando por encima de las órdenes de Carranza, Villa tomó Zacatecas, destrozó al Ejército Federal y obligó al régimen huertista a capitular. Pero ese triunfo provocó una escisión en el Ejército Constitucionalista, documentada en los telegramas entre Villa y Carranza en esos días. En ese enfrentamiento, quien logró articular la respuesta organizada, como cuerpo unificado, de la División del Norte fue el general Ángeles, quien tuvo un papel central en la decisión de Villa de desafiar al Primer Jefe. A partir de ahí, el ejército villista se consolidó como un cuerpo con una identidad política y un proyecto propios, que buscó alianzas con otras corrientes y se volvió un contendiente por el poder político nacional.[5]

Ese momento de ruptura con Carranza fue definitorio en la historia de la División del Norte. Pero para que pudiera consoli-

[4] Ibid.

[5] Felipe Arturo Ávila Espinosa, *El pensamiento económico, político y social de la Convención de Aguascalientes*, Instituto Nacional de Estudios Históricos de la Revolución Mexicana-Instituto de Cultura de Aguascalientes, México, 1991, pp. 25-30.

darse el proyecto político del ejército villista, era necesario profundizar en las diferencias con el Primer Jefe y, sobre todo, tratar de aislarlo y restarle al menos una parte de sus bases de apoyo.

A la luz de los testimonios de esos días, sólo unos pocos de los principales actores políticos entre las corrientes que habían triunfado sobre el huertismo tenían, a mediados de 1914, una relativa claridad sobre la nueva fase del proceso revolucionario. Derrotado el huertismo, se abría un espacio de negociación entre las corrientes revolucionarias triunfadoras para tratar de llegar a un acuerdo, para elegir un nuevo gobierno y dar cumplimiento a las principales demandas revolucionarias. Cuatro fueron los personajes con mayor conciencia de lo que estaba en juego en ese periodo: el poder, y que en consecuencia actuaron con una lógica político-militar, buscando afianzar sus propias fuerzas, consolidar alianzas y debilitar al enemigo: Venustiano Carranza y Álvaro Obregón dentro del constitucionalismo, Emiliano Zapata en el Ejército Libertador del Sur y Felipe Ángeles en la División del Norte.

Bajo esta lógica político-militar deben entenderse las negociaciones conocidas como el Pacto de Torreón de agosto de 1914, entre un sector del constitucionalismo encabezado por Lucio Blanco, así como las negociaciones entre Francisco Villa y Álvaro Obregón, en septiembre de 1914 en Chihuahua, que condujeron a la realización de la Convención de Aguascalientes.

Fue en este foro revolucionario donde pudieron destacar la visión y la iniciativa de Felipe Ángeles como líder político del ejército villista. En la Convención, reunida en Aguascalientes desde el 10 de octubre de 1914, se dio una primera confluencia de intereses entre la División del Norte y el sector constitucionalista encabezado por Álvaro Obregón: hacer a un lado a Carranza, ponerse de acuerdo en un programa mínimo de reformas revolucionarias y nombrar un gobierno sostenido por todas las facciones. El villismo impulsó esta línea a través de sus dos principales representantes, Roque González Garza, quien acudió como representante personal de Villa, y Felipe Ángeles. Y fue precisamente Ángeles el artífice de una medida que fortalecía los objetivos del villismo: la incorporación del zapatismo a la Convención y la alianza entre Villa y Zapata para oponerse al constitucionalismo.[6]

Ángeles no sólo propuso la integración de los zapatistas a la Convención para poder llevar a cabo la paz en la República y hacer efectiva la soberanía de ese cuerpo, sino que encabezó la comisión que se trasladó a Morelos a invitarlos. En ese viaje tejió la alianza con Zapata y, una vez que los zapatistas se sumaron a la Convención, Ángeles y González Garza, al frente de los delegados villistas, apoyaron las posturas políticas de los delegados del Ejército Libertador, que eran a todas luces las más radicales y las que exigían con más contundencia, como una condición *sine qua non* para el avance de la Revolución, la separación de Venustiano Carranza del poder. La mancuerna González Garza-Ángeles influyó también para lograr que la Convención aceptara el Plan de Ayala como la base mínima del programa de reformas que debía aprobar.[7]

Tormentosas discusiones tuvieron lugar en la Convención en esos primeros días. Ante la imposibilidad de llegar a acuerdos en los puntos centrales sobre la pacificación del país y el sometimiento de los tres grandes caudillos a las decisiones de la asamblea, la Convención se había vuelto un callejón sin salida. La claridad sobre esta situación y sobre el hecho de que en realidad se jugaba la disputa por el poder –lo cual implicaba necesariamente dirimirla a través de las armas– sólo fue percibida por tres de los principales líderes de las facciones.

Uno de los tres personajes que tenían esa conciencia era, desde luego, Venustiano Carranza, quien nunca reconoció a la Convención, la retó y rompió con ella, preparándose para combatirla. El segundo personaje con la misma claridad, desde el extremo opuesto, fue Emiliano Zapata, quien tampoco aceptó

---

[6] En la sesión de la Convención del 13 de octubre, Ángeles propuso invitar a los zapatistas "con el objeto de hacer la paz en la República" y se opuso a que la asamblea fuera declarada soberana si no estaban incluidos los zapatistas, porque en ese caso "la soberanía de la Convención sería una mentira" (Florencio Barrera Fuentes, *Crónicas y debates de las sesiones de la Soberana Convención Revolucionaria*, Instituto Nacional de Estudios Históricos de la Revolución Mexicana, México, 1965, vol. I, pp. 183, 203, 254-55, 386-87, 418-19 y 495-96).

[7] Ibid., pp. 517-20.

plenamente a la asamblea, tuvo fuertes reservas, exigió elevadas condiciones para participar en ella y no confió en sus resoluciones, convencido de que Carranza no renunciaría al poder. Carranza y Zapata sabían que sus diferencias tarde o temprano tendrían que decidirse en el terreno de las armas. El tercero fue el general Ángeles.

Dentro del villismo, los generales cercanos al Centauro y los asesores civiles encargados de organizar y administrar el gobierno villista en los territorios de Chihuahua y Durango no tenían esa misma claridad, a pesar de su fuerte y auténtico compromiso con la Convención. En cambio, Felipe Ángeles fue el que, entre los generales villistas, tuvo mayor conciencia de que la Convención era transitoria y no podía resolver el problema del poder: que esta cuestión, según su formación militar se lo decía, tenía que resolverse por las armas.

Por lo que había ocurrido desde los primeros días en la asamblea y lo que se podía vislumbrar, Ángeles se había dado cuenta de que la Convención no podía convertirse en la dirección de la Revolución, que no podía aprobarse un proyecto político único, respaldado por todas las fracciones, y que tampoco era posible sostener al gobierno ahí elegido. Por lo tanto, en su visión la Convención sólo podía ser un espacio para avanzar en una estrategia político-militar que, desde su punto de vista, no era otra que la de fortalecer los objetivos de la División del Norte: debilitar a Carranza, tratar de aislarlo, de neutralizarlo y quitarle la mayor cantidad de aliados, procurar que sus fuerzas se escindieran, que fue lo que en realidad ocurrió.

En efecto, el constitucionalismo que salió de la primera parte de la Convención no fue el mismo que había llegado a ella. Hubo una sangría luego del primer mes y medio de discusiones y la correlación de fuerzas se alteró. El constitucionalismo perdió a un sector de su ejército, entre ellos algunos generales importantes como Lucio Blanco y Eulalio Gutiérrez y, en contraparte, los enemigos de Carranza –Villa y Zapata– se habían acercado y establecido una alianza. Estos objetivos estratégicos de Villa y sus generales y de Zapata y sus asesores se habían cumplido. Para alcanzar este resultado político, la participación de Ángeles fue, otra vez, destacada.

Lo que sucedió después de la ruptura de Carranza con la Convención es ampliamente conocido. El gobierno convencionista encabezado por Eulalio Gutiérrez puso un ultimátum a Carranza para que entregara el mando del Ejército Constitucionalista. Ante su negativa, los ejércitos convencionistas avanzaron hacia la capital del país. El constitucionalismo se replegó hacia Veracruz. Ocurrió la toma conjunta de la ciudad de México por Villa y Zapata en diciembre de 1914, a la cabeza de sus respectivos ejércitos. Se formalizó la alianza de ambos en el Pacto de Xochimilco y se dio paso luego a la fallida estrategia militar del villismo y el zapatismo para enfrentar al constitucionalismo, estrategia que dio al traste con su proyecto y que selló el destino de la Revolución mexicana.[8]

El general Ángeles participó en la Convención sólo durante el mes de octubre de 1914. Después, se puso al frente de sus tropas y dirigió la campaña en el noreste de la República en los primeros meses de 1915. Obtuvo brillantes victorias, pero éstas no sirvieron para alterar el resultado de las decisivas batallas del Bajío, en las cuales Obregón aniquiló a la División del Norte. Se ha insistido mucho en contraponer la estrategia militar fallida empleada por Villa para enfrentar a Obregón, con los consejos de Ángeles. Éste sugería, primero, a fines de 1914 atacar a Carranza en Veracruz; y, más tarde, ya iniciado el año 1915, no enfrentar a Obregón en el centro del país, sino atraerlo hacia el norte y cortar su línea de comunicación. El empecinamiento de Villa de enfrentarlo en el Bajío, con sus fuerzas divididas, con carencia de municiones y mediante cargas de caballería, habría sido un error catastrófico y definitivo para su derrota.[9]

Pero podía haber sido otro el resultado.

Esta interpretación ha sido ampliamente debatida. Recientemente, Pedro Salmerón ha mostrado cómo la correlación de fuerzas entre convencionistas y constitucionalistas era mucho más pareja; que no existía la supuesta superioridad estratégica de los primeros; que el constitucionalismo controlaba plazas y recursos claves para el enfrentamiento; que las batallas del Bajío

[8] F. A. Ávila Espinosa, op. cit., pp. 103-31 y 186-88.
[9] F. Katz, op. cit., t. 2, pp. 69-79.

no fueron las únicas determinantes y que es un tanto aventurado sostener que Villa perdió por su necedad de cargar con su caballería contra las trincheras fortificadas de Obregón, pues al parecer no fue eso lo que ocurrió. La discusión de este tema está, pues, lejos de haberse agotado.[10]

Desde hace muchos años los historiadores de la Revolución mexicana y de la Convención han expresado opiniones que tratan de explicar la actitud de la División del Norte en el seno de la Convención. Han señalado, en diversas ocasiones, que el villismo no tenía un proyecto político nacional; que no pensaba en el problema del poder desde esa perspectiva, sino que en él predominaba una visión regionalista y limitada; y que ésta habría sido una de las razones de su fracaso. La ausencia de un proyecto de organización del Estado nacional se había mostrado diáfanamente en la Convención. Friedrich Katz también ha subrayado que la actitud de los villistas en la Convención fue primordialmente defensiva.[11]

Sin duda, hay una parte de razón en esta interpretación. No se puede desdeñar el peso de la problemática regional en el villismo, como no se puede hacer con el zapatismo, ni tampoco –hay que decirlo– con el constitucionalismo. También es cierto que la actitud del villismo en la Convención, al elegir al presidente provisional, fue una actitud defensiva: explícitamente señalaron que ellos no votarían por ningún villista y, en su lugar, votaron por Juan G. Cabral, un jefe militar de la División del Noroeste del constitucionalismo. Los zapatistas, a su vez, que no estaban aún plenamente integrados a la Convención y no podían votar, lo que hicieron fue vetar al candidato de Obregón, Antonio I. Villarreal. Por lo tanto, quienes eligieron como presidente provisional a Eulalio Gutiérrez, la segunda opción de Obregón, fueron los delegados constitucionalistas más identificados con éste.

Estos acontecimientos, en efecto, corroboran que la División del Norte no actuó tratando de adueñarse del poder nacional

---

[10] Véase en este volumen el artículo de Pedro Salmerón Sanginés, "El embrujo de Felipe Ángeles: ensayo sobre un militar académico y sus historiadores", pp. 99-115.

[11] F. Katz, op. cit., t. 1, pp. 428 y 440-49.

dentro de la Convención, pero quizá lo que explicaría su actitud serían dos factores. Por un lado, eran conscientes de que no había condiciones para que un villista fuera aceptado y sostenido por todos. Difícilmente hubieran conseguido el compromiso del constitucionalismo de apoyar a un presidente villista, lo cual, por lo demás, habría agudizado el enfrentamiento con Carranza y dejado sin legitimidad la postura conciliadora de Obregón. Por otra parte, en esas y en otras discusiones en momentos igualmente decisivos para el curso de la Revolución, aparece una clara diferencia entre la posición de Villa, que es la que se impone siempre, con la de Ángeles. Quien tomaba las decisiones en los momentos de crisis era Villa, a pesar de la indudable influencia sobre él que se le reconocía a Felipe Ángeles.

Pero incluso la postura de Villa respecto al poder político nacional –igual que la de Zapata– debe explicarse y matizarse: una cosa es que no tuvieran ambiciones personales de ocupar ellos el poder, y otra que no pensaran e hicieran lo posible porque sus movimientos lo tomaran. En efecto, Villa y Zapata no tenían la aspiración personal de ocupar el poder como queda expresado con nitidez en el diálogo que sostuvieron en Xochimilco. Villa obsesivamente declaraba que no quería ser presidente y Zapata estaba del todo en contra de serlo y desconfiaba de la misma silla presidencial. Sin embargo, otra cosa muy distinta es que no hicieran todo lo posible para que los movimientos y ejércitos que encabezaban tuvieran como uno de sus objetivos centrales la toma del poder político y no actuaran para lograrlo.

Que Villa no quisiera ser presidente no significaba que no hubiera impulsado que la División del Norte tomara el poder y que se invistiera a un villista como el primer magistrado del país, lo cual sí ocurrió: el villismo ocupó el poder presidencial en su modalidad de "encargado del Poder Ejecutivo en la Soberana Convención Revolucionaria" en dos ocasiones: con Roque González Garza, en enero de 1915, y después con Francisco Lagos Cházaro, en junio de ese año. Cierto es que ambos personajes sólo contaron con un poder muy limitado, puesto que asumieron el cargo cuando estaba en su apogeo la guerra civil entre las facciones revolucionarias; y tanto el villismo como el zapatismo, que los sostenían, fueron derrotados en ese enfrentamiento. Pero si hubiera triunfado la División del Norte, sin duda el presidente de la República habría sido un miembro de esa corriente.

Existen además otros testimonios que demuestran los intentos de Villa por lograr que el Poder Ejecutivo recayera en uno de los suyos, precisamente Felipe Ángeles. El 19 de marzo de 1915, antes de las primeras batallas del Bajío contra Obregón, Villa escribió a Zapata:

> Creo muy conveniente que en esta vez tome posesión de la presidencia provisional de la República un hombre formal, serio y adicto completamente a la causa del pueblo, que por su patriotismo y honradez, garantice los ideales de la Revolución y, en mi concepto, creo que llena esas cualidades el general Felipe Ángeles, a quien pienso despachar con una fuerte columna de infantería a que tome posesión de la ciudad de México y se haga cargo provisionalmente de la primera magistratura; pero como en todo deseo caminar de acuerdo con usted, le suplico se sirva decirme si está conforme con tal designación y en caso contrario darme el nombre de su candidato para el puesto de referencia, que le suplico sea inmediatamente.[12]

Zapata, quien estaba muy distanciado del villismo en esos momentos por las dificultades que habían tenido los zapatistas en la Convención con los delegados villistas y los funcionarios del gobierno convencionista, no aceptó la propuesta de Ángeles, con el pretexto de que un enviado del gobierno de Estados Unidos le había mencionado el nombre de Ángeles en una terna de posibles candidatos a los que ese gobierno vería con buenos ojos. En su lugar propuso al general villista Calixto Contreras, a quien Villa consideró no apto para tal cargo, por lo que volvió a escribirle a Zapata el 17 de abril: "insisto en la convenien-

---

[12] Villa a Zapata, Monterrey, 19 de marzo de 1915, Archivo Histórico de la Universidad Nacional Autónoma de México-Centro de Estudios Superiores Universitarios (AHUNAM-CESU), Fondo Gildardo Magaña, caja 28, expediente 6, f. 188.

cia de que sea el señor Ángeles quien se haga cargo de la presidencia provisional de México, y estoy seguro de que él sabrá dominar la situación y dar al país la tranquilidad deseada".[13]

Estos testimonios y la práctica política y militar del villismo demuestran cómo esta corriente trató conscientemente de tomar el poder nacional. La afirmación de que el villismo carecía de un proyecto político nacional no se sostiene. Esto es igualmente cierto para el zapatismo, con sus peculiaridades. Aunque también trató de tomar la capital del país, los dirigentes de ese movimiento tuvieron siempre conciencia de sus limitaciones militares y no buscaron que uno de los suyos asumiera el poder, aunque sí establecieron alianzas con otras corrientes para apoyarlos en conseguir ese propósito. Debe señalarse, además, que en las filas del zapatismo hubo también un componente anarquista que manifestó su rechazo, al menos declarativamente, a toda forma de poder político. Pero esto sería motivo de otra discusión.

Así pues, es por lo menos discutible que la División del Norte y el zapatismo carecieran de visión y de proyecto nacional. No sólo algunos de sus líderes tuvieron esa visión y proyecto, sino que su práctica política y militar los llevó a constituir estados regionales en sus respectivos espacios de influencia.

Estoy convencido de que hubo un Estado zapatista en el centro-sur del país, un Estado villista en Durango y Chihuahua y también un Estado constitucionalista en las partes del territorio nacional que dominaban. Fueron estos tres estados regionales, cada uno con su propio proyecto político, su ejército, su territorio, su legislación, sus órganos de administración de la justicia y hasta su propia moneda, y cada uno pensando en el poder en términos nacionales, los que buscaron obtener la hegemonía nacional tanto en las discusiones ideológicas en el seno de la Convención como en las batallas militares que tuvieron lugar en 1915 y 1916.

El destino de la Revolución mexicana se definió en los campos del Bajío. La derrota de Villa lo selló. Pero esa derrota no es-

---

[13] Zapata a Villa, Tlaltizapán, 10 de abril de 1915, y Villa a Zapata, Irapuato, 17 de abril de 1915, AHUNAM-CESU, Fondo Gildardo Magaña, caja 28, expediente 6, fs. 189-90.

taba predeterminada ni ése tenía que ser invariablemente el resultado. No era un destino histórico ineludible el que llevó a la victoria a Venustiano Carranza. No hubo una fatalidad histórica en la derrota de Villa y de Zapata. Lo que explica su debacle fue la manera en que abordaron la coyuntura y sus errores políticos y militares. A las hipótesis sobre las causas de esa derrota que han señalado historiadores como Friedrich Katz y Pedro Salmerón, sólo agregaría otro elemento importante y previo: la incapacidad de la División del Norte y del Ejército Libertador del Sur para establecer una sólida alianza revolucionaria a fines de 1914. El villismo y el zapatismo no pudieron unificar a la Revolución; no pudieron ponerse de acuerdo en establecer una estrategia militar común; no lograron avanzar en la unificación de dos movimientos que tenían una enorme cantidad de similitudes, no sólo por su composición social, sino también por su práctica militar y política. El villismo y el zapatismo fueron incapaces de enfrentar de manera unificada al enemigo común. Cada quien lo hizo por su lado, a destiempo, y dando prioridad a sus intereses particulares y regionales. Éste fue un elemento que estuvo en la base de la victoria de los constitucionalistas.

UNA GUERRA NO SECRETA: SIMILITUDES Y DIFERENCIAS DE FELIPE ÁNGELES Y VENUSTIANO CARRANZA

■ Javier Garciadiego

1

Felipe Ángeles y Venustiano Carranza tenían muchas similitudes; acaso por ello tuvieron tan hondas diferencias. Comencemos por sus figuras, por su imagen: Venustiano Carranza fue el único "don" de la Revolución. Unos fueron llamados "Pancho" o presidente; otro Emiliano; unos más "mi general"; el único "don" fue Carranza, don Venustiano Carranza.[1] Su único nombre alternativo era "jefe": jefe, en persona, cuando uno se dirigía a él; Primer Jefe en ausencia, cuando uno se refería a él. El apelativo no era gratuito. Provenía, en parte, de sus atributos físicos, comenzando por su edad: tenía ya más de cincuenta años al iniciar la Revolución, movimiento hecho por hombres de entre veinte y cuarenta años. Después de la edad venía el porte: era un hombre alto y barbado, de fuerza congénita. Todo reflejaba su origen vasco. El propio John Reed, a quien nunca le agradó, reconoce que Carranza parecía "una estatua". Además de su imagen natural, Carranza se esforzaba al máximo por revestirla de autoridad, con el objetivo de que infundiese obediencia y transmitiera una imagen de hombre disciplinado, capaz de imponer orden. Para ello procedía con lentitud y era sobrio, tenaz, paciente e inconmovible.[2] De otra parte, además de su figura patriarcal, don Venustiano contaba, sobre todo, con la legitimidad que le daba el haber pasado del reyismo al antirreeleccionismo y luego haber sido el primer gobernador que se negó a reconocer al

---

[1] Obviamente, sus enemigos lo llamaban con motes injuriosos, como "Viejo" o "Barbas de Chivo".

[2] El argumento y la descripción de Carranza deben mucho a Enrique Krauze, *Biografía del poder. Caudillos de la Revolución mexicana (1910-1940)*, Tusquets, México, 1997, pp. 198-200.

81

gobierno de Victoriano Huerta y el primero que le declaró la guerra.[3]

Felipe Ángeles, a su vez, se distinguía por sus conocimientos y por sus posturas ético-políticas. Era, si no el único, sí el principal militar profesional involucrado en la Revolución. Nacido en 1868 en Zacualtipán,[4] Hidalgo, como tantos jóvenes de su generación desarrolló la vocación castrense, ingresando al Colegio Militar a los quince años. Egresó nueve años después como teniente de Ingenieros. Por su sobresaliente desempeño escolar, imperceptiblemente pasó de alumno a profesor: matemáticas y balística fueron dos de las asignaturas que enseñó. De mediados de 1901 a finales de 1903 hizo estudios de especialización en París. A finales del Porfiriato fue comisionado otra vez a París para hacer nuevos estudios de balística. Dado que estaba en Europa durante la rebelión antiporfirista, Ángeles no tuvo que luchar contra el maderismo. Más teórico que práctico, tampoco había participado en las campañas represivas –contra mayas y yaquis– de los últimos años del Porfiriato.

A finales de 1911, ya con Madero en la presidencia del país, Ángeles fue llamado para que se hiciera cargo de la dirección del Colegio Militar. El objetivo de Madero era renovar al Ejército Federal mediante cambios institucionales, sin confrontarse con la poderosa corporación. Meses después Ángeles fue designado jefe de las operaciones militares en Morelos contra los rebeldes zapatistas, en sustitución del rudo general Juvencio Robles. Todos los testimonios aseguran que no incurrió en excesos de violencia durante su encargo. La confianza que le tenía Madero era considerable y le encomendó personalmente

---

[3] Consúltense Alfonso Taracena, *Venustiano Carranza,* Jus, México, 1963; Jesús Carranza Castro, *Origen, destino y legado de Carranza,* B. Costa-Amic, México, 1977; y Douglas Richmond, *La lucha nacionalista de Venustiano Carranza, 1893-1920,* Fondo de Cultura Económica, México, 1986. Un trabajo reciente sobre su etapa regional es el de Javier Villarreal Lozano, *Venustiano Carranza. La experiencia regional,* Instituto Coahuilense de Cultura, México, 2007.

[4] Varias versiones aseguran que nació en Molango pero que fue registrado en Zacualtipán. Para los argumentos en contra de esta hipótesis véase Jesús Ángeles Contreras, *El verdadero Felipe Ángeles,* Universidad Autónoma de Hidalgo, Pachuca, 1992, pp. 24-25.

que colaborara en la lucha contra los sublevados de febrero de 1913.

Si bien hay quien cuestiona su desempeño ante la Ciudadela, alegando que fue ineficiente, y desleal por no advertir a Madero de la traición, otros lo justifican, asegurando que Victoriano Huerta no le dio los elementos bélicos adecuados.[5] Con todo, también fue aprehendido y acompañó a Madero y a Pino Suárez durante su breve cautiverio en Palacio Nacional. Ángeles no fue asesinado con ellos pues Huerta temió provocar un enorme disgusto en el Ejército Dederal. Sin embargo, se le quitó el mando de fuerzas en Morelos, no se le repuso en la dirección del Colegio Militar y se le inició un proceso penal por el asesinato de un civil durante la Decena Trágica. A finales de julio fue excarcelado y enviado a Francia. Si bien informaba de sus actividades a Francisco León de la Barra, representante de Huerta en París, también entró en contacto con Miguel Díaz Lombardo, representante de Carranza. A mediados de octubre Ángeles estaba de regreso en México, presentándose ante Carranza en sus campamentos de Sonora. Aunque Ángeles también era de "porte distinguido" por su "fisonomía inteligente y finas maneras", lo cierto es que al llegar a los campamentos revolucionarios su legitimidad provenía, más que de su figura, de haber estado junto a Madero en sus últimos momentos.[6] Es obvio que también influyó positivamente ser experto cn asuntos militares. Asimismo, el no haber luchado contra los alzados maderistas a finales de 1910 y principios de 1911 facilitaba su incorporación al movimiento constitucionalista.

---

[5] La historiografía angelista "clásica" parte de dos posturas antagónicas: las diatribas de Bernardino Mena Brito y las alabanzas de Federico Cervantes. Véase Bernardino Mena Brito, *Felipe Ángeles, federal*, Herrerías, México, 1936, y *El lugarteniente gris de Pancho Villa (Felipe Ángeles)*, Mariano Coli, México, 1938; y Federico Cervantes, *Felipe Ángeles en la Revolución. Biografía (1869-1919)*, s.p.i., México, 1964. Un escrito más balanceado es el octavo tomo de los *Hechos reales de la Revolución,* de Alberto Calzadíaz Barrera, titulado *General Felipe Ángeles* (Patria, México, 1982).

[6] Según Federico Cervantes, "su lealtad al presidente mártir, como su elevada cultura, eran la mayor recomendación para [...] su ingreso a la Revolución" (F. Cervantes, *Felipe Ángeles en la Revolución...*, cit., p. 71).

Además de imagen y legitimidad, Carranza y Ángeles compartían otra característica que los distinguía del resto de los alzados. Ambos tenían experiencia política, por haber sido miembros del aparato gubernamental porfiriano: Carranza como político en Coahuila, Ángeles como militar y como formador de cuadros castrenses,[7] que incluso, en 1908, recibió la Cruz de Honor por haber cumplido veinticinco años de servicios militares continuos. Esa experiencia gubernamental fue esencial en el desarrollo de ambos: Carranza pudo ser Primer Jefe del Ejército Constitucionalista, y Ángeles pudo ser miembro del primer gabinete del movimiento constitucionalista. Obviamente, sus antecedentes políticos diferían, pues mientras uno era un político de tiempo completo, el otro apenas estuvo involucrado en la política militar.[8] Si bien es cierto que Carranza y Ángeles compartían estas características, también tuvieron hondas diferencias, las que se reflejaron en cinco desavenencias: el conflictivo nombramiento de Ángeles en el gabinete; el virtual rompimiento entre Carranza y Villa con motivo de la toma de Zacatecas, a mediados de 1914; la participación de Ángeles en la facción convencionista; su lucha como rebelde y como exiliado anticarrancista; y su juicio y fusilamiento.

2

Respecto al breve y conflictivo paso de Ángeles por el gabinete de Carranza, debe recordarse que éste estableció su primer gobierno completo a mediados de octubre de 1913, precisamente cuando regresaba Ángeles a México. Don Venustiano acababa de perder el control de Coahuila y se había tenido que refugiar en Sonora, donde encontró óptimas condiciones militares para hacerlo. Además, por esos días Huerta enfrentaba su peor crisis gubernamental, pues acababa de disolver el Congreso. Carranza aprovechó la ocasión para mostrar el orden que reinaba en el movimiento revolucionario. Su objetivo era claro: hacer ver

[7] Había sido profesor en el Colegio Militar y en la Escuela Militar de Aspirantes.

[8] Parte de sus problemas con las autoridades del ramo provenían de sus denuncias contra la corrupción imperante en la adquisición de materiales bélicos.

a la opinión pública que él restauraba las instituciones gubernativas mientras Huerta las disolvía. Más aún, Carranza dejaba muy en claro que el suyo era un gobierno legal, que acataba las disposiciones vigentes en México, pues a pesar de encabezar un movimiento revolucionario no proponía nuevas secretarías, como pudieran ser una para asuntos agrarios y otra para los laborales, sino que se limitaba a conformar un gabinete con las carteras que disponía la ley.

El conflicto puede resumirse así: Carranza le ofreció a Ángeles la Secretaría de Guerra y Marina, pero Álvaro Obregón y otros generales revolucionarios presionaron a don Venustiano hasta que lo hicieron retractarse. Los argumentos de ambos resultan comprensibles: Carranza quería que el Ejército Constitucionalista fuera profesional, ordenado y eficiente; deseaba evitar que se le viera como una fuerza desorganizada e indisciplinada. Por su parte, los generales revolucionarios reclamaban que era indebido e injusto que un militar federal –léase porfirista– encabezara las fuerzas rebeldes. Por si esto fuera poco, Ángeles deseaba incorporar al Ejército Constitucionalista el mayor número posible de federales, proyecto inmediatamente rechazado.[9] Para concluir, debe recordarse que para los revolucionarios Ángeles era un federal, al margen de su maderismo; para colmo, se estaba incorporando tarde, en octubre, cuando la lucha había iniciado en marzo.[10] Ambos argumentos parecen razonables y verosímiles; el problema es que eran excluyentes. El resultado fue que Carranza "tuvo la debilidad de aceptar la protesta, designando a Ángeles subsecretario encargado del despacho, con lo cual lastimó su natural sensibilidad".[11]

[9] La afirmación procede de Isidro Fabela, ya desde entonces muy cercano a Carranza. Véase su texto autobiográfico *Mis memorias de la Revolución*, Jus, México, 1977, p. 160.

[10] El mejor trabajo académico sobre Ángeles es el de Odile Guilpain, *Felipe Ángeles y los destinos de la Revolución mexicana* (Fondo de Cultura Económica, México, 1991). Según ella, los jefes constitucionalistas veían en Ángeles una seria amenaza a su liderazgo, por su prestigio, capacidad y poder de convocatoria (pp. 71-74).

[11] F. Cervantes, *Felipe Ángeles en la Revolución...*, cit., p. 71.

Al margen de la "sensibilidad" de Ángeles, la decisión de Carranza no puede ser vista como un agravio personal, pues lo cierto es que Carranza acostumbró, al menos hasta 1917, designar en algunos ministerios sólo a subsecretarios, e incluso a oficiales mayores encargados del despacho, con el evidente objetivo de no darles una jerarquía que les permitiera proponer planes y proyectos propios. En algunos ramos gubernamentales Carranza buscaba conservar el control, y el de los asuntos castrenses fue uno de ellos. Para colmo, no sólo nunca designó un secretario pleno, sino que siempre tuvo un jefe de Estado Mayor Presidencial muy influyente:[12] durante los meses en que Ángeles fue su subsecretario, el puesto de jefe de Estado Mayor lo ocupó Jacinto B. Treviño, un militar también profesional que además gozaba de toda su confianza.[13] Según parece, Treviño "se complacía en mermar sus atribuciones".[14] Así, pudiera pensarse que Carranza había obtenido un triunfo triple con la maniobra: al frente del Ejército Constitucionalista quedaría un general profesional; conservaría para sí el control de los asuntos militares, y los principales militares revolucionarios habían quedado satisfechos al hacerse claro que Ángeles no tendría ascendencia sobre ellos.

La insatisfacción de Ángeles sería creciente: para comenzar, Carranza no atendía sus indicaciones y sugerencias, pues quedó limitado a despachar burocráticamente asuntos de rutina; para colmo, resintió no tener actividad, y le incomodaba el riguroso ceremonial y el excesivo cortesanismo que reinaba en las oficinas de don Venustiano, así como las constantes alusiones a la ineficiencia de los políticos maderistas. En efecto, el círculo de

[12] En 1920, al momento de ser derrocado, seguía teniendo un subsecretario encargado del despacho –Francisco L. Urquizo– y un jefe de Estado Mayor Presidencial muy influyente y cercano a él: Juan Barragán.

[13] Jacinto B. Treviño, *Memorias*, Orión, México, 1961, p. 33.

[14] Alberto J. Pani, *Apuntes autobiográficos,* 2 vols., Librería de Manuel Porrúa, México, 1950, vol. 1, p. 193. Martín Luis Guzmán cuenta que Ángeles "no tomaba para sí el primer sitio [junto a Carranza], sino que éste se reservaba al coronel Jacinto Treviño, jefe del Estado Mayor" (cfr. Martín Luis Guzmán, *El águila y la serpiente,* Compañía Ibero-Americana de Publicaciones, Madrid, 1928, p. 53).

los carrancistas principales había tomado el liderazgo revolucionario, para lo cual tenía que rechazar a los maderistas, Ángeles incluido. Para remediar tan incómoda situación, Ángeles solicitó ser enviado al frente de batalla, donde sería "más útil a la causa". En efecto, tras aceptar por un tiempo la situación con "resignada conformidad",[15] pronto insistió en que se le dieran verdaderas responsabilidades militares, con mando directo de fuerzas. La relación entre Ángeles y Carranza se había dañado irreversiblemente. El insatisfactorio paso del primero por el gobierno preconstitucional, a finales de 1913, lo convirtió en un irreductible anticarrancista.

El alejamiento del general no resolvería las diferencias. En marzo de 1914, cuando Carranza se trasladó de Sonora a Chihuahua, el subsecretario Ángeles pudo incorporarse a la División del Norte, asumiendo como responsabilidad el manejo de la artillería.[16] Más que encargarse de esta sección, la visión de Ángeles hizo que su objetivo final fuera hacer que las fuerzas villistas, ya de suyo poderosísimas, se profesionalizaran y disciplinaran. Felipe Ángeles pronto se convirtió en un influyente asesor de Villa.

Dos momentos son reveladores de esa influencia: el primero tuvo lugar en abril de 1914, cuando los *marines* estadounidenses invadieron Veracruz. Como Primer Jefe del Ejército Constitucionalista, Carranza tenía que protestar para conservar su liderazgo entre los constitucionalistas y para mantener su imagen de líder nacional ante la opinión pública, pero sin hacer enojar al gobierno de Washington, pues necesitaba armas y pertrechos para derribar a Huerta. Así, don Venustiano protestó en términos muy precisos, diciendo claramente que entendía que la invasión

---

[15] Consúltese I. Fabela, op. cit., p. 163.

[16] Parece que Ángeles sufrió al principio con Villa el mismo desaire que había padecido en el gabinete de Carranza. En efecto, Villa primero pensó en poner a sus órdenes "todas las fuerzas de la División", pero luego sólo le dio el mando de la artillería. En esta ocasión no hubo resentimientos (cfr. F. Cervantes, *Felipe Ángeles en la Revolución...*, cit., p. 80).

[17] Para lo relativo a todo este asunto véase Robert Quirk, *An Affair of Honor: Woodrow Wilson and the Occupation of Veracruz*, Mississippi Valley Historical Association, University of Kentucky, Lexington, 1962.

no era un acto de hostilidad contra el pueblo mexicano, sino un acto de repudio contra el gobierno usurpador de Huerta.

Por su parte, Villa hizo unas declaraciones aún más comedidas, sin reclamo alguno contra Estados Unidos.[17] En el cuartel de Carranza estaban convencidos de que Ángeles había "inducido" a Villa a asumir una postura complaciente con Estados Unidos, al suponer que eso le ayudaría a ser pronto su candidato presidencial. De hecho, hay quien asegura que Ángeles suponía que el candidato presidencial sería él, no Villa, por sus obvias superioridades para el cargo.[18]

El segundo conflicto tuvo lugar dos meses después, por la toma de la ciudad de Zacatecas. A mediados de junio de 1914 los tres ejércitos constitucionalistas –los de Obregón, Villa y González– estaban bien encaminados hacia la capital del país. Sin embargo, Carranza deseaba que Villa se mantuviera en el norte y no participara en la toma de la ciudad de México, lo que mermaría sus aspiraciones políticas. Con ese fin, por un lado le redujo los suministros de carbón, para disminuir su movilidad ferroviaria; por el otro, pretendió dividir temporalmente a la División del Norte, acordando que parte de ella –hasta cinco mil hombres, a cuyo frente quedaría José Isabel Robles– apoyara a Pánfilo Natera en la vital toma de Zacatecas, mientras Villa debería proceder contra Saltillo, donde se habían ido concentrando restos de fuerzas huertistas vencidas.[19]

El resto de la historia es de sobra conocido: el asalto de Natera fracasó y Villa, con toda la División del Norte, procedió sobre Zacatecas, la que tomó y entregó a Natera, dando aviso formal de ello a Carranza. Junto con el logro militar hubo una renuncia de Villa ante las disposiciones iniciales de Carranza, renuncia que fue aceptada por éste, pero que fue ignorada por los principales jefes villistas, habiendo tomado Ángeles "parte decisiva" en el asunto. Dado que formalmente Ángeles todavía era el subsecretario de Guerra constitucionalista, fue destituido

[18] B. Mena Brito, *El lugarteniente gris de Pancho Villa (Felipe Ángeles)*, cit., p. 69.

[19] El argumento esgrimido por Carranza fue que Zacatecas correspondía geográficamente a la zona del Cuerpo de Ejército del Centro, cuyo jefe era Natera. Sin embargo, Saltillo estaba en la zona de operaciones asignada al Cuerpo de Ejército del Noreste, de Pablo González, no a la División del Norte.

telegráficamente por Carranza, sin que fuera revertida la medida. Tales eran las diferencias políticas entre ambos cuando la División del Norte tomó Zacatecas.

Como el resultado fue exitoso y los villistas procedieron como disciplinados miembros del Ejército Constitucionalista al entregar la plaza de Zacatecas a Carranza a través de Natera, varios jefes constitucionalistas diseñaron estrategias reconciliatorias inmediatas.[20] Sin embargo, Carranza quedó convencido que había un grupo de importantes revolucionarios contrarios a él, como los hermanos Madero, Miguel Díaz Lombardo y Roque González Garza,[21] quienes pretendían arrebatarle el liderazgo de la lucha ahora que el triunfo revolucionario estaba cercano.[22] En ese plan Ángeles y Villa eran imprescindibles. Así se explicaría el intento de éstos de mantener una buena relación con Estados Unidos, para lo cual no hubo reclamos por la invasión a Veracruz; y su deseo de participar en la ocupación de la ciudad de México, lo que les daría legitimidad y perspectiva nacional. De allí la importancia de tomar Zacatecas, victoria que convertiría a Villa y a Ángeles en los principales héroes de la Revolución.

Con el respaldo de Villa, quien conseguiría grandes apoyos sociales, y con el prestigio, la experiencia y la capacidad de Ángeles, podría construirse un liderazgo revolucionario alternativo al de Carranza. Incluso miembros del Antiguo Régimen aceptables para Washington, como Francisco León de la Barra, lo aceptarían.[23] De allí que en los círculos cercanos a don Ve-

---

[20] El logro de estos intentos fue el Pacto de Torreón.

[21] Respecto a los Madero, véase Bernardino Mena Brito, *El lugarteniente gris de Pancho Villa (Felipe Ángeles)*, cit., pp. 24-25. Respecto a Díaz Lombardo, el Dr. Atl asegura que desde que coincidieron en París a mediados de 1913 aquél "guió la conducta" de Ángeles, lo que siguió haciendo cuando éste regresó a luchar a México "por medio de una asidua correspondencia" (cfr. Edmundo González Blanco, *Carranza y la Revolución de México*, Imprenta Helénica, Madrid, 1916, p. 560).

[22] Lo que resulta innegable es que en el círculo de los asesores de Villa se fueron concentrando varios importantes colaboradores de Madero (cfr. Álvaro Matute [selección y prólogo], *Documentos relativos al general Felipe Ángeles*, Domés, México, 1982, p. 14).

[23] Algunas fuentes sostienen que Ángeles tuvo una buena relación en Francia con José Yves Limantour, exiliado, y con Francisco León de la Barra, re-

nustiano se asegurara que sería muy riesgoso que se encontraran los villistas y los soldados huertistas en las afueras de la capital, pues el Ejército Federal, gracias a Ángeles, negociaría en mejores condiciones su rendición.[24] Obviamente, con la División del Norte en la ciudad de México hubieran aumentado las supuestas "aspiraciones presidenciales" de Ángeles.[25]

3

El siguiente capítulo de la relación entre Ángeles y Carranza está enmarcado en la llamada "guerra de facciones", a lo largo de 1915, la que puede definirse como el conflicto bélico, político, ideológico y social entre constitucionalistas y convencionistas por conquistar el liderazgo revolucionario, para desde él construir el nuevo Estado mexicano. En esta etapa de la relación entre Ángeles y Carranza se hicieron evidentes una vez más sus diferencias y sus similitudes. Esto es, si bien luchaban violentamente entre sí, en aquel proceso ambos mostraron las características y funciones que compartían. Para resumirlo en pocas palabras, tanto Ángeles como Carranza tenían un proyecto moderado de cambio social, seguramente determinado por sus años de pertenencia a dos corporaciones del Antiguo Régimen: el Ejército Federal y la clase política porfiriana.

En realidad, de todos los principales líderes revolucionarios, seguramente Carranza veía en Ángeles a su mayor competidor: de entre los suyos, Pablo González era un subalterno leal y Obregón todavía carecía de la experiencia necesaria para ser un líder político; entre los contrarios, Villa y Zapata eran caudillos mili-

presentante huertista y a quien debía reportarle sobre sus actividades durante su breve estancia parisina. Con todas las reservas del caso, por su odio a Ángeles, véase B. Mena Brito, *Felipe Ángeles, federal*, cit., p. 115.

[24] Juan Barragán, *Historia del ejército y de la revolución constitucionalista*, Stylo, México, 1946, vol. 1, p. 531.

[25] I. Fabela, op. cit., p. 164. Durante su Consejo de Guerra, Ángeles enfáticamente rechazó haber aspirado a la presidencia. Sin embargo, lo importante, en términos políticos, es que en el círculo carrancista estaban convencidos de que sí aspiraba a ese puesto, y actuaron en consecuencia. Véase Adolfo Gilly, prólogo, en O. Guilpain, op. cit., p. 33.

tares y reformadores sociales de alcance regional, sin la confianza internacional ni la preparación adecuada para encabezar el país. Sólo Ángeles tenía capacidad y experiencia. Además, sería plenamente aceptado por todos los componentes del convencionismo y era visto muy positivamente por el gobierno de Woodrow Wilson, pues contaba con los ingredientes que Washington deseaba para el próximo presidente de México: ser un revolucionario moderado, privilegiar el orden y simpatizar con Estados Unidos.

La historiografía destaca que durante 1915 Ángeles fue incapaz de convencer a Villa de que no combatiera a Obregón en el Bajío, y se asegura que ello fue la causa de la derrota de la División del Norte.[26] A su imposibilidad de imponer la estrategia militar conveniente debe agregarse que Felipe Ángeles tuvo dos funciones determinantes para la asamblea convencionista: una está bien acreditada, pero la otra ha sido soslayada. En efecto, Ángeles fue esencial para que el movimiento zapatista fuera invitado a la Convención, para lo cual a su vez resultó determinante que no hubiera cometido excesos cuando fue, en 1912, jefe de las operaciones militares de Madero contra los zapatistas.[27] Con ello Ángeles mostraba dos características que compartía con Carranza: su visión no regional sino nacional de la Revolución mexicana, y sus antecedentes de porfirista heterodoxo que pudo radicalizarse y transitar a la lucha maderista.

La otra función esencial fue su papel en la asamblea convencionista, donde lo representó su colaborador y biógrafo, el también militar federal Federico Cervantes.[28] Sin duda alguna puede decirse que Cervantes compartía la ideología de Ángeles, pues

---

[26] Pedro Salmerón Sanginés, "Los historiadores y la guerra civil de 1915", mecanoscrito, 2007. De hecho, Ángeles había intentado convencer a Villa de atacar a Carranza desde un principio, cuando apenas se había refugiado en Veracruz.

[27] Véase John Womack, *Zapata y la Revolución mexicana,* Siglo XXI, México, 1966, pp. 210-11.

[28] Un análisis de la labor de Federico Cervantes, en Felipe Arturo Ávila Espinosa, *El pensamiento económico, político y social de la Convención de Aguascalientes,* Instituto Nacional de Estudios Históricos de la Revolución Mexicana-Instituto Cultural de Aguascalientes, México, 1991, pp. 159-205. Véase también Friedrich Katz, *Pancho Villa,* Era, México, 1998, t. 2, p. 123.

éste nunca lo corrigió o lo desautorizó. En los temas agrarios y laborales ambos sostenían una posición moderada, siempre en desacuerdo con los representantes del zapatismo. Por ejemplo, en materia agraria, Cervantes, "el delegado más culto" y jefe de los convencionistas norteños, proponía que las haciendas de los enemigos de la causa fueran intervenidas y que el Estado administrara esas propiedades, pero era contrario a las expropiaciones exigidas por los zapatistas. En cuanto a los derechos laborales, Cervantes llegó a rechazar el sindicalismo, pues "busca destruir a la sociedad en provecho de la clase obrera". También era contrario a "la alteración del equilibrio entre las clases", y estaba seguro que la lucha obrera radical causaría "la destrucción del capital, y esto sólo iría en perjuicio de la sociedad y de la propia clase trabajadora". Cervantes llegó a decir "que la inmoderada pretensión de que el obrero gane cada día más y más provocaría la paralización industrial y la fuga de capitales".

En materia política sus posiciones fueron igualmente moderadas: frente al parlamentarismo radical de Antonio Díaz Soto y Gama, principal delegado zapatista, quien afirmó que el presidente debía reducirse "a un títere", Cervantes proponía un Ejecutivo fuerte que sirviera "de contrapeso a la preponderancia de una asamblea que podía equivocarse y convertirse en dictatorial". Sin embargo, y a pesar de su naturaleza castrense, Ángeles también se dijo partidario del parlamentarismo, de un mando colectivo.[29] En cambio, frente a la postura zapatista "intransigente" con grupos políticos y clases sociales desafectos a la Convención, Cervantes proponía "una posición más flexible, moderada, para ganar alianzas con otros sectores, sobre todo de

[29] Odile Guilpain argumenta que Ángeles identificaba al Ejecutivo fuerte con los caudillos (cfr. O. Guilpain, op. cit., p. 154). Véase también, F. A. Ávila Espinosa, op. cit.

[30] Uno de los pocos autores que han sostenido siempre esta idea es Friedrich Katz. Si en *La guerra secreta* (Era, México, 1999) había afirmado que Ángeles fue "el representante e ideólogo más importante del grupo conservador dentro del movimiento convencionista", grupo que "intentó limitar la radicalización del movimiento", veinte años después, en su biografía de Pancho Villa sostuvo que Ángeles abogaba por reformas sociales graduales y que siempre fue partidario de la propiedad privada y contrario a las expropiaciones.

clase media". En resumen, si en términos militares Ángeles siempre intentó imponer orden y disciplina a los jefes villistas, de origen popular, en términos ideológicos siempre intentó imponer posturas moderadas a las propuestas villistas y convencionistas.[30] En esto fue parecido a Carranza, quien desde el Plan de Guadalupe hasta el Congreso Constituyente en Querétaro buscó imponer orden en su movimiento y atemperar los reclamos sociales de sus colaboradores.

Es obligado preguntarse si Ángeles tuvo éxito en su estrategia moderadora. A diferencia de Carranza, es evidente que el ex general federal y luego maderista convencido no pudo atemperar los reclamos del ejército popular que encabezó. Para comenzar, Ángeles era la antítesis de los cabecillas villistas, quienes siempre tuvieron una relación más directa con su caudillo. La interpretación más acabada señala que Villa atendía las propuestas de Ángeles sólo "moderadamente". En efecto, es claro que Villa lo utilizó para establecer alianzas diplomáticas y de carácter nacional y suprarregional, como en la Convención o en su acercamiento al gobernador de Sonora, José María Maytorena, pero nunca permitió que se estableciera un programa conservador en el gobierno villista de Chihuahua. Incluso puede decirse que la causa de la separación de Ángeles y Villa, a finales de 1915, no fue el enojo de éste por la derrota militar, sino por el radicalismo social de Villa, aparejado a una creciente fobia antiyanqui, luego de la derrota convencionista.[31]

4

Al margen de sus similitudes, otra abismal diferencia entre Ángeles y Carranza es que uno perdió y el otro ganó. Así, luego de la "guerra de facciones" uno tomó el camino del exilio y el otro el de la silla presidencial. La estancia de Ángeles en Estados Unidos tuvo dos etapas.[32] La primera, que se prolongó casi dos años,

[31] Ibid., pp. 175, 299-301 y 324; y F. Katz, *Pancho Villa*, cit., t. 1., p. 313.
[32] Para analizar esta etapa de su vida véanse las treinta cartas de Ángeles, escritas entre mayo de 1916 y enero de 1919, transcritas en Á. Matute, op. cit., pp. 172-234.

la vivió en un rancho cercano a El Paso, a escasos quinientos metros de la frontera con México. El acoso de las autoridades de ambos países, el arduo trabajo –nuevo para él– y los magros ingresos lo orillaron a trasladarse a Nueva York. Allí su estancia fue radicalmente diferente, salvo que siguió padeciendo una severa pobreza. Su principal actividad fue la política, con la fundación de la Alianza Liberal Mexicana,[33] asociación que agrupaba a los principales desterrados de origen revolucionario, como Antonio I. Villarreal, Enrique C. Llorente, Federico González Garza y Miguel Díaz Lombardo. A todos los unía su anticarrancismo, y a la mayoría haber estado cerca de Villa, conformando para él sucesivos intentos de gobierno.

La Alianza Liberal proponía el regreso a la Constitución de 1857 y advertía que, en caso de que Carranza fuera derrocado, ningún caudillo rebelde –Villa o cualquier otro– podría ocupar la presidencia. La conformación de la Alianza Liberal también tenía razones diplomáticas. Concluía la Primera Guerra Mundial y los exiliados temían que hubiera represalias contra México por la germanofilia –real o aparente– de Carranza. Su objetivo era ofrecer a Washington una opción viable y confiable de gobierno en México.

Aunque aseguraban los miembros de la Alianza que su propuesta era pacífica, lo cierto es que Felipe Ángeles abandonó Nueva York y penetró en México a finales de 1918 para luchar otra vez contra Carranza.[34] Sus motivos eran tres: dos explícitos y uno inconsciente. El primero, unirse a Villa para convencerlo de que dejara de cometer excesos con la población civil y de que restableciera una buena relación con Estados Unidos; el segundo, encabezar una probable alianza de los principales rebeldes anticarrancistas;[35] el último, estar en el territorio nacional

[33] Véase O. Guilpain, op. cit., pp. 94-96.
[34] Al penetrar en México como rebelde armado Ángeles dejaba a sus compañeros de la Alianza Liberal expuestos a que las autoridades estadounidenses los acusaran de violar las "leyes de neutralidad".
[35] Ante el aislamiento y la debilidad de los diferentes grupos anticarrancistas, hacia 1918 surgió la idea, con diferentes propuestas, de establecer una alianza de alcance nacional (cfr. Bernardino Mena Brito, *Hasta dónde llegaron los contrarrevolucionarios combatiendo a Carranza y a la Constitución de 1917: villistas,*

durante las siguientes elecciones presidenciales, de mediados de 1920, pues de estallar un conflicto mayúsculo entre Carranza y Obregón, acaso él podía emerger como alternativa.

Ángeles, para comenzar, podía buscar a Villa pues al exiliarse a finales de 1915 no se fue distanciado, ni había renegado de él durante su estancia en Estados Unidos. A su vez, Villa nunca lo consideró un desertor.[36] Al regresar Ángeles pretendía revivir su viejo proyecto de asociarse con Villa por su fuerza militar y su arraigo popular, quedando la dirección política nacional en uno de los políticos maderistas, en él preferentemente. Sin embargo, la reunificación entre Villa y Ángeles fue imposible.

También fracasó su intento de reconciliar a Villa con Estados Unidos, como lo prueba el ataque de ambos a Ciudad Juárez, a mediados de 1919.[37] Su proyecto de unificar a todos los rebeldes anticarrancistas era imposible de alcanzar. Así, luego de algunas acciones fallidas, cada quien tomó su camino: Villa a las armas, Ángeles a la incertidumbre. Solo, escondido en una cueva ubicada en el valle de Los Olivos, a mediados de noviembre de 1919 Ángeles fue hecho prisionero por la Defensa Social de la localidad.

Una pregunta obligada es: ¿por qué prefirió el grave peligro de permanecer en Chihuahua en su calidad de rebelde vencido? El regreso a Estados Unidos tampoco parecía venturoso: retomar sus odiadas labores agropecuarias, o volver a Nueva York, con el riesgo de que le aplicaran las leyes de violación a la neutralidad. No: Ángeles se había atrevido a tomar la última opción, a "jugar la última carta", y había perdido.

---

zapatistas, pelaecistas, felixistas, meixueiristas y obregonistas, conferencia sustentada el 17 de noviembre de 1959 en la Sala de la Sociedad Mexicana de Geografía y Estadística, con ocasión del Año de don Venustiano Carranza, Botas, México, 1960).

[36] Cierto es que Villa le reclamó haber perdido la campaña del noreste y no haber podido impedir el reconocimiento diplomático de Carranza. A pesar de ello, siempre se guardaron mutuo reconocimiento (cfr. F. Katz, *Pancho Villa,* cit., t. 2, pp. 78-79, 90-91 y 101-103).

[37] La postura estadounidense fue clarísima en su rechazo a Villa: cuando éste y Ángeles atacaron la plaza fronteriza, las autoridades estadounidenses colaboraron con las carrancistas, ayudándolas a repeler el ataque.

A los pocos días tuvo lugar el Consejo de Guerra, en el Teatro de los Héroes de la ciudad de Chihuahua. La versión más generalizada sostiene que fue un Consejo de Guerra ilegal, injusto y amañado, que siguió las instrucciones condenatorias de Carranza. Es indiscutible que don Venustiano buscaba acabar con sus principales enemigos y que fusilar a Ángeles le pareció un éxito múltiple. Se acercaban las elecciones presidenciales, las que tendrían lugar a mediados de 1920, y para Carranza era prioritario avanzar en la pacificación del país, pues Obregón, quien ya era candidato opositor, buscaría desacreditarlo por la ingobernabilidad que suponía el número y fuerza de los rebeldes o, peor aún, intentaría acercarse a éstos en el muy probable caso de que se alzara en armas contra la imposición electoral que intentaba hacer el gobierno.

Dada la forma y circunstancia en que había muerto Emiliano Zapata siete meses antes, Carranza sabía que tenía que ofrecer a Ángeles un juicio formal y público, pero que no cambiara el objetivo final: fusilarlo. Por ello, cuando llegó un amparo contra la realización del Consejo de Guerra, las autoridades militares se negaron a suspenderlo.[38] Acaso influyó que al frente de las operaciones militares en Chihuahua estuviera Manuel M. Diéguez, uno de los militares que se opuso en 1913 a que Ángeles asumiera la Secretaría de Guerra revolucionaria. Además de la cercanía de las elecciones, don Venustiano todavía temía una represalia estadounidense, y suponía que en tal caso Ángeles podría ser una buena opción para sucederlo, pues contaba con las simpatías de Washington, de los revolucionarios exiliados, de los rebeldes anticarrancistas, especialmente de Villa; además, Ángeles era bien apreciado por la opinión pública e incluso por algunos de los sobrevivientes del Antiguo Régimen. Su experiencia política y su ideología moderada lo hacían un potencial competidor. Todo esto explica la previsible sentencia de muerte. El Consejo de Guerra no debía suspenderse; es más, ni siquiera podía posponerse, pues ello daría lugar a que hubiera muchas presiones, nacionales e internacionales, sobre Carranza.

---

[38] La versión más completa que conozco de este proceso está en el libro *Juicio del general Felipe Ángeles*, Ayuntamiento de Chihuahua, Chihuahua, 1994.

Si bien el fusilamiento de Ángeles ha sido unánimemente endilgado a Carranza, es un hecho que éste no era el único interesado en su desaparición. También lo estaba Obregón, el principal opositor a que fuera secretario de Guerra en 1913 y quien seguramente previó que, en caso de una prolongada contienda entre él y Carranza con motivo de las inminentes elecciones, un personaje con las cualidades políticas, militares, sociales y diplomáticas de Ángeles podría convertirse en una alternativa plausible. Así, el fusilamiento de Ángeles facilitaba las aspiraciones políticas de Obregón.[39] Nótese que de los cinco elementos que conformaron el Consejo de Guerra, tres eran abiertamente obregonistas, uno gonzalista y sólo el último era carrancista.[40] En efecto, Miguel Acosta, José Gonzalo Escobar y Gabriel Gavira hicieron su carrera en el Cuerpo de Ejército del Noroeste: los tres participaron en la guerra de 1915 contra el villismo, por lo que es de suponer que compartían una radical antipatía por Ángeles. Asimismo, los tres se harían aguaprietistas seis meses después, lo que confirma su obregonismo.

Durante el Consejo de Guerra Ángeles, más que eludir su muerte, buscó edificar su prestigio histórico. No aceptó ser un rebelde, y aseguró que la suya era una oposición política pacífica, basada en razones éticas. Aseguró que en términos ideológicos había evolucionado hacia un tipo de socialismo, cuya especificidad era difícil de explicar, pues seguía defendiendo la propiedad privada y a Woodrow Wilson como a un estadista ejemplar. Más sorprendente resulta que se definiera como ex general federal, no como villista. Moriría como había vivido: inmerso en multitud de paradojas.

[39] Véase A. Gilly, prólogo, en O. Guilpain, op. cit., p. 37.
[40] El gonzalista era Silvino M. García. Coahuilense, mecánico ferrocarrilero, luchó contra Díaz y contra Huerta. Durante la "guerra de facciones" luchó en Puebla a las órdenes de Francisco Coss, y luego estuvo en la campaña antizapatista de Pablo González. El carrancista era su joven sobrino Fernando Peraldi, también nacido en Cuatro Ciénegas. Si bien fue comisionado por su tío para luchar en la División del Norte, cuando sobrevino la escisión revolucionaria regresó con los constitucionalistas. Consúltese *Diccionario histórico y biográfico de la Revolución mexicana,* 8 vols., Instituto Nacional de Estudios Históricos de la Revolución Mexicana, México, 1990-1994.

Podría afirmarse, para concluir, que en el fusilamiento de Ángeles concurrieron sus dos mayores enemigos: Obregón, quien se había negado a que los revolucionarios fueran dirigidos por un ex federal, y deseaba para sí ese puesto, el que por cierto ocupó entre 1915 y 1917;[41] y Carranza, porque siempre había visto en Ángeles a su único verdadero competidor: ambos tenían experiencia política y ambos pretendían encabezar, ordenándolos, sendos movimientos revolucionarios; asimismo, ambos estaban convencidos de que el Estado posrevolucionario debía otorgar limitadas concesiones sociales a los grupos populares.

A pesar de estas similitudes, entre ellos hubo una guerra abierta y constante, definitiva, nada y nunca secreta. Obviamente, también tenían notables diferencias ideológicas: Ángeles confiaba más en la democracia parlamentaria, mientras que Carranza era partidario de un Poder Ejecutivo fuerte; además, si Ángeles era admirador de Estados Unidos, Carranza era nacionalista; uno creía en la corporación militar, y el otro era civilista.

Por último, uno ganó y el otro perdió, aunque los dos fueron finalmente engullidos por la Revolución. En el imaginario popular, uno fue fusilado de manera alevosa, lo que le concede ciertos ingredientes de mártir,[42] mientras que el otro fue asesinado de manera ignominiosa, afectando la imagen de la Revolución en su conjunto.

[41] Linda Hall, *Álvaro Obregón: poder y revolución en México, 1911-1920*, Fondo de Cultura Económica, México, 1985.

[42] Véanse desde los corridos por la muerte de Ángeles, hasta las obras de Elena Garro e Ignacio Solares, tituladas, respectivamente, *Felipe Ángeles*, Difusión Cultural, Universidad Nacional Autónoma de México, colección Textos de Teatro, n. 13, México, 1979; y *La noche de Ángeles*, Planeta DeAgostini-Consejo Nacional para la Cultura y las Artes, México, 2003.

EL EMBRUJO DE FELIPE ÁNGELES: ENSAYO SOBRE UN MILITAR ACADÉMICO Y SUS HISTORIADORES

■ Pedro Salmerón Sanginés

La historiografía de la Revolución mexicana y la idea que de la Revolución tiene el común de la gente están plagadas de personajes polémicos, de individuos cuya actuación suscitó enconadas discusiones en su momento, o las sigue suscitando. Es difícil, muy difícil, encontrar algún caudillo, algún protagonista, algún político de primera fila, que sea unánimemente reprobado (hasta Jesús Guajardo tiene sus defensores) o cuya actuación sea por todos aplaudida. Por eso, el caso del general Felipe Ángeles es particular: no hay historiador actual, no hay casi lector de historia, que no sienta una natural simpatía por el desgarbado artillero hidalguense. Se podrá, como hace Friedrich Katz, criticar sus posiciones políticas, pero es unánime o punto menos considerarlo "el alma buena" de Pancho Villa y, más aún, el genio militar que, si el Centauro del Norte hubiera hecho caso, se habría impuesto en la guerra civil de 1915.

Pero no siempre fue así: en 1914, numerosos oficiales del Ejército Federal lo tachaban de traidor y en 1915 fue señalado por los carrancistas como una de las tres principales cabezas de "la hidra de la reacción", señalándolo como el agente comisionado por los conspiradores del Antiguo Régimen para dividir y hacer fracasar la Revolución.[1] Para muchos militares constitucionalistas, Álvaro Obregón el primero, Ángeles era un individuo indigno y traicionero, un enemigo al que no se debía tener consideraciones... y no se le tuvieron: cuando cayó preso, en 1919, luego de un frustrado intento por unificar a los enemigos del gobierno carrancista, fue juzgado sumariamente y fusilado en Chihuahua.[2]

---

[1] Álvaro Obregón, *Ocho mil kilómetros en campaña*, Fondo de Cultura Económica, México, 1959, pp. 226-27 y 236-38.

[2] Álvaro Matute, "Las dificultades del nuevo Estado", en *Historia de la Revolución mexicana*, vol. 7, El Colegio de México, México, 1997, p. 103.

En la historiografía temprana de la Revolución, Felipe Ángeles es eso: el maquiavélico agente del Antiguo Régimen causante de la escisión revolucionaria y responsable, a fin de cuentas, de los crímenes del villismo. Esta imagen de Felipe Ángeles fue recogida, principalmente, por el coronel Bernardino Mena Brito, oficial cercano a Carranza, que en 1933 publicó un sencillo homenaje al Primer Jefe el cual, como era costumbre, fue refutado por otros veteranos de la Revolución en diversos periódicos y revistas.[3] Se agrió así una polémica que fue gravitando de la figura del Primer Jefe a la del general Ángeles,[4] sobre quien Mena Brito escribió dos libros. En el primero de ellos dice que Ángeles, como hijo de un traidor, fue traidor él mismo a Díaz, en cuyo régimen se formó, y a Madero, pues por omisión tuvo una alta responsabilidad en el cuartelazo de la Ciudadela.[5]

En el segundo libro de Mena Brito, si se hacen a un lado los insultos y denuestos que muestran al artillero como un personaje vil, cobarde y traicionero, el general es el jefe de una quinta columna porfirista (o "reaccionaria") en el seno de la Revolución; "el director técnico de la política villista", que conducía con el afán de abortar la Revolución y alcanzar la presidencia, meta suprema de su ambición; una pieza fundamental en la estrategia del Departamento de Estado estadounidense en su lucha contra el nacionalismo de Carranza... y un pésimo militar.[6]

Esta última afirmación contrasta notablemente con la idea que después dominaría, por lo que vale la pena detenerse en ella. Para Mena Brito, Ángeles, tan hábil y tortuoso como político, como militar era pésimo. Al igual que el resto de sus congéneres, los militares del viejo ejército, Ángeles era un prototipo de lentitud, cerrazón y falta de ambición como comandante,

[3] Véase el texto original y varios de los que suscitó, así como las respuestas del autor, en la segunda edición de Bernardino Mena Brito, *Ocho diálogos con Carranza*, Editores Mexicanos Unidos, México, 1964.

[4] En un libro posterior, este autor recoge buena parte de la polémica periodística. Véase Bernardino Mena Brito, *Carranza, sus amigos, sus enemigos*, Botas, México, 1935.

[5] Bernardino Mena Brito, *Felipe Ángeles, federal*, Herrerías, México, 1936.

[6] Bernardino Mena Brito, *El lugarteniente gris de Pancho Villa (Felipe Ángeles)*, Mariano Coli, México, 1938.

tanto como Villa era el prototipo del genio intuitivo de los jefes populares de la Revolución. Esa incapacidad de salirse de los cánones fue desastrosa para la División del Norte, dice Mena, en dos momentos decisivos: en Zacatecas, donde su plan fue costosísimo en vidas de revolucionarios, incluidos los bravos generales Toribio Ortega y Trinidad Rodríguez, además de que puso a la División del Norte a merced de las fuerzas leales al Primer Jefe en un gravísimo error estratégico; y en Trinidad, donde Ángeles mostró a plenitud su espíritu cerrado, anquilosado y timorato como jefe militar, y sólo el genio de Villa estuvo a punto de cambiar la suerte cuando dejó de seguir los consejos de su lugarteniente.

La virulencia de estos ataques contra la figura de Ángeles causó reacciones inmediatas que fueron posibles, entre otras cosas, porque el ascenso al poder del grupo cardenista (la generación de 1915 o "los revolucionarios de ahora"), y la búsqueda de banderas para la reforma agraria y la política populista del nuevo presidente, permitieron y alentaron la revaloración de la figura de Pancho Villa y del villismo en general que, hasta ese momento, habían sido muy mal vistos por la versión oficial de la historia.[7]

En ese contexto, antiguos villistas, principalmente el general Federico Cervantes y el coronel Vito Alessio Robles, refutaron las afirmaciones de Mena Brito sobre el general Ángeles, dando como resultado la biografía heroica del artillero escrita por Cervantes, antiguo discípulo y subalterno suyo. El libro de Cervantes puso en orden la otra versión, a la postre dominante, del general hidalguense: la del revolucionario generoso y desinteresado, adalid del liberalismo y la democracia; la del magnífico jefe militar cuyos consejos habrían dado el triunfo a la facción convencionista si Pancho Villa los hubiese seguido.[8]

A partir de entonces, Ángeles aparece como la parte buena

<hr />

[7] Véase Pedro Salmerón Sanginés, "Pensar el villismo", *Estudios de Historia Moderna y Contemporánea de México*, vol. 20, Instituto de Investigaciones Históricas, Universidad Nacional Autónoma de México, México, 2000, pp. 104-105.

[8] Federico Cervantes, *Felipe Ángeles y la revolución de 1913. Biografía (1869-1919)*, edición del autor, México, 1943.

de la incomprensible personalidad dual de Pancho Villa (no es invento de Enrique Krauze, sino una línea que parte desde Luis Aguirre Benavides, Silvestre Terrazas y Federico Cervantes, intelectuales del villismo que posteriormente escribieron historia), un hombre infinitamente bueno, un apasionado demócrata de profundas convicciones, un militar pundonoroso y leal, justo y honrado a carta cabal.

Junto con esta imagen, apareció la del famoso artillero como eminencia gris del villismo, en términos políticos y militares. Ya Álvaro Obregón veía en él el principal "administrador" de la cabeza del Centauro y, desde entonces, amigos y enemigos ven en las grandes victorias de la División del Norte la impronta de nuestro personaje. Argumentan que los grandes yerros estratégicos de Pancho Villa se explican porque el inculto y atrabiliario guerrillero de Durango no hizo caso de los consejos de su lugarteniente, mucho más culto y capaz y que, a diferencia suya, sí tenía una visión moderna y de alcance nacional de la guerra.

Aunque no faltan excepciones significativas, principalmente las de John Womack[9] y Charles C. Cumberland,[10] esta visión es, ya se dijo, común a los historiadores académicos lo mismo que a los literatos que se ocuparon de Felipe Ángeles.[11] Ésa era la imagen de Ángeles en las interpretaciones globales de la Revolución mexicana publicadas en los años del desarrollo estabilizador, y así pasó al revisionismo historiográfico de la Revolución que, entre otras cosas, después de más de cuatro décadas de la aparición del libro de Cervantes, produjo tres monografías dedicadas al artillero.

[9] Para Womack, Ángeles fue un noble enemigo de los zapatistas cuando los combatió en 1912, pero fuera de eso, el personaje aparece, igual que en Mena Brito, como un títere o instrumento de los Científicos y los porfiristas para dividir la Revolución y recuperar el poder (John Womack, *Zapata y la Revolución mexicana,* Siglo XXI, México, 1969).

[10] Con quien reaparece la figura del militar ambicioso, intrigante y sanguinario (Charles C. Cumberland, *La Revolución mexicana. Los años constitucionalistas,* Fondo de Cultura Económica, México, 1975).

[11] Véase Elena Garro, *Felipe Ángeles,* Difusión Cultural, Universidad Nacional Autónoma de México, colección Textos de Teatro, n. 13, México, 1979; e Ignacio Solares, *La noche de Ángeles,* Planeta, México, 2003.

La primera de éstas es una valiosa recopilación documental hecha por Álvaro Matute, precedida de un prólogo dos veces reeditado como ensayo independiente.[12] El texto de Matute pareció atraer nuevamente la mirada de los historiadores sobre el distinguido aguilucho de Chapultepec, además de presentar de manera sintética, ordenada y accesible la versión favorable al artillero, ya dominante en la historiografía del periodo.

Convencido de que en muchos sentidos la historia es la historia del pensamiento, Matute señala la necesidad de conocer la figura de Ángeles y otros protagonistas de la Revolución, no con un "afán simplemente recreativo tipo retrato épico", sino buscando entender sus ideas y actitudes (su pensamiento) y, con ellas, la Revolución misma. Y si bien la historiografía de la Revolución había puesto atención particular al "examen de la ideología, partiendo del análisis del discurso político", mucha de esa ideología ha sido desvinculada de los hombres concretos que la produjeron y, por lo tanto, "del horizonte social del cual emanaron".[13]

El propósito de la antología documental prologada por Matute es una invitación a volver al examen de los protagonistas de la Revolución, no buscando su exaltación, sino su comprensión, es decir, la comprensión de su pensamiento. En esa antología, Matute se propone presentar los frutos concretos del pensamiento de Ángeles, sus crónicas militares, sus declaraciones políticas, sus cartas, que en conjunto muestran la evolución del pensamiento del militar hidalguense y la manera en que este pensamiento se entreteje con el decurso de la Revolución.

Para la escuela a que Matute se adscribe, la historia es, pues, la historia del pensamiento, pero es también interpretación ("todo pensamiento histórico es interpretación histórica del

---

[12] Álvaro Matute (selección y prólogo), *Documentos relativos al general Felipe Ángeles*, México, Domés, 1982. Las reediciones en Álvaro Matute, *La Revolución mexicana: actores, escenarios y acciones*, Instituto Nacional de Estudios Históricos de la Revolución Mexicana, México, 1993, posteriormente reeditado por Océano.

[13] Á. Matute, prólogo a *Documentos relativos al general Felipe Ángeles*, cit., pp. 5-6. Véase la definición que el autor da de ideología en Álvaro Matute, "La historia como ideología", *Boletín de Enlaces y Difusión de la Coordinación de Humanidades*, año III, núm. 22, México, junio de 1997, pp. 12-17.

presente", según el conocido aforismo de Collingwood), de modo que no basta, de ninguna manera, con presentar al público los documentos producidos por la pluma del general Ángeles, sino proporcionar también al lector elementos mínimos para interpretarlos. Esta presentación de la vida y el pensamiento del general Ángeles es la que ahora nos interesa.

Ángeles fue, para Matute, el más notable de los militares de carrera que se incorporaron a la Revolución, "sobre todo, porque su actitud frente al presidente civilista por antonomasia –Madero– no lo caracterizó como el militar avasallador y hambriento de poder, sino como colaborador que sostuvo con las armas la obra que llevaban a cabo las instituciones de la República".

La biografía sinóptica de Ángeles escrita por Matute en esas páginas destaca algunos elementos importantes, como la discusión historiográfica sobre los servicios militares del padre del artillero (héroe de la República condecorado en Querétaro en 1867, según Cervantes; conservador y traidor a la patria, según Mena Brito), que llaman la atención sobre el determinismo inherente a las biografías tradicionales y su adscripción a una concepción de la historia hecha de la lucha constante entre buenos y malos. También destaca el hecho de que cuando estalló la Revolución, a sus cuarenta y dos años, el entonces coronel Ángeles no había tomado parte en campaña alguna, no había desempeñado ningún cargo público ni comisión política de ninguna especie: era un tipo novísimo de militar, el académico.

Leal colaborador de Francisco I. Madero, Ángeles fue aprehendido con el presidente mártir y sólo su prestigio en las filas del ejército lo salvó de la muerte para, después de un periplo azaroso y aventurado, con escalas principales en París, Nueva York y Hermosillo, obtener la posición que lo haría famoso, la que hoy nos permite recordar su nombre como lo recordamos, y discutirlo como lo hacemos: jefe de la artillería de la División del Norte del Ejército Constitucionalista, levantado en armas contra el gobierno castrense surgido del derrocamiento de Madero.

A diferencia de historiadores anteriores y posteriores, que adjudican a Ángeles el mérito de la planeación estratégica (o al menos táctica) de la victoriosa campaña de la División del Norte en la primavera de 1914 (que incluyó las resonantes victorias de Torreón, San Pedro de las Colonias, Paredón y Zacatecas), Matute se limita a resumir esa campaña, para presentarnos a Ángeles no como el responsable de la desobediencia de los generales villistas en vísperas de la batalla de Zacatecas –otra vez, a diferencia de tantos historiadores–, sino como el encargado de escribir la justificación de esa desobediencia, que devino en la escisión revolucionaria.

Matute entiende que los dos campos fundamentales de la escisión revolucionaria fueron los carrancistas y los maderistas, "ahora caracterizados como villistas", y que el nexo con Madero y la simpatía por su programa democrático, más que el hecho de haber militado durante unos meses al lado de Pancho Villa, llevaron al artillero hidalguense al campo convencionista.

Matute consigna los dos momentos vitales en los que, según los historiadores, si Pancho Villa hubiese hecho caso de los consejos de Ángeles, el rumbo de la guerra –y el futuro entero del país– habría sido muy otro: su recomendación de que el grueso de la División del Norte avanzara sobre Veracruz, en donde Carranza estableció su gobierno y el general Álvaro Obregón estaba construyendo un poderoso ejército, estrategia que, a decir de Matute, Villa hubiera respaldado de no ser por su compromiso con Emiliano Zapata, que dividía el país en dos grandes zonas de influencia; y posteriormente, el consejo de no presentar batalla en los campos de Celaya. Sobre estos dos momentos hablaremos más adelante, pues aunque Matute no suscribe explícitamente su acuerdo con la suposición contrafactual común a sus colegas, sí la deja entrever.

Derrotada la División del Norte en los campos del Bajío, Ángeles fue encargado de librar la batalla diplomática en Washington, en la que la facción convencionista, tras perder en los campos de batalla, resultó vencida. Así se convirtió Ángeles en uno más de los exiliados de la Revolución mexicana.

Imposibilitado para emplear las armas, a las que tantos años de estudio dedicó, en el exilio Ángeles afiló la pluma y escribió numerosos artículos "en los cuales enjuiciaba su causa y la ajena y definía los rumbos que debía tomar la Revolución de estar bajo su égida". Pero no era Ángeles, ni aun en el exilio, hombre de pluma sino de acción, a pesar de haber sido durante décadas un militar académico, de modo que más que al análisis y a la reflexión, Ángeles se dedicó a la conspiración contra el régimen naciente, hasta decidirse a combatirlo con las armas en la mano, a fines de 1918, otra vez al lado de Pancho Villa, hasta su captura, juicio y fusilamiento.

Esta última etapa de la vida de Ángeles, que es la que mejores materiales ofrece a la antología de Matute –lo mismo los artículos del Ángeles exiliado que los documentos relativos al sumarísimo juicio militar que se le formó en la ciudad de Chihuahua–, también es tema de un libro posterior de Álvaro Matute, como uno más de los elementos de descontrol territorial que impedían al nuevo gobierno, fundado en la Constitución de 1917.[14]

Al sinóptico y equilibrado texto de Matute siguieron otros, en los que se afianzó la versión de Ángeles como el gran estratega de trágico destino, el consejero no escuchado, el lugarteniente que previó la derrota y, aun así, se mantuvo leal a la estrella del caudillo popular y lo acompañó en un desastre que él hubiera podido evitar.[15] Apenas la monumental biografía de Pancho Villa escrita por Friedrich Katz muestra un personaje más ambiguo, más complejo, más humano, sin duda, aunque comulga del todo con la idea de la gran capacidad militar de Ángeles y la certeza de que, de haberle hecho caso Pancho Villa, los convencionistas habrían ganado la guerra.

Katz presenta de manera lógica y muy completa la idea común a la mayoría de los historiadores revisionistas y monumentales sobre el papel de Ángeles y los errores de Villa en la coyuntura

[14] Á. Matute, "Las dificultades del nuevo Estado", cit., pp. 100-104. Sobre el juicio militar, véase Jesús Vargas Valdés (prólogo), *Felipe Ángeles: el legado de un patriota. Textos del juicio y ejecución de un idealista revolucionario*, Gobierno del Estado de Chihuahua, colección Biblioteca Chihuahuense, Chihuahua, 2003. Véase también la contribución a este volumen de Rubén Osorio, "General Felipe Ángeles: Consejo de Guerra y fusilamiento", pp. 153-200.

[15] Véase el prólogo de Adolfo Gilly en Odile Guilpain, *Felipe Ángeles y los destinos de la Revolución mexicana*, Siglo XXI, México, 1991, y la argumentación de la propia Guilpain. Véanse también otras dos biografías de Ángeles, con el mismo sentido pero mucho menos fundamentadas: Jesús Ángeles Contreras, *El verdadero Felipe Ángeles*, Universidad Autónoma de Hidalgo, Pachuca, 1992; y Alejandro Rosas, *Felipe Ángeles*, Planeta DeAgostini, colección Grandes Protagonistas de la Historia Mexicana, México, 2002.

de 1915. Explica que, cuando estalló la guerra de facciones, en noviembre de 1914, a Pancho Villa le correspondió elegir dónde combatir y "al hacerlo, desatendió los consejos de Ángeles, con desastrosas consecuencias [...]. Ángeles era el único dirigente de la facción convencionista que entendía con claridad la situación militar, las ventajas iniciales de los convencionistas y sus desventajas a largo plazo".

Ángeles trató por todos los medios de convencer a Villa de que no se demorara en la ciudad de México, sino continuara su avance sobre el cuartel general de Carranza en Veracruz. El impulso adquirido por Villa era tan grande que podría haber convencido a Gutiérrez y a sus seguidores e incluso a los zapatistas, tan opuestos a apartarse de su territorio, de unírsele en un ataque contra el puerto. El ejército de Pablo González estaba desmoralizado por las deserciones y las derrotas, y Obregón aún no había podido reorganizar a las fuerzas carrancistas.[16]

Al parecer, Villa estuvo de acuerdo en un principio con este plan, pero finalmente lo modificó, ordenando a Ángeles moverse hacia Torreón y saliendo él mismo a la campaña de Jalisco. Ángeles se opuso, trató de convencer a Villa, y finalmente obedeció. "Ángeles tenía razón. Un ataque inmediato sobre Veracruz era la única posibilidad que tenía Villa de superar sus desventajas estratégicas a largo plazo y tal vez de alcanzar la victoria. Al descartar esa opción, le dio a Carranza un nuevo plazo de vida."[17]

Quienes ven en Felipe Ángeles al verdadero organizador de la División del Norte y artífice de sus victorias, suelen hacer a un lado algunos datos fundamentales: cuando el artillero hidalguense llegó a Chihuahua para incorporarse al villismo, la División del Norte ya era un ejército bien organizado y disciplinado, que había triunfado sobre los federales en batallas formales y estaba listo para la larga batalla de posiciones que, en torno a Torreón, se libró entre el 19 de marzo y el 2 de abril de 1914, donde Ángeles mostró sus innegables virtudes como táctico de artillería.

[16] Friedrich Katz, *Pancho Villa*, Era, México, 1998, t. 2, pp. 57-58.
[17] Ibid., pp. 58-59.

Pero donde habría que revisar con atención las versiones tradicionales es en la coyuntura de diciembre de 1914, cuando Pancho Villa trazó el plan general de operaciones contra los ejércitos carrancistas sin hacer caso de los consejos de Ángeles, quien presentó ese plan alterno que tantos ejercicios contrafactuales ha permitido.

¿Cuál era la situación político-militar de la República en diciembre de 1914, cuando Carranza establecía su gobierno en Veracruz y Villa y Zapata desfilaban en son de triunfo en la ciudad de México? Es un lugar común en la historiografía de la Revolución decir que casi todas las ventajas estaban del lado convencionista, dueño de un ejército mayor en número y en recursos que el de los carrancistas, y de casi todo el territorio nacional (el título de un capítulo del *Pancho Villa* de Katz dice, justamente, "Cómo arrancar la derrota de las fauces de la victoria"). Aquí hay que decir que, en realidad, la situación estaba mucho más equilibrada.

En noviembre, cuando los carrancistas evacuaron la ciudad de México, eran constitucionalistas el general Pablo González, que tenía en Pachuca a más de seis mil hombres de la primera División del Noreste, los cuales tras una larga y desastrosa marcha se reunieron –los que quedaron– con unos cinco mil hombres que tenía en el noreste Antonio I. Villarreal; el general Francisco Murguía, que estaba en Toluca con cinco o seis mil hombres con los que marchó a Jalisco a unirse a Manuel M. Diéguez, que mandaba otros seis mil soldados; Salvador Alvarado, Cesáreo Castro y Francisco Coss, que tenían en Puebla cerca de diez mil hombres; Álvaro Obregón, que sumó los cuatro mil soldados que sacó de México a los seis mil veracruzanos de Cándido Aguilar; Ramón F. Iturbe, con cinco mil hombres en Sinaloa; Jesús Carranza, con dos o tres mil en el istmo de Tehuantepec; Julián Blanco y Silvestre Mariscal, con unos tres mil hombres en Acapulco y la Costa Grande de Guerrero; Plutarco Elías Calles, con cerca de dos mil soldados fortificados en Agua Prieta y otras plazas fronterizas de Sonora; además de contingentes menores, entre los que destacaban, porque más o menos controlaban esos estados, los de Jesús Agustín Castro, Manuel Castillo Brito, Carlos Greene y Eleuterio Ávila, designados gobernadores de Chiapas, Campeche, Tabasco y Yucatán, respectivamente. Es decir, calculando muy por lo bajo, más de sesenta mil hombres.[18]

Por su parte, los convencionistas tenían algunos soldados más y mayor territorio bajo su control (prácticamente el resto del país, salvo Oaxaca y Baja California, dominados por grupos independientes), territorios comunicados entre sí por la red ferroviaria, lo que les permitía movilizar sus soldados –como lo hicieron– de un frente a otro con relativa rapidez. Aun así esta ventaja no era fundamental, pues los carrancistas poseían casi todos los puertos de importancia, la vital ruta del istmo de Tehuantepec y los restos de la armada nacional, que les permitían trasladar hombres y recursos de un frente a otro por vía marítima.

La ventaja de los convencionistas se desvanecía y revertía en el mediano plazo por varias razones más económicas y políticas que militares. En primer lugar, no había unidad de mando en el bando convencionista. En segundo lugar, no es que carecieran del todo de un proyecto alterno al constitucionalista, sino que éste, en embrión, se iría construyendo a lo largo de 1915. En tercer lugar, los carrancistas eran dueños de las regiones que generaban más recursos vía el comercio internacional y la exportación de materias primas, sobre todo el puerto de Veracruz, Mérida, Progreso y la región henequenera, y la zona petrolera y su llave, Tampico.

Ésta, además de ser una fuente segura y constante de divisas, era una gran herramienta de presión internacional en esos momentos en que la Primera Guerra Mundial y el desarrollo de los motores de explosión interna en las flotas guerreras y mercantes, en los transportes militares y en la aviación de guerra, hacían del petróleo un recurso estratégico. Por esas razones –y tanto Carranza como Villa y Obregón lo entendían así–, en cuestión de semanas podía revertirse la precaria ventaja inicial de los convencionistas.

¿Por qué Pancho Villa, en lugar de atacar Veracruz inmedia-

---

[18] Estos números y esta distribución geográfica, que será presentada próximamente en un libro que preparo sobre la guerra civil de 1915, resultan de la investigación en diversos materiales de los Archivos Históricos y Cancelados de la Secretaría de la Defensa Nacional.

tamente después de ocupar la ciudad de México –como se lo aconsejó Felipe Ángeles y como, según los historiadores, era de elemental lógica– dividió su ejército en tres columnas olvidándose del puerto jarocho?

La estrategia trazada por Pancho Villa consistió en enviar a Veracruz a las fuerzas de Emiliano Zapata, sabiendo que éstas serían incapaces de triunfar sobre el ejército de Obregón pero pensando que podrían contenerlo durante un tiempo suficiente, y en dividir al ejército villista en cuatro grupos de tropas, encargados de otras tantas misiones.

El primer grupo, a las órdenes de Felipe Ángeles y José Rodríguez, avanzaría en dos columnas, una paralela al río Bravo y otra por la vía de Torreón a Saltillo y Monterrey, con la encomienda de destruir las fuerzas carrancistas del noreste y ocupar Monterrey, metrópoli industrial de aquella región. Con esto se aseguraría, además, el control villista de Chihuahua y La Laguna, no sólo porque fueran el terruño villista, como Ángeles simplificaba, sino porque de los recursos ahí generados se alimentaba la División del Norte.[19]

Una segunda columna, a las órdenes de Tomás Urbina y Manuel Chao, debía avanzar desde San Luis Potosí hasta Tampico, buscando arrebatar a los carrancistas el puerto jaibo y con él lo que el petróleo significaba en términos de recursos y como herramienta de política internacional.

La tercera columna, que mandaban Rodolfo Fierro y Calixto Contreras, se ocuparía de Jalisco, donde Diéguez y Murguía estaban al frente del mayor núcleo militar carrancista, que se cernía amenazador sobre el Bajío, punto vital de las comunicaciones convencionistas.

El cuarto grupo de tropas, a las órdenes directas de Pancho Villa, con el nudo ferroviario de Irapuato como base, debía acudir presto al auxilio de una u otra de las anteriores columnas.

Esta estrategia, ambiciosa y de largo alcance, que tomaba en

---

[19] El archivo de Lázaro de la Garza, The Nettie Lee Benson Library, University of Texas, Austin, contiene numerosos documentos sobre esta angustia económica del villismo. Véase Pedro Salmerón Sanginés, *La División del Norte*, Planeta, México, 2006.

cuenta los más importantes factores económicos y militares del momento, no tuvo éxito y, por lo mismo, ha sido descalificada o, para decirlo en términos militares, juzgada sumariamente y condenada al paredón. En su lugar, se han hecho los ejercicios contrafactuales que dan *a posteriori* la razón a Ángeles y se ha sostenido la errónea idea de la desmedida desproporción de los ejércitos enemigos en noviembre de 1914.

Quienes han historiado esta coyuntura suelen ceñirse, para la explicación militar, a una versión que podríamos llamar "oficial" y que aparece por vez primera en los *Ocho mil kilómetros en campaña*, de Álvaro Obregón. Esto es muy comprensible, pues a fin de cuentas trazó un plan que se cumplió y diseñó una estrategia victoriosa, y siempre es más fácil comprender los presupuestos de un plan que da resultado que los puntos de partida de un plan que fracasa.

Pero al aceptar sin más esa explicación, olvidan que toda historiografía responde a una perspectiva, a la posición de una persona o un grupo, y los muy particulares intereses de Álvaro Obregón en 1917 lo llevaron a incluir algunos documentos en el libro y a dejar fuera otras evidencias, que también obraban en su poder, escritas al calor mismo de los hechos. Era una selección de materiales hecha ex profeso para engrandecer y embellecer su victoria, para presentarse a sí mismo como el caudillo que nunca erró y para mostrar a sus lugartenientes –a los que en 1917 tenía que mantener leales a su figura– como militares sin miedo y sin tacha.

Entre estas evidencias ocultadas por Obregón se encuentran telegramas que reflejan la angustia obregonista durante la segunda batalla de Celaya y en vísperas de la batalla de Aguascalientes, por ejemplo. Pero, para la coyuntura que nos interesa, hay también un meticuloso plan de operaciones sometido por Álvaro Obregón a la aprobación de Venustiano Carranza el 16 de noviembre de 1914, en el que queda claro que para el caudillo sonorense eran mucho más importantes en términos económicos y militares "los flancos" (es decir, las columnas carrancistas que operaban en el noreste y el occidente) que "el centro" (la línea Puebla-Veracruz).

Posteriormente, Obregón complementó esta propuesta con

un bien pensado plan de evacuación de Veracruz y construcción de un polo militar alterno en el istmo de Tehuantepec, lo mismo que el establecimiento del gobierno en Mérida, una ciudad inalcanzable para los ejércitos villistas y muy cercana al centro de gravedad carrancista, en virtud de que en manos de estos últimos estaban los restos de la marina nacional y de que los villistas carecían por completo de transporte marítimo.[20]

Pero Carranza no aprobó el abandono de Veracruz y la incapacidad de los zapatistas para operaciones ofensivas permitió a Obregón crear un nuevo ejército y diseñar un nuevo plan, cuya aplicación fue posible porque el envío constante de refuerzos y material de guerra a Diéguez y Murguía (vía Manzanillo), a Iturbe (vía Mazatlán) y a las fuerzas del noreste por Tampico y Matamoros, impidió que las tres columnas villistas lograran una victoria decisiva en los frentes de occidente, noreste y El Ébano.[21]

Así, aunque la campaña inició con augurios favorables para los ejércitos campesinos, pues Villa ocupó Guadalajara, Ángeles Monterrey y Zapata Puebla, las tornas empezaron a revertirse desde enero de 1915, cuando Eulalio Gutiérrez y sus seguidores rompieron con Villa y Zapata fracturando la alianza convencionista y cuando Obregón inició su avance hacia el centro del país, aprovechando que Zapata se había retirado a Morelos, desentendiéndose de la marcha de la guerra.

Mientras Pancho Villa intentaba sin éxito resolver la situación militar en el noreste o en Jalisco, Obregón tomó la ciudad de México, que abandonó para salir en busca de Villa. Así las cosas, cuando Álvaro Obregón llegó a Celaya, amenazando el

[20] Archivo Histórico de la Defensa Nacional (AHDN), expediente XI/481.5/315, fs. 632-33.

[21] Sobre los transportes marítimos hay numerosos informes a Venustiano Carranza remitidos por sus lugartenientes encargados del control de los puntos clave: Mérida y Progreso, Tampico, el eje vital Puerto México-Salina Cruz, Manzanillo, Mazatlán. En los documentos remitidos por generales como Salvador Alvarado, Manuel M. Diéguez y Jesús Carranza se percibe tanto la regularidad del tráfico de material de guerra como la importancia concedida al mismo. Los documentos figuran en distintos expedientes del ramo Revolución del AHDN, aunque principalmente en los seis volúmenes del expediente número 316.

Bajío y las operaciones sobre Jalisco, Pancho Villa decidió, desoyendo otra vez los consejos de Felipe Ángeles y de manera absurda, según aquellos historiadores, atacar Celaya. No obstante las sumarísimas descalificaciones a toro pasado, su intención era clara: ni Ángeles en la línea de Monterrey, ni él mismo en la de Jalisco (reforzando a Fierro) habían obtenido victorias decisivas; Urbina estaba empantanado en El Ébano, sin poder llegar a Tampico; Zapata se había refugiado en Tlaltizapán, y la situación general empezaba a volverse contra sus ejércitos: en abril de 1915 la situación pecuniaria de la División del Norte era angustiosa y los recursos para la guerra estaban a punto de agotarse.

En esas condiciones, Villa explicó a Ángeles en persona y a Tomás Urbina telegráficamente que si su columna lograba poner en fuga al ejército de Obregón, podrían capitalizarse los triunfos de Felipe Ángeles en el noreste y reforzar las columnas de Rodolfo Fierro y Tomás Urbina. Pancho Villa comenzaba a darse cuenta de que el tiempo jugaba en su contra y trató de forzar la situación en Celaya, cuando ya la falta de hombres y elementos para atender la multiplicidad de frentes se volvía angustiosa.[22]

Por cierto que las dos batallas de Celaya, conducidas por Villa en ausencia de Ángeles, tampoco consistieron, como generalmente se cree, en sucesivas y absurdas cargas de caballería contra las fuertes posiciones obregonistas. Obregón había llegado a Celaya la víspera de la primera batalla. ¿A qué hora, pues, se excavaron las famosas "loberas" y las líneas de trincheras, y se tendieron las no menos famosas cercas de alambre de púas? La victoria de Obregón es mucho más meritoria de lo que él mismo consigna en sus desmesurados y ampulosos partes.[23]

Es decir, por lo menos, que los convencionistas no perdieron porque Marx hubiera dicho en alguna parte que los campesinos están fatalmente condenados a perder; ni porque Pancho Villa –que condujo una eficaz y muy sorprendente campaña mi-

[22] Martín Luis Guzmán, *Memorias de Pancho Villa*, Porrúa, México, 1984, pp. 560-61 y 572-74.

[23] Á. Obregón, op. cit., pp. 299-329.

litar contra enemigos muy diversos, entre los que se contaban generales de indudable capacidad como José Refugio Velasco y Guillermo Rubio Navarrete, o de innegable fama guerrera e indomable valor, como Pascual Orozco y Benjamín Argumedo, planteando y ejecutando batallas de posiciones antes de que se incorporara a sus filas Felipe Ángeles–, en 1915 se hubiera vuelto un jefe inepto que frente a Obregón no supo hacer otra cosa que ordenar (¡trescientas veces en un día, dicen!) a sus hombres cargar contra posiciones bien fortificadas y mejor defendidas.

Otra contradicción en muchas páginas de nuestra historia militar, quizá decisiva en la explicación del papel de Felipe Ángeles, estriba en que los historiadores no ponen en tela de juicio la mayor capacidad militar, en 1913 y 1914, de los caudillos revolucionarios, militares improvisados, sobre los jefes del viejo ejército, muchos de ellos formados en el Colegio Militar y en las academias europeas. Pero a Ángeles lo juzgan con un rasero distinto: el militar hidalguense, con una hoja distinguida y estudios técnicos en Francia, no era un caso especial, sino que formaba parte de todo un grupo de militares con los que Porfirio Díaz pensaba relevar a los veteranos de las guerras civiles decimonónicas.

¿Por qué entonces Ángeles hubiera podido ganar una guerra ante militares que en todas las grandes batallas de 1914 derrotaron a sus pares? Quizá, suponen algunos, porque a diferencia de otros militares él no estaba subordinado a los "generales cuarteleros" viejos y anquilosados; quizá, suponen otros, porque Ángeles habría tenido a sus órdenes a las entusiastas tropas revolucionarias y no a los soldados federales tomados de leva, sin moral de combate (olvidando que siempre que estuvieron bien armados y pertrechados, esos pobres soldados se batieron con heroísmo y pericia comparables a los de los mejores rebeldes de Sonora y Chihuahua).

Sin embargo, cuando los militares formados de manera semejante a Ángeles tuvieron el mando de columnas federales durante 1913 y 1914, fueron vencidos también por los improvisados caudillos revolucionarios, incluso con mayor facilidad que los "cuarteleros", de modo que la explicación de la superioridad militar de antiguos agricultores de garbanzo, cuatreros, fotógrafos ambulantes, rancheros y comerciantes sobre militares de carrera perfeccionados en Francia y Alemania, estriba en otro lado. Quizá se ha sobrestimado esa especie de posgrados militares en Saint-Cyr; quizá lo que se estaba formando en Europa era una casta militar incapaz de comprender las nuevas exigencias de la guerra, carente de flexibilidad e imaginación... quizá tengamos que traer a México algunas lecciones sobre los mandos militares de la Primera Guerra Mundial. Quizá haya que reconsiderar algunos elementos del análisis de Bernardino Mena Brito.[24]

Aunque muchas de las ideas aquí expuestas están aún en embrión, el estudio de las campañas militares de 1914 y 1915 me ha ido convenciendo de que los historiadores exageran el papel de Felipe Ángeles. Esta simpatía por la figura de Ángeles se debe sin duda a sus notables cualidades personales, pero también, muy probablemente, a que sea mucho más fácil para los historiadores entender a un intelectual (y Ángeles era, antes que todo, un militar académico, de alguna manera un intelectual), que a un personaje tan distinto, tan lejano, tan contradictorio y rodeado de mitos como Francisco Villa.

¿Una nueva versión de la historia militar de las campañas de 1914 y 1915 cambiaría la imagen del general Ángeles? Quizá no: Ángeles seguirá siendo "el militar de buena intención", aunque quizá ya no, quien "dio a la Revolución mexicana una dimensión militar sólida". En cambio, es probable que esta revisión nos ayude a ver de otra forma la Revolución mexicana y a sus improvisados caudillos.

---

[24] Sobre este estancamiento militar que fue la más señalada nota de la Primera Guerra Mundial, véanse John Keegan, *Historia de la guerra*, Planeta, Barcelona, 1993, pp. 428-36, y *El rostro de la batalla*, Ejército, Madrid, 1990, pp. 227-311.

EL ÚLTIMO EXILIO DE ÁNGELES

■ Odile Guilpain

> *¿Acaso habrá quien haya compuesto un himno al exilio, a aquel poder creador del destino que eleva al hombre en su caída y que, bajo la dura presión de la soledad, vuelve a concentrar en forma distinta las fuerzas quebrantadas del alma?*
>
> Stefan Zweig[1]

INTRODUCCIÓN

El tema del exilio conduce a pensar en Ángeles desde la perspectiva de una derrota y de un fracaso. Desde el destierro y en momentos de retiro obligado de la vida volcada hacia la acción que había sido la suya, el general Felipe Ángeles dio un giro determinante a su existencia. Este giro, por un lado, contribuiría a definirla al terminarla brutalmente; y, por el otro, al mismo tiempo lo hizo participar activamente en la labor colectiva de grupos de exiliados mexicanos anticarrancistas que buscaban seguir siendo actores de los destinos de su patria.

En el último exilio de Ángeles vamos a hallar todos los conceptos mencionados por Zweig en el epígrafe de este escrito: elevación en la caída, pero caída muy real y dolorosa; soledad apremiante; fuerzas física y moral quebrantadas, y, por fin, reconcentración de los recursos interiores en un esfuerzo creador, individual y colectivo, a menudo desesperante, al final quizás desesperado.

El estudio de los años de exilio del general Ángeles proporciona a los historiadores temas de investigación que quizá no hubiesen existido sin esa parálisis forzada. Para sobrevivir como jefe de familia, como hombre de acción, como hombre de reflexión, se dedicó a labores de diferente índole. De ello nos dejó

---

[1] Stefan Zweig, *Fouché*, Grasset, París, 1969, p. 101.

huellas en sus escritos y en los de sus compatriotas exiliados, amigos o enemigos. Son estas huellas las que hay que seguir para acompañar a Felipe Ángeles en su último exilio y tratar de aportar algunas luces sobre su figura y su actuación revolucionaria, su destino y su pensamiento, y sobre una incógnita entre las muchas que plantea su personalidad: ¿qué llevó a Ángeles a volver a tierras mexicanas después de tres años de exilio en Estados Unidos, en una empresa que él sabía preñada de riesgos fatales?

En el exilio se hace más imprescindible y valiosa la confianza con seres escogidos. La amistad y la confianza entre José María Maytorena y Felipe Ángeles habrá sido un elemento esencial, un apoyo moral invaluable durante la vida de exilio de éste. Siempre pudo contar Ángeles con Maytorena, quien le ofrece consejos, ayuda financiera, su casa... Pese a los desacuerdos que se irán haciendo más evidentes conforme pasan los meses, nunca perderán los dos hombres esa confianza mutua.

Al filo de la lectura de los textos de que disponemos se hace presente Ángeles y es posible comprender un poco mejor cómo este hombre, al igual que muchos otros, vivió su exilio en el *continuum* de la guerra, luchando desde la perspectiva propia del destierro, de la separación de la realidad interior, con la obsesión del regreso y de la acción inmediata; y cómo llegó a perder la paciencia –así se expresa Maytorena– para volver sin esperar a nadie, decidiendo forzar el destino y jugarse la vida, según sus propias estimaciones, con "una probabilidad contra 999". En ese terrible cara a cara con uno mismo que puede llegar a ser el exilio, Ángeles nunca desvió la mirada. Lo arrastró la imperiosa exigencia de la acción y, renunciando a la siempre postergada acción colectiva dictada por la buena estrategia, se lanzó a la inmediata aventura de una acción de francotirador para la cual no tenía medios ni dotes.

Tanto de los escritos como de los actos de Ángeles –y así también de los de todos los exiliados– se desprende una visión desde afuera, desde un exterior cercano pero a la vez fatalmente carente de cabal comprensión de la realidad de un México en vías de reconstrucción bajo el gobierno de Carranza y bajo la vigilancia de potencias extranjeras, un México agitado aún por convulsiones de resistencia y oposición en muchas partes de la República en esos años que sellarán el destino de la Revolución. En Felipe Ángeles demasiadas incógnitas han permanecido en el lado oscuro de la historia, entre otras ese retorno a México en diciembre de 1918. Había descrito Ángeles una órbita en torno a Villa, a Zapata, a Carranza, hasta morir por sus ideas de demócrata revolucionario, sin que jamás haya sido posible entender cabalmente la razón íntima de esa entrega total a un camino de acción que inevitablemente, y teniendo él plena conciencia de ello, le iba a conducir a la muerte. Por esto, las últimas semanas de su vida y su fin –como muy bien lo sintiera Elena Garro–[2] adquieren una dimensión trágica que impide que su actuación y su papel final en la Revolución calcen con una interpretación meramente, y hasta diría secamente, histórica.

EL BOSQUE (FINES DE 1915-JULIO DE 1916)

Es dable hablar del "último" exilio de Ángeles, recordando brevemente que el general había sido detenido junto con Madero y Pino Suárez en febrero de 1913 y posteriormente exiliado a Francia, de donde regresaría en forma clandestina en octubre de ese mismo año para incorporarse al Ejército Constitucionalista encabezado por Venustiano Carranza.[3]

Una duda, que suscitó polémicas, existió durante muchos años en cuanto a la fecha exacta en que Ángeles llega a Estados Unidos en este segundo y último exilio. Hoy, gracias al trabajo de Byron Jackson,[4] ha quedado claramente establecido que en junio de 1915 cumplió una misión de paz, en representa-

[2] Elena Garro, *Felipe Ángeles*, Difusión Cultural, Universidad Nacional Autónoma de México, colección Textos de Teatro, n. 13, México, 1979.

[3] Sobre la actuación de Ángeles en la Decena Trágica, su apresamiento y su exilio, véanse en este volumen los escritos de Friedrich Katz, "Felipe Ángeles y la Decena Trágica", y Adolfo Gilly, "¿Y de mis caballos, qué?" (pp. 17-36 y 37-67). Véase también Federico Cervantes, *Felipe Ángeles en la Revolución. Biografía (1869-1919)*, s.p.i., México, 1964, pp. 57-68. Sobre sus primeros roces con Carranza, véase Martín Luis Guzmán, *El águila y la serpiente*, Compañía General de Ediciones, México, 1976, pp. 55 y ss.

[4] Byron Jackson, *The Political and Military Role of General Felipe Ángeles in the Mexican Revolution, 1914-1915*, tesis doctoral, Georgetown University, Washing-

ción de Villa, ante personalidades de Estados Unidos (aprovechando la ocasión, y como un pretexto destinado a mantener secreto su verdadero objetivo, visitó a su familia para entonces instalada en Boston). Ángeles no pudo hablar, como lo tenía previsto, con el presidente Woodrow Wilson, pero fue recibido por Hugh Scott y por Franklin K. Lane, el secretario estadounidense del Interior.[5] Entre julio y septiembre viajó varias veces al norte de México donde sostuvo conversaciones con José María Maytorena, Francisco Villa, Enrique C. Llorente, Miguel Díaz Lombardo y George Carothers.

Toma la decisión de quedarse en Estados Unidos hacia septiembre u octubre de 1915, y como la mayoría de los exiliados de la Revolución –quizás como algo que caracteriza el exilio político en general– no cree que tal situación vaya a durar mucho. El exilio todavía no es exilio: es un accidente, un episodio, un paréntesis obligado. Pero la situación del país cambiará pronto, se dicen, el gobierno de Carranza no puede consolidarse, aunque mucho depende de la actitud de Estados Unidos... No se trata de "instalarse", sino de estarse un rato hasta que pase el chubasco.

Sin embargo, los apremios materiales no esperan a que el horizonte político se aclare. Una vez tomada la decisión de vivir en Estados Unidos, se imponen inevitablemente la urgencia de instalar a la familia y de buscar trabajo. No era tarea nada fácil: Federico Cervantes dice incluso que "encontrar trabajo era casi imposible". Las condiciones materiales de vida de la mayoría de los exiliados del entorno cercano a Ángeles eran desastrosas. Cuenta Cervantes que él mismo no fue autorizado a dar clases de español por no ser ciudadano estadounidense; y cómo él y otros exiliados (nombra a Gustavo Bazán, a Manuel Cabrera y a Eduardo Ángeles, hermano del general) "se ganaban la vida manejando automóviles, según un sistema llamado Jitney, de circuito

ton, 1976; traducción al español: *Felipe Ángeles. Político y estratega*, Gobierno del Estado de Hidalgo, Pachuca, 1989.

[5] Ángeles se movía en Estados Unidos con soltura y conocía el idioma. Años antes, había formado parte de una delegación de oficiales del Ejército Mexicano invitados a descubrir la pólvora sin humo, experimento que a la sazón no iba a prosperar (F. Cervantes, *Felipe Ángeles en la Revolución...*, cit., p. 28).

cerrado"; a lo cual agrega que "el maltrato de los norteamericanos nos amargaba la existencia".[6]

Ángeles y su familia viven a principios de 1916 con Manuel Bonilla, quien ofreció generosamente compartir con ellos su casa en El Paso. Pensando encontrar una solución para mantener a los suyos con decoro, Ángeles compra un rancho, que llamará El Bosque, en Isleta, un lugar de los alrededores de El Paso, donde instala un criadero de aves y ganado vacuno. Deseoso de tener vivienda propia y también de alejarse de El Paso, cuya atmósfera le pesa, Ángeles decide pronto construir una casita en el rancho, y escribe a su amigo José María Maytorena: "En marzo nos iremos a vivir a ella, me alejaré de esta ciudad de chismes, como si estuviera a mil leguas y trabajaré con empeño. Creo que si lucho con empeño dos años, no sólo dejaré de fracasar, sino que el negocio marchará brillantemente".[7] Se instalan allí en marzo de 1916 él, su esposa Clara y sus cuatro hijos, a los que se unen la hermana de Clara y su hija, puesto que, como lo cuenta esta última, "a mi mamá la persiguieron por el solo hecho de ser cuñada de Ángeles".[8] Quería con esa empresa "tener dónde vivir y trabajar humildemente el tiempo que durara nuestro destierro".[9]

Pero desde antes de marzo de 1916 surgen graves dificultades.

Una carta es particularmente ilustrativa de los altibajos que sufre el estado de ánimo de Ángeles, los problemas de dinero que tiene que enfrentar, las esperanzas que cifran los exiliados en un pronto fracaso de Carranza, las idas y venidas de visitan-

[6] Ibid., p. 227. Podemos leer en la correspondencia recibida por Carranza cartas de soldados o simples ciudadanos exiliados que solicitan de él una amnistía, o un salvoconducto, o garantías para poder volver al país y sostener a su familia, jurando no involucrarse en política. Pensemos en los miles de refugiados mexicanos que en aquellos años cruzaban el río para formar masas míseras, hambrientas, de que dan cuenta archivos fotográficos y cinematográficos, además de los artículos de la prensa de ambos lados de la frontera.

[7] Carta de Felipe Ángeles a José María Maytorena, 27 de enero de 1916, The Library of Pomona College, Claremont, California, Fondo José María Maytorena (en adelante, FJMM-LPC), caja VI, fólder 1.

[8] Doña Carmen Álvarez de la Rosa de Castañeda, entrevista de la autora, México, 1982.

[9] Ángeles a Maytorena, 23 de mayo de 1916, FJMM-LPC, caja VI, fólder 1.

tes poco confiables, expresión de una siempre posible amenaza directa. Tiene fecha del 11 de enero de 1916 y está dirigida a José María Maytorena: "Estoy ahora bajo el peso de una gran preocupación. El poco dinero que pude conseguir prestado lo invertí en mi ranchito para ponerme a trabajar y procurar el sustento de mi familia". Describe su situación en estos términos metafóricos: "Tenga usted la seguridad de que en México se han de componer las cosas y de que si todo el campo no es de orégano tampoco es de ortigas". A renglón seguido se reprocha el que "por precipitación y empeño a ponerme a trabajar y por pretender salvar lo poco que al principio empleé [...] he venido a parar en la ruina segura y en el fracaso de mis esfuerzos por trabajar". Tras plantearse varias preguntas donde expresa sus dudas –¿debe malvender el rancho?, ¿o seguir trabajando hasta que lo vengan a plagiar algunos pelones?, según dice–, interrumpe la redacción de su carta. Cuando reinicia su escritura agrega:

Interrumpí esta carta para acudir al llamado de dos señores que dicen ser zapatistas enviados por Emiliano Zapata hacia usted. Estos señores estaban esperándome en mi ranchito para ofrecerme oficiosamente el mando de las tropas zapatistas y dirigir la campaña contra Carranza. Tenga usted mucho cuidado con ellos, porque me imagino que son espías carrancistas que desean arrancarle pruebas de que viola usted las leyes de neutralidad.[10]

No cuesta imaginar lo difícil y angustiante que sería la vida cotidiana... Como lo había previsto Maytorena –"Yo siempre creí que le iría mal en ese negocio, y si mal no recuerdo se lo hice notar en Chicago"–,[11] sufre graves penurias y la empresa nunca tendrá éxito. Construyó una lechería y gallineros modelos, pero el empeño que tanto él como su hijo mayor Alberto pusieron en esas labores no podía compensar su falta de conocimientos y de experiencia en materia agrícola. Recibió felicitaciones por parte de los inspectores estadounidenses por la

[10] Ángeles a Maytorena, 11 de enero de 1916, FJMM-LPC, caja VI, fólder 1.
[11] Maytorena a Ángeles, 17 de enero de 1916, FJMM-LPC, caja VI, fólder 1.

calidad y la limpieza de sus instalaciones, pero nunca resultó rentable el negocio.

Aun así, y pese a su pobreza, muchos acuden a pedir ayuda: sus comentarios al respecto demuestran el estado de desamparo extremo, por no decir de indigencia, de numerosos exiliados mexicanos: "Aquí me agovian [sic] a peticiones, a pesar de que me ven con *overalls* y con hacha en la mano",[12] escribe, no sin cierta ironía y amargura. El mismo Maytorena llega a sentirse abrumado por completo por solicitudes de idéntica índole, hasta el punto de contemplar la eventualidad de salir una temporada de Los Ángeles por la fatiga producida por dos clases de persecuciones.[13]

Vivir en el rancho representaba un peligro muy real pues se encontraba muy cerca de la frontera: Ángeles veía brillar a trescientos metros las aguas del río Bravo. Hubo quienes afirmaron que su rancho se encontraba en realidad en territorio mexicano, de tal forma, escribe él, que "no tienen más que hacer que enviar por mí (cuando más confiado esté yo) con unos gendarmes o con una escolta de soldados".[14]

En la frontera circulaba gran cantidad de exiliados de procedencias geográficas y políticas muy variadas. A las autoridades estadounidenses no les faltaban pretextos para detener a tal o cual, y cada exiliado parecía vivir esperando el momento en que le iba a tocar el turno: "Ayer aprendieron [sic] a Díaz Lombardo por vago, con objeto de vejarlo. Igual cosa hicieron con otros muchos. A mí aún no me ha llegado mi turno; tampoco al Señor Bonilla".[15]

[12] Ángeles a Maytorena, 13 de febrero de 1916, FJMM-LPC, caja VI, fólder 1.
[13] "Por una parte las persecuciones de que están siendo objeto todos los mexicanos enemigos de Carranza y por otra la frecuencia con que llegan individuos de Sonora, la mayor parte empleados y jefes u oficiales que prestaron sus servicios durante mi administración, y los que, su viaje a ésta no tiene otro objeto que el de solicitar ayuda pecuniaria mía, ambas circunstancias terminarán por hacerme salir, pues día a día aumentan mis gastos, pues aunque me cuide, duro se me hace no ayudar a tantos pobres que tienen la imperiosa necesidad de vivir desterrados en un país extranjero donde se les dificulta encontrar trabajo que les produzca siquiera lo indispensable para subsistir" (Maytorena a Ángeles, 17 de enero de 1916, FJMM-LPC, caja VI, fólder 1).
[14] Ángeles a Maytorena, 11 de enero de 1916, FJMM-LPC, caja VI, fólder 1.
[15] Ibid.

Se multiplicaban en los periódicos las falsas declaraciones y los rumores más infundados. El ambiente en El Paso era pesado y hostil, y las rencillas entre los mismos desterrados acrecentaban las tensiones. Cervantes explica: "Los carrancistas nos tildaban de villistas y zapatistas para malquistarnos con los norteamericanos y éstos, que no hacían gran aprecio de las cuestiones políticas, sí exacerbaban su prejuicio racial que, para los pobres, es feroz en la frontera".[16]

Y Maytorena le refiere a Ángeles: "He leído en la prensa unas declaraciones que se atribuyen a usted y que en mi concepto no tienen más objeto que causarle daño. No sería remoto que se tomara esto como pretexto para molestarlo".[17] El general sabe que esas maniobras, constantes, lo obligan a una prudencia de cada instante: "No he estado últimamente muy afortunado con lo que los periódicos han dicho que dije y que no dije: todo puede reputarse como falso; lo mismo las pseudo-declaraciones, como las pseudo-rectificaciones".[18]

Pese a ser la amenaza pan cotidiano, el general no se aviene al consejo reiterado de su amigo, quien le insta a abandonar el rancho para ir a instalarse con él en Los Ángeles, porque "son capaces de mandarlo asesinar".[19] Pero para entonces está tan agobiado por problemas de sobrevivencia que el peligro y las amenazas pasan a segundo plano.[20] Entre otros percances, unos ladrones penetraron en casa del señor Bonilla para robarse documentos.[21]

"Quién sabe cuántas calamidades", dice, les esperan en el ranchito, pero hay que arriesgar el todo por el todo. Además es-

[16] F. Cervantes, *Felipe Ángeles en la Revolución...*, cit., p. 227.
[17] Maytorena a Ángeles, 24 de junio de 1916, FJMM-LPC, caja VI, fólder 1.
[18] Ángeles a Maytorena, 5 de julio de 1916, FJMM-LPC, caja VI, fólder 1.
[19] Maytorena a Ángeles, 17 de enero de 1916, FJMM-LPC, caja VI, fólder 1.
[20] "Estoy tan alarmado por la falta de recursos para comprar forraje y pagar el terreno, que el peligro de la vecindad de nuestros enemigos es enteramente insignificante." En la misma carta, examina la posibilidad de hipotecar o vender el rancho a Maytorena como solución posible al escollo financiero (Ángeles a Maytorena, 23 de mayo de 1916, FJMM-LPC, caja VI, fólder 1).
[21] Esa vez sólo se llevaron un baúl que pertenecía a la hija de Ángeles y algunos documentos.

tá seguro de que su presencia al lado de Maytorena pondría a éste en peligro. Le insiste para que se mantenga alejado de todas las personas connotadas políticamente, incluyéndose a él mismo. Sin embargo, a fines de enero de 1916 parece estar de nuevo ilusionado (¿o sólo lo finge?) con la esperanza de que "no hemos de tardar mucho tiempo en que volvamos tranquilamente a nuestra patria".[22]

Una visita en particular extraña a Ángeles: la de George Carothers, quien fuera agente confidencial del gobierno de Estados Unidos ante el general Francisco Villa. "Tal vez estas visitas tengan conexión con una noticia de la prensa de que en un rancho próximo a esta ciudad [El Paso], perteneciente a un general muy conocido, se conspira."[23] Es preciso andar –¡y escribir y leer!– con pies de plomo. El 13 de febrero de 1916 el general informa a Maytorena:

Por lo que hasta ahora me ha dicho Carothers me imagino que trabaja o bien por encargo del gobierno americano o bien por interés propio, o tal vez por ambas cosas.

Al imaginarme que trabaja por provecho propio, creo que sus intereses en México están amenazados con el gobierno de Carranza y que procurará que haya un movimiento revolucionario que derribe a Carranza, sin que le importe que ese movimiento sea de los liberales o de los conservadores.

Obrando por cuenta del gobierno americano, querrá saber quiénes violan o tienen intenciones de violar las leyes de neutralidad.

Me dijo que el movimiento anticarrancista de Veracruz y Oajaca es formidable y que parece que lo encabeza Oscar Branif...

George Carothers, de paso, busca obtener informes sobre Maytorena, y probablemente sobre otros exiliados del entorno de Ángeles, quien afirma que nadie se mete en nada de política. Aparecen otros visitantes, otras noticias. ¿A quién creer, qué

[22] Ángeles a Maytorena, 27 de enero de 1916, FJMM-LPC, caja VI, fólder 1.
[23] Ángeles a Maytorena, 13 de febrero de 1916, FJMM-LPC, caja VI, fólder 1.

creer? Impera la desconfianza. Advierte Ángeles a Maytorena: "Si alguno lleva carta de recomendación mía (una persona acaba de pedírmela) considere que la he dado sólo por compromiso sin interesarme verdaderamente por la persona recomendada".[24]

El general sufre del aislamiento en El Bosque. En ese rincón de Texas echa de menos las visitas y los intercambios confiables. Por escasez de dinero y exceso de trabajo pierde oportunidades de viajar a Los Ángeles en respuesta a las invitaciones de Maytorena y no tiene posibilidad de *desaburrirse,* según dice, conversando con Miguel Díaz Lombardo, Federico González Garza, Enrique C. Llorente y otros amigos de ideas afines. Más tarde lamentará no haber podido reunirse en Nueva York con ese grupo.

En el exilio también se sufren pérdidas. Lo llena de tristeza la muerte "de congoja y de pobreza" del general Luna. Está padeciendo cada día más, moral y físicamente, los efectos nefastos del exceso de trabajo, de las angustias, de las penurias:

Ya comprenderá usted mi intranquilidad, que desde hace varios meses me priva del sueño y me envejece rápidamente, aparte de otras amarguras que llueven en los malos tiempos.

Comprenderá también por qué con pena no acepto la invitación de usted de ir a desaburrirme un poco, estando en situación tan aflictiva.[25]

De ahí la especial importancia del contacto epistolar. Los comentarios de las noticias, de las cuales todos los desterrados están pendientes, se hacen por carta. Todos, José María Maytorena, Miguel Díaz Lombardo, Enrique C. Llorente, Manuel Bonilla, Manuel Calero, Roque González Garza, el licenciado Gaxiola, tienen la mirada fija en cuanto pueda influir en el curso de los acontecimientos en México: las próximas elecciones en Estados Unidos, su entrada o no en la guerra europea.

Con razón, y lógicamente, los primeros meses de difícil transición en el establecimiento del gobierno de Carranza no podían

[24] Ibid.
[25] Ángeles a Maytorena, 23 de mayo de 1916, FJMM-LPC, caja VI, fólder 1.

sino ser mirados con mucha atención y grandes expectativas por los exiliados revolucionarios anticarrancistas. Pregunta Ángeles a Maytorena: "¿Qué opina usted de la solidez de nuestros enemigos en el poder? ¿Será efectiva o estarían próximos a fracasar?" Teme que el "nuevo movimiento de Félix Díaz no sirva más que para afianzar a Carranza porque el pueblo debe preferir un déspota que se dice demócrata a un fantoche que lleva una corte de sabios explotadores".[26]

El tono cambia a principios de junio de 1916 y se vuelve algo más optimista:

Hasta ahora había creído muy posible la consolidación del gobierno de Carranza por cansancio del pueblo mexicano y por el apoyo formidable del gobierno americano [...].[27] Pero ahora comienzo a ver que no solamente tiene contra sí la escasez de dinero, sino que la situación se le descompone rápidamente y lo obliga a tomar determinaciones que en lenguaje popular tan gráficamente se llaman "patadas de ahogado".[28]

Se trata de una carta extensa en la cual expresa su confianza en la Revolución, mientras plantea y se explaya en los errores que sería preciso corregir en caso de reanudarse la lucha revolucionaria, como son los "salvajismos y radicalismos: no es más que una primera impresión". La carta prosigue explicando que

si la nación está decepcionada de los revolucionarios, no lo está de la revolución; muy al contrario, la revolución ha triunfado, aún en el ánimo de los conservadores, que la toman por bandera [...].

¿Cómo hacer triunfar en la práctica una revolución que ha triunfado en las conciencias de todos, aun en las de los antirrevolucionarios?

[26] Ángeles a Maytorena, 3 de marzo de 1916, FJMM-LPC, caja VI, fólder 1.
[27] Lo cual contradice su anterior impresión de que el regreso podría ser no muy lejano.
[28] Ángeles a Maytorena, junio de 1916, s/d, FJMM-LPC, caja VI, fólder 1.

Al mismo tiempo, reafirma sus convicciones maderistas y expresa su confianza en los postulados demócratas de progreso social:

La aspiración maderista no es una utopía.
[...] La piedad para los desheredados no es un dislate político, es la base indispensable del equilibrio social.
[...] Lo que falta son hombres desinteresados y civilizados que conviertan en realidad práctica principios axiomáticos, evidentes, sobre todo después de la Revolución.

Con todo, el optimismo de Ángeles tiene corta vida, pues la suerte del nuevo gobierno mexicano, y por rebote de la lucha anticarrancista, depende de una serie de acontecimientos que se suceden a ritmo acelerado: las conferencias Scott-Obregón, la Convención Republicana, a la cual asiste Manuel Calero y donde, estima Ángeles, se jugará "un terrible albur". La amenaza constante de la intervención de Estados Unidos pende como espada de Damocles, y Ángeles está convencido de que si Roosevelt es elegido como candidato habrá intervención en México.
Para rematar, el ataque de Villa a Columbus el 9 de marzo de 1916 sacude a la opinión pública, provoca gran alarma entre la policía de Estados Unidos y trae consigo el arresto de varios exiliados, entre los cuales Miguel Díaz Lombardo. A los cuatro días, el 13 de marzo, en una reacción inmediata, Ángeles escribe a Maytorena unas líneas que revelan la presencia de heridas siempre abiertas:

Me parece que el ataque reciente de Columbus va a traer como consecuencia inevitable la intervención armada de E. U.
El señor Carranza y sus partidiarios son muy perversos y tenemos mucho que temer de ellos si realizada la intervención no nos encontramos dentro de la República mexicana.
Me parece que lo único que nos quedará por hacer, si la intervención contra México tiene lugar, será reunirnos todos los amigos, internarnos a México y defendernos de todos: de los americanos, de los carrancistas, de los villistas, de los felicistas...

Tendremos especial cuidado de no asociarnos, es decir de no admitir en nuestro grupo a la plebe, porque una dolorosa experiencia nos ha enseñado, que aunque debemos pelear o trabajar por el adelanto de la clase baja, no debemos admitirla en nuestras filas, porque seremos cómplices o culpables de sus desmanes.[29]

Puede con toda razón suponerse que esa "dolorosa experiencia" a la cual alude era nada menos que el ataque a Columbus. Ángeles, como muchos de sus compatriotas, tiene que haber considerado como una falta irreparable la acción de Pancho Villa.

El 20 de junio la "guerra internacional" le parece inminente, como una consecuencia del plazo fijado por Carranza para la evacuación de las tropas estadounidenses después del ataque a Columbus.

¿Qué haremos entonces? Permanecer en E. U. sería indecoroso; pero irnos a otra parte, diferente de México, daría lugar a que se nos tachara de no acudir en ayuda de la patria cuando ésta se hallaba en guerra internacional; acción que explotarían con gusto nuestros enemigos. Juzgo que es indispensable ir a México a ayudar como podamos.[30]

Los exiliados se preguntan qué hacer en caso de intervención. Acudir en defensa de la patria es la posición de Rafael Buelna, mientras Ángeles, por su parte, medita sobre sus responsabilidades militares: no moverse para no "prestar a la falsa interpretación de una insinuación de acercamiento con Carranza"; o bien volver a México "con o sin consentimiento de Carranza".[31] Estas disyuntivas suscitan cartas, circulares, inter-

---

[29] Ángeles a Maytorena, 13 de marzo de 1916, FJMM-LPC, caja VI, fólder 1.

[30] Ángeles a Maytorena, 20 de junio de 1916, FJMM-LPC, caja VI, fólder 1.

[31] Ángeles a Maytorena, 5 de julio de 1916, FJMM-LPC, caja VI, fólder 1. En esta carta, Ángeles escribe a Maytorena: "[...] comprendí que tiene usted empeño en que no se crea nunca en tal acercamiento [...]. El Señor General Buelna opina de modo opuesto. Vino ayer a visitarme y me contó que había pedido servir a México con motivo de la guerra en E. U., pero que serviría aunque no hubiese esa guerra. Muchos otros han hecho lo mismo".

cambios de opiniones innumerables y otra vez abundancia de chismes, como es habitual en las discusiones del exilio.

Vive así en esos meses en ascuas, sin un momento de paz moral. Está atento a la respiración de la patria y se mantiene dispuesto a partir en cuanto se requieran sus servicios. Maytorena no cree en las hostilidades. En cambio opina: "La caída de Carranza y de todos sus elementos la juzgo inevitable", entre otras cosas porque es invencible el "general Bilimbique".

En junio hubo un intento de deportar a Ángeles a Juárez, que se evitó "debido a la intervención que se atribuye al general Bell".[32]

Coinciden todas esas circunstancias con la ruina financiera del rancho. Ángeles tiene que aceptar la oferta de dinero de Maytorena, esperando algún día poder devolverle esa suma cuando venda "el malhadado ranchito". En julio de 1916 deja el rancho en manos de su hijo mayor Alberto y se dirige a Nueva York para buscar trabajo y estar más cerca de las actividades de los exiliados residentes en esa ciudad.

NUEVA YORK (JULIO DE 1916-NOVIEMBRE DE 1918)

Al llegar a Nueva York se aloja en casa de Manuel Calero. No cabe duda de que es portador de un proyecto formado en la soledad de El Bosque y que está resuelto a llevar a cabo, contando con la colaboración del grupo de exiliados en aquella ciudad, entre los cuales destacan Antonio I. Villarreal, Miguel Díaz Lombardo, Enrique C. Llorente, Federico González Garza y Manuel Calero, y con el respaldo del cubano Manuel Márquez Sterling.

Desde el punto de vista material su traslado no le facilitó para nada la existencia. Sufrió graves penalidades al no encontrar empleo. Sólo le ofrecían trabajos penosos que físicamente era incapaz de asumir o que no podía aceptar por decoro. No consiguió

---

[32] Maytorena a Ángeles, 28 de junio de 1916, FJMM-LPC, caja VI, fólder 1. "Mi inquietud ha aumentado al leer las declaraciones que le ha atribuido a usted la prensa y al saber por la misma que se ha intentado deportarlo a usted a Juárez y que esto se ha evitado debido a la intervención que se atribuye al general Bell."

empleo en Dupont de Nemours,[33] fábrica de productos quími-
cos. Medio vivió haciendo traducciones pero por lo general cono-
ció, como otros exiliados, el frío y la penuria: "Nuestros amigos
de aquí luchan heroicamente, [...] se ve a las leguas en los círculos negros que rodean los ojos y en el color amarillo terroso de
las caras".[34] Él pretende verse muy bien, "gordo y de buen color".
Pero su propia lucha por sobrellevar una situación que lo mantiene en constante desvelo no es menos agotadora. Por lo general, estima que su carácter metódico y temperante le permite
superar las dificultades con serenidad: "Esta vida es muy interesante y hay que vivirla con alegría. Hay que filosofar para que se
resbalen las penas".[35] Se puede suponer que tanto la disciplina
castrense como su inclinación a la austeridad lo llevaron a soportar con abnegación la precariedad de sus condiciones de vida.

Solía caminar por las calles, gozando del sol y señalando a su
hijo Alberto –que había llegado a Nueva York para sus estudios–
la importancia de satisfacerse con el solo hecho de estar con vida. Sin embargo, en algunas ocasiones también confiesa a Maytorena que su agotamiento físico y sus insomnios persistentes lo
envejecen con rapidez. Cuando en septiembre de 1917 quiere ir
a buscar trabajo en una mina de Uniontown, en Pensilvania,
uno de sus sobrinos le disuade "asegurándo[me] que no lo podría resistir", y asoma el desaliento cuando añade que junto con
este pariente suyo "buscamos y buscamos y buscamos, y no encontramos" trabajo en Nueva York.

Manuel Calero resumirá el exilio de Ángeles escribiendo que
"se consagró por dos o tres años, en medio de la más completa
pobreza, al estudio y a la meditación".[36] En efecto, en Nueva
York, más aún que en El Bosque, aprovecha los largos lapsos de
desocupación para estudiar y leer en las bibliotecas. De esas lec-

---

[33] La "leyenda familiar" cuenta que entró a trabajar pero lo echaron al día
siguiente porque empezó a señalar cuáles eran los defectos e imperfecciones
del material utilizado: la dirección lo consideró *ipso facto* como persona peligrosa y *non grata*.

[34] Ángeles a Maytorena, 25 de septiembre de 1917, FJMM-LPC, caja VI, fólder 3.

[35] Ibid.

[36] Manuel Calero, *Un decenio de política mexicana*, Nueva York, 1920, p. 228.

turas no conocemos mucho, pero sabemos que quiso con ellas colmar lagunas teóricas en materia de política y, particularmente, de conocimiento del socialismo.

En esos meses, en parte por necesidad, en parte por compromiso personal, trató de convivir con el pueblo de Nueva York, conocer a las personas sencillas, a la gente de quien gustaba decir que era necesario educarla y civilizarla. En efecto, estimaba que le faltaba la experiencia vivida. Le escribe a Maytorena:

Había yo leído muchos libros de socialismo y como usted sabe me había yo convertido al socialismo; pero me faltaba la experiencia personal. Ojalá y no llegue a experimentar todo lo que he leído, todo lo que sufren los pobres y los convierte en ladrones y asesinos, o que mueren ateridos de frío bajo de un puente.

Sin embargo, tropezó con obstáculos imprevistos:

No sabía el suficiente *slang* para entender el lenguaje del pueblo. Me hacía entender muy bien de la gente decente, pero ni entendía ni me hacía entender con el pueblo. En fin, que tengo mucho amor por el pueblo, pero que no tengo muchos puntos de contacto con él. Sin embargo, era necesario vivir y era necesario trabajar aunque fuera vergonzantemente. Tengo mis amigos entre los indios de aquí, entre los humildes, entre los negritos, y ahí unas veces y otras por arriba en la aristocracia encuentro alguna vez algo que hacer aunque sea trabajo inseguro. A veces me sumerjo en los bajos fondos sociales, a escondidas, y otras salgo al sol y gano respirando aire puro algunos centavos.[37]

EXILIO POLÍTICO COMPROMETIDO

Frente a la soledad de El Bosque, Nueva York es un hormiguero. Viven allí muchos exiliados que forman un núcleo de acción partidista con los cuales Ángeles puede verse con facilidad

[37] Ángeles a Maytorena, 25 de septiembre de 1917, cit.

y participar en reuniones en las que se comentan las noticias que traen los mexicanos que viajan dentro y fuera de Estados Unidos. Nueva York es un lugar de convergencia importante, como pudieron ser El Paso o Los Ángeles. Pero ambas ciudades estaban alejadas del rancho y mientras estuvo allá, el general había permanecido marginado.

Una observación preliminar se impone: el hecho de que tanto los contemporáneos de Ángeles como los estudiosos que escribieron sobre él después de su muerte hayan expresado opiniones en extremo dispares y contradictorias sobre sus posiciones políticas, y que su figura haya suscitado tanta pasión –a favor o en contra–, prueba que su postura nunca fue neutral.

Nos consta, por el contrario, que Ángeles vivió el exilio comprometiéndose de lleno en la acción política, sin más encubrimientos que la necesaria prudencia dictada por el hecho de vivir bajo vigilancia de las autoridades en un país de asilo.

Es posible examinar las posiciones y la actuación políticas de Ángeles en el exilio a partir de tres enfoques.

El primero se refiere a la gente con la que tenía contactos, en qué circunstancias y con qué fin.

El segundo enfoque está dado por las cartas a Maytorena, ya citadas ampliamente, pero ahora con referencia a lo escrito en los años 1917 y 1918, tiempos en que mantuvo a su amigo al tanto de sus ideas, sus vacilaciones, sus desalientos, sus esperanzas.

Por último, los años de exilio fueron años en que escribió artículos con el deseo de que se publicaran, y en ellos expresa sus convicciones políticas y sociales, y lo que él llama sus ideales.

Se confrontará después la imagen de Ángeles así proyectada con la realidad de su compromiso final.

Desde Nueva York, dos grupos conspiraban contra el gobierno de Venustiano Carranza: uno, dirigido por Miguel Díaz Lombardo, se componía sobre todo de villistas; el otro, encabezado por Manuel Calero, estaba integrado por ex porfiristas, entre los cuales Ramón Prida, Oscar Braniff, Maqueo Castellanos, Jesús Flores Magón, distanciados primero del gobierno de Victoriano Huerta y después del gobierno carrancista.[38] Durante sus tres años

---

[38] Á. Matute, op. cit., p. 171.

de destierro en Estados Unidos, Ángeles se mueve en el medio conformado por estos dos grupos, además de la persona cautelosamente marginal que quiso ser José María Maytorena.[39]

Ángeles tenía amistad personal con elementos de ambos grupos desde tiempos muy anteriores al exilio: con los villistas, por razones obvias; con Manuel Calero, desde que éste lo defendiera como abogado cuando Huerta lo enjuició por una acusación ligada a los acontecimientos de la Decena Trágica. Sus cartas demuestran que veía con reticencia, cuando no con desconfianza, a los otros miembros de este segundo grupo.

El objetivo de todos es claro: ayudar desde afuera a los que luchan contra el gobierno de Carranza. El camino para lograrlo dista mucho de ser lineal y está sembrado de obstáculos. Abundan los desacuerdos tanto entre los miembros de un mismo grupo como, más todavía, entre las distintas filiaciones. Cada nuevo acontecimiento que sucede en el interior de la República provoca nuevas discordancias o divisiones en el exterior, obligando a reconsiderar los plazos, las alianzas, las formas de acción. Como sucede en el exilio, esta situación se exacerba por las noticias poco fiables, incompletas, incluso falsas que llegan por diversas vías desde el interior del país.

Semana tras semana, carta tras carta, Ángeles expresa su punto de vista y su sentir acerca de cada uno de estos elementos. Las cartas dan cuenta de la complejidad de dos asuntos cruciales: la constitución de las alianzas y la elección del momento para la acción.

[39] Fuera de la colonia mexicana anticarranscista, Ángeles tenía contactos con personalidades estadounidenses que valdría la pena estudiar a fondo. No cabe duda de que si bien sus opiniones irritaban a muchos, eran oídas con atención, interés y respeto por otros. Pero corría riesgos serios sobre los cuales le advertía Maytorena: "Llegó a Washington la noticia de que usted y don Manuel Bonilla habían conferenciado en Nueva York con alguno o algunos miembros del Partido Republicano sobre los asuntos políticos de México. [...] el hecho ha sido explotado en Washington en contra de usted, atribuyéndole inteligencia con los enemigos del presidente Wilson y falta de confianza en el triunfo del partido democrático. Es bueno que esté usted en antecedentes de esto para su propia defensa" (Maytorena a Ángeles, 14 de septiembre de 1916, FJMM-LPC, caja VI, fólder 2).

134

Le consta que los mexicanos residentes en Estados Unidos están muy divididos: "Cada uno de los jefes que han pasado la línea divisoria lleva su respectivo plan, confeccionado al calor de sus pasiones o bajo la influencia de los políticos que están en la frontera". Es necesaria la unión. Pero es dañina la precipitación. Concuerdan Maytorena y él en opinar que es preciso saber esperar.

Desde fines de 1916, se realizan incursiones en México: "Creo, como usted, que todo esto obedece a las impaciencias de algunos muchachos, ansiosos de salir de nuestro largo destierro".[40] De Manuel Chao dice:

Está impaciente por volver a México y por entrar en actividad [...]. Le llamé la atención sobre la discordia que reina entre los elementos revolucionarios que estamos en el destierro y sobre la necesidad que había de unir a todos esos elementos distanciados por cuestiones sin importancia y por la intolerancia que hay para perdonar nuestros mutuos errores.[41]

Si bien es imprescindible buscar la unión, "hacer a un lado odios entre hermanos, hacer a un lado pasiones y trasformarse en mexicanos verdaderos",[42] Ángeles se muestra más desconfiado que Díaz Lombardo y otros con respecto a los ex porfiristas, y le parece que no hay que apresurarse a unirse antes de haber esclarecido la base sobre la cual se hará la acción conjunta:

Yo voy más allá que Díaz Lombardo, tengo una gran desconfianza de los arrepentidos y no pienso que se deba contar con ellos en complots de ninguna clase; pero pienso que será bueno aprovechar los servicios de todo el mundo a una causa de principios y creo que no será nadie nocivo, si se lucha por principios bien definidos; mientras que habrá que desconfiar mucho

[40] Maytorena a Ángeles, 5 de septiembre de 1916, FJMM-LPC, caja VI, fólder 3.

[41] Maytorena a Ángeles, 21 de marzo de 1917, FJMM-LPC, caja VI, fólder 3.

[42] Ángeles a Maytorena, 16 de noviembre de 1916, FJMM-LPC, caja VI, fólder 2.

de la influencia personal de cada quien si se lucha por un complot de políticos.[43]

Por cierto, el grupo villista no tiene la exclusividad de las iniciativas en aras de la unificación. Pero Ángeles está renuente incluso a aceptar el encuentro que solicita el doctor Francisco Vázquez Gómez. Si termina por acceder a verle, sólo es porque Luján y el doctor Barrios "se empeñan" en que conferencie con él. Después le comenta a Maytorena que Vázquez Gómez "es también un personalista":

> Por otra parte, tengo la creencia de que no cuenta con nada, ni siquiera con el valor de emprender algo en que exponga su salud y su bienestar, y mucho menos su vida. Creo que a todos se les debe tratar como amigos; pero no debe uno embarcarse en ninguna empresa que tenga por fin servir los intereses de una persona o de un grupo político faccional. Si nuestra obligación nos llama algún día a la lucha, no podrá ser más que por los ideales que conduzcan al engrandecimiento moral y material de nuestra patria.[44]

En la misma carta dice también que Vázquez Gómez es uno de los *arrepentidos* de quienes desconfía y que le repelen los hombres movidos por la ambición de poder personal (entre los cuales está el mismo Carranza, blanco siempre de sus críticas más vehementes).

Durante mucho tiempo Ángeles no se adhiere formalmente a ningún grupo organizado. No acepta la invitación, que le hace Manuel Calero a su llegada a Nueva York, de integrarse a la Liga Nacionalista que fundó en unión con Ricardo Molina, Jesús Flores Magón y Maqueo Castellanos, la cual convocaba a los mexicanos a trabajar por el restablecimiento constitucional y la

[43] Ángeles a Maytorena, 28 de septiembre de 1916, FJMM-LPC, caja VI, fólder 2.

[44] Recordemos que conservó algún prestigio por haber sido candidato a la vicepresidencia al lado de Madero, antes de José María Pino Suárez, y que en 1918 Zapata lo nombrará jefe de la rebelión a nivel nacional, pensando que sería útil para unificar a todos los anticarrancistas.

defensa de la soberanía.[45] Tampoco acepta ser miembro de la Junta Ejecutiva del Partido Legalista formado entre otros por Emiliano Sarabia.

La lectura de las cartas de Ángeles confirma la observación de Cervantes y de Calero: era en él una obsesión el temor a la intervención de Estados Unidos. Por esta razón, Ángeles condenaba también cualquier provocación a Estados Unidos que pudiese perjudicar más aún la situación de México. Así, aflora su irritación cuando escribe a Maytorena que "el inoportuno de Villa" festejó en Chihuahua un 16 de septiembre en medio de las sesiones en New Condon de la Comisión Conjunta Mexicano-Norteamericana, poniendo en peligro el equilibrio regional. Cree Ángeles que la intervención será la inevitable consecuencia de las torpezas y desafueros del carrancismo y no tiene esperanza de que ese peligro sea conjurado mientras éste subsista.

La amenaza se agrava, dice, cada vez que "la diplomacia poco diplomática del gobierno americano y la bravuconería de Carranza, dirigida a la galería latinoamericana, dejaba pendiente la soberanía de México del hilo frágil de la paciencia del presidente Wilson".[46] Teme la impunidad con que suele actuar Estados Unidos y la ocupación de la República Dominicana agudiza este sentimiento. Ya en mayo había expresado su apreciación pesimista de las conferencias Scott-Obregón porque estaban realizándose en "circunstancias inadecuadas, bajo la presión de los sentimientos de los dos pueblos: el americano con su amor propio de nación poderosa y el mexicano con el dolor de su soberanía lastimada y aun negada".[47]

[45] Maytorena a Ángeles, 7 de noviembre de 1916, FJMM-LPC, caja VI, fólder 2. La califica como "semillero de futuras intrigas y como fuente de un gobierno anárquico". Las motivaciones de los exiliados para integrarse en un grupo constituido no siempre obedecían tan sólo a la voluntad de acción política. Apunto la observación de Maytorena, quien señala con tristeza que "hay algunos correligionarios nuestros [...] todos en malas condiciones pecuniarias. Seguramente que ellos estarían dispuestos a cooperar en cualquier movimiento, pero sobre la base de que se les proporcionaran elementos, que probablemente vienen inútilmente a buscarse aquí" (Maytorena a Ángeles, 28 de septiembre de 1916, FJMM-LPC, caja VI, fólder 2).

[46] M. Calero, op. cit., p. 229.

[47] Ángeles a Maytorena, 23 de mayo de 1916, FJMM-LPC, caja VI, fólder 1.

La proclamación de la nueva Constitución en febrero de 1917 conmueve a todos los exiliados. Se cruzan un sinnúmero de cartas comentando el hecho y sus repercusiones. La previsible consolidación del gobierno de Carranza trae consigo el aplazamiento del regreso. Maytorena conversó con Manuel Chao quien, como él, "ve las cosas mal y más cuando es de suponerse que la tendencia de Wilson de seguir apoyando a Carranza se acentuará más de día en día".[48]

La entrada de Estados Unidos en la guerra no despeja la amenaza de intervención. El licenciado Francisco Escudero escribe desde Costa Rica que teme que el conflicto europeo arrastre a México "a una complicación, porque, dada la importancia de nuestros yacimientos de petróleo, sería posible que ocurrieran desembarcos de fuerzas americanas o inglesas so pretexto de cuidarlos de intentos de destrucción".[49]

Cunde el desaliento entre los exiliados de Nueva York y se percibe una evolución en las apreciaciones de Ángeles. A los seis meses de residir en esa ciudad se le hace evidente que la unión es imposible. Su desilusión se debe sobre todo al hecho de que sus amigos se niegan a reconocer esa verdad y a mostrarse firmes en su voluntad de "Acción". Ángeles escribe la palabra con mayúsculas, es *la* palabra clave del Ángeles militar privado de su terreno de batalla. La falta de determinación, las dudas que observa en sus interlocutores lo desesperan. Poco a poco va perdiendo la paciencia:

> Sin embargo, sí creo que se ha adelantado mucho, pues aunque no lo digan y aunque me conserven mala voluntad, creo que se han convencido de que el acuerdo es imposible y que aun suponiéndolo realizado no serviría de nada. Pero ¿cómo confesar que sólo la acción es eficaz? Eso conduciría a la conclusión inmediata de que ellos no pueden ser factores de primera importancia, cuando toda su actividad tiene por meta el adquirir importancia predominante.[50]

[48] Maytorena a Ángeles, 13 de marzo de 1917, FJMM-LPC, caja VI, fólder 2.
[49] Ibid.
[50] Ángeles a Maytorena, febrero de 1917, FJMM-LPC, caja VI, fólder 3.

Le duele observar en su entorno la resignación[51] y lo que considera falta de patriotismo. Las imágenes que utiliza hablan con claridad de su exaltación, de su propia pasión. Se da cuenta de que la gente se está cansando, de que se refugian en actitudes propicias para dejarse engañar por noticias e interpretaciones erróneas para justificar una actitud estéril de expectación, a falta de valor y convicción patriótica suficientes para lanzarse a la acción sin esperar que sea el mejor momento ni que estén reunidas las mejores condiciones:

La situación verdadera es ésta: nadie quiere la propia acción, con una sola excepción. Todos tienen esperanzas de que de repente, de una manera imprevista haya un cambio favorable. Todos se lamentan de que los demás no tengan patriotismo. El sueño que acariciaban, el ensueño de la "Unión revolucionaria", empieza a parecerles (de acuerdo con mi repelente juicio) una insensatez. Consecuencia: un desaliento inconfesado. Eso es lo que adivino en los demás.

Yo persisto en lo mismo de siempre: esa mula es mi macho.[52]

¿Quién es esa única excepción que "quiere la propia acción"? Él, Ángeles, sin duda.[53]

Por fin se convence de que está luchando solo, por ser el único dispuesto a llevar a cabo *su* proyecto, el plan que había traído a Nueva York con la esperanza de recibir el apoyo del grupo villista: el llamado Plan de Río Florido. Ya no quiere dejar que el tiempo pase en beneficio de la consolidación del gobierno

---

[51] "Me ha entrado últimamente la convicción de que los que quieren imposibles, aunque sus ideas tengan mucha sensatez, en realidad empiezan a resignarse con la consolidación de nuestro amigo el señor Carranza" (Ángeles a Maytorena, 28 de marzo de 1917, FJMM-LPC, caja VI, fólder 3).

[52] Ángeles a Maytorena, febrero de 1917, FJMM-LPC, caja VI, fólder 3.

[53] Sin embargo, Ángeles no escapa de sentir desaliento profundo. Al parecer, le confía a su esposa que quiere partir hacia Sudamérica. Maytorena le escribe: "Esto nos servirá [...] para cambiar impresiones sobre sus proyectos de irse a Sudamérica, de los que me habla su respetable señora en carta que ayer recibí" (Maytorena a Ángeles, 7 de noviembre de 1916, FJMM-LPC, caja VI, fólder 2).

de Carranza. En marzo de 1917 escribe a Maytorena una carta críptica:

> Su secretario no sabe que yo estaba y estoy dispuesto a casarme con la muchacha que me gusta y que si no me he casado ha sido porque mis amigos me dijeron que no tenía derecho a hacerlo.
>
> Ellos dijeron que en vez de mi casamiento, ellos unidos iban a hacer un [sic] cosa maravillosa; les auguré que no harían nada; pero tuve la condescendencia de suspender mi matrimonio [...].
>
> Mi teoría es muy sencilla y la conoce usted muy bien.[54]

Estas líneas de Ángeles dan plena medida de su estado de ánimo y de la fuerza de su determinación. Desde fines de 1916, está resuelto a traducir en actos sus ideas, sin hacerse muchas ilusiones en cuanto a las posibilidades de convencer a seguidores potenciales. Se ha formado la convicción de que el grupo de exiliados en Estados Unidos no tiene mucho peso y que es más importante actuar desde adentro. Decide entonces reunirse con Villa con el propósito de crear un ejército formal que una todas las fuerzas esparcidas y divididas que operan en el país para lograr el apoyo popular a su obra anticarrancista. Sin embargo, acepta "respetar las reglas del juego" hasta fines de 1918 y postergar su partida.

Maytorena aprovecha esa demora para seguir esforzándose en disuadirle de intentar una acción solitaria. Hasta le cita ejemplos de acciones recientes fracasadas, como la de Cabral y Medina. En vano. En julio de 1918, Ángeles justifica su silencio epistolar de varios meses explicándole que intentó por tres veces realizar la resolución que había tomado "desde hace mucho tiempo", pero sin éxito, aunque desde entonces "su acción era inminente y era necesario estar mudo". Y aclara: "Yo estoy dispuesto a jugar una probabilidad contra 999".

Maytorena, ante esto, le contesta: "no puedo dejar de decirle que no concibo que en un criterio ampliamente lógico como el

---

[54] Ángeles a Maytorena, 21 de marzo de 1917, FJMM-LPC, caja VI, fólder 3.

suyo de matemático, pueda caber la resolución de jugar una probabilidad contra 999, y lo mismo digo sobre la pretensión de querer volver a un hombre cuyo contacto no puede ser sino fatal".[55]

Aquel militar disciplinado, cuya cordura y ecuanimidad elogiaban sus amigos, sus oficiales y sus soldados, se va convirtiendo en el ser impaciente e irracional que tendrá el valor de asumir hasta el sacrificio lo que considera como el único camino posible para cumplir con su misión de patriota.[56] La historia de México le brinda argumentos: "¿Que es una temeridad obrar así? Sí, lo es. Fue una temeridad el grito de Independencia y es una temeridad emprender todo lo grande y todo lo desinteresado".[57]

¿Con quién contaba Ángeles en el interior? Es imposible saberlo de manera cabal a través de cartas que no podían contener información secreta alguna. El hombre de confianza de Villa, Alfonso Gómez Morentín, solía viajar a Nueva York y fue el lazo para los contactos con Villa. De esto da constancia José María Jaurrieta en sus *Memorias*. Por él sabemos que Villa recibió en noviembre de 1918 "una carta de Ángeles y Llorente, suplicándole mandara una comisión a El Paso, Texas, que los condujera a su presencia con el objeto de tratar asuntos de importancia para la Revolución".[58]

Mantenía contactos, inevitablemente esporádicos y azarosos, con otras fuerzas en pugna contra el gobierno de Carranza, en particular con Zapata. No deja de llamar la atención el contenido de una carta dirigida por este último a Francisco Vázquez Gómez. Proporciona informaciones algo sorprendentes acerca de la opinión que se tenía de Ángeles y de lo que se sabía de sus lados fuertes y de sus puntos flacos:

Entre los militares a quienes puede acudirse, figura a mi entender, en primera línea, el señor general Felipe Ángeles,

---

[55] Ángeles a Maytorena, 9 de julio de 1918, FJMM-LPC, caja VI, fólder 4; y Maytorena a Ángeles, 16 de julio de 1918, FJMM-LPC, caja VI, fólder 4.

[56] La alteración de su estado de ánimo puede observarse incluso en la letra descuidada y atropellada de sus cartas.

[57] Ángeles a Maytorena, 21 de marzo de 1917, FJMM-LPC, caja VI, fólder 3.

[58] José María Jaurrieta, *Con Villa (1916-1920), memorias de campaña*, Consejo Nacional para la Cultura y las Artes, México, 1997, p. 156.

quien está dispuesto a ayudar al triunfo de la causa agrarista y de quien es fácil obtener promesas concretas que obliguen su honor, de cuya conservación es tan celoso.[59]

Hasta la víspera de su partida, Ángeles seguirá siendo fiel al grupo de exiliados que está ultimando la fundación de la Alianza Liberal Mexicana. La decisión de formar la organización fue tomada bajo el impulso de la American Federation of Labor.[60] A través de la Alianza se buscó el consenso más amplio posible, por lo cual sus fundadores recibieron críticas vehementes por aceptar en sus filas a gente como el doctor Santibáñez, "quien está muy lejos de ser revolucionario".[61]

Para Ángeles ésta era una preocupación de segundo orden. Había intercambiado correspondencia con Roque González Garza para participarle del proyecto colectivo: "Tenemos aquí algo muy serio que creo va a darnos la solución de nuestro problema mexicano",[62] escribía en septiembre, antes de aclarar en octubre: "La American Federation of Labor nos ha invitado a una sesión pacificadora".[63]

Es muy rica en enseñanzas la correspondencia de Federico González Garza con su hermano Roque, a quien envía cartas pormenorizadas en noviembre y diciembre de 1918 para informarle de sus actividades. Federico resolvió participar en el Comité Ejecutivo de Nueva York (como tesorero), aunque con muchas reticencias y subrayando la diversidad de las corrientes políticas. Según él, Ángeles se situaba en la extrema derecha del cre-

[59] Archivo Histórico de la Universidad Nacional Autónoma de México-Centro de Estudios Superiores Universitarios (AHUNAM-CESU), Fondo Gildardo Magaña, caja 30, expediente 20, documento 370.

[60] Ángeles a Maytorena, 23 de octubre de 1918, FJMM-LPC, caja VI, fólder 4.

[61] Francisco Vázquez Gómez a Maytorena, 12 de diciembre de 1918, FJMM-LPC, caja VI, fólder 4.

[62] Ángeles a Roque González Garza en San Antonio, Texas, 18 de septiembre de 1918, Universidad Panamericana, ciudad de México, Fondo Roque González Garza, carpeta 21, documento 4.

[63] Ángeles a Roque González Garza, 8 de octubre de 1918, Universidad Panamericana, ciudad de México, Fondo Roque González Garza, carpeta 21, documento 7.

do liberal. Su análisis de las corrientes políticas en la Alianza es elocuente:

> En el seno del Comité están naturalmente representados los dos extremos del credo liberal: Ángeles, extrema derecha; Villarreal, extrema izquierda. Éste aspira a suprimir las minorías capitalistas, dándole la voz suprema a los intereses obreros, con detrimento de todos los demás intereses. Aquél pretende poner los ideales democráticos de Madero, para que se realicen, en manos de elementos que no participan abierta y sinceramente de esos ideales, y propugna por que nos unamos más de lo debido y prudente con dichos elementos. Sin embargo, los propósitos oficiales de la Alianza, que implican una transacción entre estas dos tendencias, es el ideal medio a que debe aspirarse si es que se desea sinceramente esa Alianza de los elementos liberales.[64]

Las actividades del grupo no pasaban inadvertidas y a veces hasta suscitaban ciertas reacciones burlonas.[65]

[64] Federico González Garza a Roque González Garza, 13 de noviembre de 1918, Universidad Panamericana, ciudad de México, Fondo Roque González Garza, carpeta 21, documento 157. Explica las razones por las que acepta participar en la Alianza: "Me convencí al fin de que detrás de la simple invitación para unirnos que hacía la American Federation of Labor, por medio de Gompers e Iglesias, hay algo muy serio; pues es algo así como una advertencia que nos hace la administración americana de que es mucho mejor para los mexicanos que el fin de la guerra europea nos encuentre en vías de organización, de manera de que se nos pueda tener en cuenta en el momento en que puedan surgir graves contingencias cuando las potencias se decidan a liquidar sus cuentas con nosotros".

[65] El semanario *El Correo Mexicano*, Los Ángeles, California, del 7 de diciembre de 1918, publica la carta de un tal Antonio Ramírez al director, dizque revelando los planes de Ángeles: "Por otra parte creo oportuno hacer una revelación que por casualidad vino a mis manos sobre el general Ángeles [...] el morrocotudo Plan Ranchero del señor Ángeles, el cual tuvo la ocurrencia de escribir varias cartas reservadas a los que él cree que le son adictos, dándoles cuenta de haber formado una mesa directiva para el nuevo movimiento rebelde, saliendo él electo presidente de dicha Junta Directiva, y proponiendo al doctor Vázquez Gómez para presidente provisional de la República".

El 10 de noviembre de 1918, como vocal de la Junta Local de Nueva York, Ángeles informa a Maytorena:

La nueva corriente consiste en unirnos por un lado los revolucionarios y por otro los no-revolucionarios (eso con objeto de que los primeros no quedáramos desconceptuados ante los ojos de los revolucionarios que en México están combatiendo), cada grupo con sus ideales definidos, y luego entráramos en tratos ostensibles, públicos, y conviniéramos sobre qué principios de interés común para todos los mexicanos habríamos de hacer una conjunción patriótica que tiene por exclusivo objeto hacer la paz y establecer un gobierno de orden, que evite la intervención.[66]

El 11 de diciembre de 1918 le vuelve a escribir, ahora desde El Paso, Texas:

Quizá me haya usted escrito a New York y esté extrañándose de no recibir contestación mía. Ya va a hacer cerca de un mes que salí de esa ciudad para ésta, que ahora abandono para ir a hacer propaganda entre los revolucionarios en armas para que se afilien a la Alianza. Espero que esta asociación hará obra patriótica y que salvará a México de la intervención.[67]

Ésa es, en efecto, la fecha en la cual se interna en territorio mexicano. La siguiente carta está fechada en el rancho de La

[66] Ángeles a Maytorena, 10 de noviembre de 1918, FJMM-LPC, caja VI, fólder 4. En la misma carta le hace saber que "anoche se hicieron las elecciones para el Comité Ejecutivo de la Junta Local de New York y resultaron electos en el orden siguiente: Vocales: Felipe Ángeles, demócrata; Antonio Villarreal, Bolsheviki; Enrique Llorente, villista; Tesorero: Federico G. Garza, maderista; Secretarios: Enrique Santibáñez, carbajalista; Ignacio Peláez, pelaísta; Joaquín Valle, Zapatista" (las mayúsculas y minúsculas están en el texto original). Agrega: "Esta noche vamos a tratar lo relativo a la formación de las juntas locales de la Alianza Liberal Mexicana y a los medios que habremos de emplear para provocar la formación del grupo no revolucionario. Ahí está toda la dificultad, porque queremos que colaboren con nosotros, no obstante que tenemos inconvenientes para unirnos con ellos".

[67] Ángeles a Maytorena, 11 de diciembre de 1918, FJMM-LPC, caja VI, fólder 4.

Majada el 10 de enero de 1919: "Ya estoy aquí de nuevo dispuesto a empezar a combatir para que triunfe la causa democrática, cuya lucha empezó usted colaborando con el Señor Madero en 1910", le dice a Maytorena. Pero sus prioridades se han desplazado: no le habla de los problemas de la Alianza Liberal Mexicana, sino que le pide si puede hacerle llegar "un muy buen caballo de *cowboy*, y un botiquín de campaña en una sólida caja", y le envía "las gracias anticipadas, pueda o no pueda".[68]

Había sido difícil el parto de la Alianza Liberal Mexicana. Su esperanza de vida se anunciaba precaria. Las reticencias de Ángeles y su irritación frente a la falta de determinación y voluntad de acción por parte del grupo son confirmadas por Federico González Garza de manera muy explícita en febrero de 1919. A su juicio, Ángeles está empecinado en querer la unión hasta con los enemigos y su partida (que coincidió con la de Villarreal) dejó al Comité "bien mutilado". "Lo más grave de la cosa", dice, "es que los reaccionarios se han envalentonado en grado extremo con la actitud del general Ángeles". Y añade que "temían que en combinación con Villa, Ángeles iba a dar un gran impulso al pensamiento revolucionario".[69]

Estos comentarios de Federico González Garza muestran el carácter ambiguo que podía presentar hacia el exterior la posición política de Ángeles en el exilio. Deseaba la unión de los

---

[68] Ángeles a Maytorena, 10 de enero de 1919, FJMM-LPC, caja VI, fólder 5.

[69] Federico González Garza a Roque González Garza, 17 de febrero de 1919, Universidad Panamericana, ciudad de México, Fondo Roque González Garza, caja 22, folio 325. "Pronto advertí", escribe, "que aun cuando fueron aprobados esos documentos [constitutivos de la Alianza], entre otras personas por Ángeles, Villarreal, Díaz Lombardo, Llorente, Prida, Dr. Rendón y otros, nadie tenía especial cariño ni interés por aquella obra que tanto trabajo había costado formular [...] en las larguísimas discusiones que sostuve con Ángeles respecto al modo de realizar la idea de la Alianza y en el documento de renuncia que me leyó unos días antes de partir para la frontera, me convencí que su idea era distinta y que aunque había aprobado esas Bases y Reglamento, él seguía en sus trece, es decir, que sólo uniéndonos por completo con nuestros enemigos, sin distinciones ni limitaciones de ninguna clase, es como podríamos establecer una paz orgánica en México." La carta es muy amplia y describe detalladamente cuanto sucedió en el seno de la Alianza, así como la posición y actuación de cada uno de sus principales miembros.

mexicanos, de todos, buscando la paz de México, y si había que unirse al menos en las apariencias con algunos reaccionarios, se realizaba esa unión: con tal que los objetivos finales fueran claros cualquier alianza podía servir. Pero esta obsesión unificadora irritaba a muchos, y la actitud de Ángeles, al fin de cuentas, era muy adecuada para molestar tanto a los liberales y los revolucionarios más radicales como a los reaccionarios. Hasta es posible sugerir que si Ángeles logró una unión en esos momentos, lamentablemente fue la unión de todos contra él.[70]

Después de despedirse de su familia en El Bosque, y tras un primer intento fracasado,[71] el general cruzó la frontera para internarse en la sierra de Chihuahua donde vivió el último capítulo de vida pública, bajo la vigilancia atenta de no pocos actores políticos.[72]

[70] Los servicios de información franceses que seguían los pasos de Ángeles en Chihuahua y en Sonora afirmaban en agosto de 1919 que formaba parte de la mesa directiva de la Alianza. *Valise* del 17 de abril de 1919, *Attaché Militaire*. Contiene anexo I sobre la Alianza Liberal, sus objetivos y los nombres de los miembros de la mesa directiva, Archives Militaires, Vincennes, serie N 1872-1919, *Attaché Militaire* 7N1727. Siguen dando noticias los agregados militares franceses en julio, agosto y noviembre, informando en particular de la desavenencia entre Villa y Ángeles.

[71] Federico Cervantes relata que Villa se proponía ocupar Villa Ahumada para intentar tomar por sorpresa Ciudad Juárez y permitir que entraran Ángeles y otros varios partidarios a territorio mexicano. Envió a Gómez Morentín a Nueva York para avisar de este plan, pero la acción sobre Ciudad Juárez se frustró: "Gómez Morentín se propuso regresar solo para recibir nuevas instrucciones del general Villa; pero el general Ángeles le dijo que se iría con él de cualquiera manera" (F. Cervantes, *Felipe Ángeles en la Revolución...*, cit., p. 270). Ángeles cruzó el río Bravo por San Elizario, la noche del 11 de diciembre de 1918, acompañado de Gómez Morentín, Pascual Cesaretti, José María Jaurrieta y dos guías. Se internaron hasta llegar a Tosesigua, donde debía reunirse con Villa pocas semanas después (Federico Cervantes, *Francisco Villa y la Revolución*, Alonso, México, 1960, p. 587; y J. M. Jaurrieta, op. cit., p. 159).

[72] En lo que concierne a Francia, el agregado militar envía notas manuscritas el 19 de marzo de 1919 en las que explica que los rebeldes siguen activos: "Villa, Félix Díaz y sobre todo Ángeles. Se habla mucho últimamente de Ángeles, ex general federal. El gobierno mexicano lo acusa de estar encargado por ciertos partidos mexicanos en el exilio de forzar a Carranza a abdicar en favor de De la Barra. Ángeles tendría partidarios en la región de Chihuahua y estaría en contacto con el hermano de Villa. Estaba refugiado en Esta-

146

Para quien quiera ahondar en el ideario político de Felipe Ángeles, es imprescindible la lectura de sus artículos escritos durante el exilio.[73] Algunos de ellos se inscriben en el contexto polémico de defensa y justificación a que han dedicado tiempo y empeño cantidad de exiliados de todas las corrientes. Otros textos responden a una voluntad de compartir experiencias y procesos reflexivos. Para Ángeles escribir era parte de la labor revolucionaria, según él mismo lo afirmó.

No faltaban periódicos, pero no siempre era fácil publicar y además solían surgir contrariedades. Algunos artículos de Ángeles aparecieron en *El Colmillo.* Pero *El Tucsonense,* por ejemplo, pese a su "color revolucionario", dice Ángeles, mutiló su artículo "Díaz, Madero y Carranza". En una ocasión, pide a Maytorena que le ayude a conseguir la publicación de su texto sobre Genovevo de la O (aunque sea en *El Heraldo de México,* "no obstante de su color político [sic] 'semiporfirista'") que, afirma,

tiene por objeto hacer abandonar a los zapatistas sus insensatas ideas de extender su movimiento a toda la nación, pues creo que su Plan de Ayala es malo hasta para ser aplicado localmente en la zona donde impera el zapatismo. No haga saber a nadie esta tendencia mía. [...] Si usted pudiera conseguir que se publicara en alguna parte me haría un gran servicio y me ayudaría a amarrar más a los zapatistas y a *sensatizarlos.*[74]

Este comentario puede aparecer desconcertante, viniendo de quien fuera uno de los que pedían en 1914 en la Convención

dos Unidos donde llevaba actividades sospechosas. El M. I. señala su vuelta a México en enero. Es un antiguo partidario de Madeiro [sic]" (*Rapport sur la situation au Mexique pendant le mois de février. Général Collardet,* Archives Militaires, Vincennes, serie N 1872-1919, 7 N1727, *Attaché Militaire,* México, 1919).

[73] Se pueden leer en Á. Matute, op. cit. Sin embargo, quedan más por conocer en diferentes periódicos de Nueva York, Tucson y otras ciudades estadounidenses, así como en periódicos editados por los exiliados.

[74] Ángeles a Maytorena, 25 de septiembre de 1918, FJMM-LPC, caja VI, fólder 4.

de Aguascalientes la adopción del Plan de Ayala. Pero estamos en septiembre de 1918, Ángeles prepara su viaje de retorno y el exilio inevitablemente ha cambiado al hombre, exponiéndolo a diversos altibajos anímicos. Éstos, si bien podían influir en reacciones puntuales en lo que toca a los documentos políticos, no parecen haber mermado su convicción profunda acerca de la justa razón de las luchas zapatista[75] y villista. Por otra parte, es preciso recordar que la cultura siempre fue para Ángeles una pasión insaciable y la clave del progreso del pueblo, en una relación cuasi mística con el saber. Era capaz de enseñar el socialismo a un grupo de oficiales y suboficiales en plena campaña.[76] Al mismo tiempo, le atormentaba en lo personal la conciencia de no conocer bastante, de no estar a la altura: corría tras el saber como otros corren tras el poder.[77] Para él la civilización es la cultura, y la cultura es fuente de progreso social.[78]

No es en un artículo, sino en una carta donde encontramos una auténtica declaración de fe política –o testamento, según se lea–, además de algunas de las claves necesarias para entender su postura política y su determinación personal.

Desde mi juventud lancé mi vida a una carrera de abnegación, dedicada al bien público y enteramente ajena al bienestar material de mi familia. Ya me quedan pocos años de vida y deseo aprovecharlos en la continuación de mi labor ini-

[75] Véase en este volumen la carta que envía a Márquez Sterling el 5 de octubre de 1917 (pp. 279-82), en la cual hace comentarios sobre el libro *Los últimos días del presidente Madero* que el autor le acaba de enviar. Reafirma en ella su opinión de que "Zapata lucha por un ideal de justicia", lo equipara a Vicente Guerrero, y afirma que "hace bien en conservar cargados sus fusiles y en montar la guardia".

[76] Eduardo Ángeles, entrevista de la autora, 1982.

[77] Palabras de su hermano Eduardo Ángeles, quien le acompañó en el exilio: "Cuando le hablaban de la presidencia, decía que no estaba capacitado para ser mandatario. Decía que era una carrera especial. Cada quien dentro de su esfera de acción. El zapatero hace zapatos, decía él" (ibid.).

[78] Manuel Calero atestigua su fe total en el poder de la cultura y, correlativamente, su convicción de que los incultos que se habían apoderado de los puestos públicos nunca podrían obrar para el bien del pueblo y el progreso del país (M. Calero, op. cit., p. 228).

cial. Que venga la muerte pronto, no me importará; que muera colgado de un árbol, o fusilado o en el combate o en una prisión, con tal de que sea trabajando por el adelanto de mi patria. Pero tampoco me empeño en luchar con las armas, si esto es innecesario o si más bien es en contra del bienestar y progreso de México. Ésa será mi actitud.[79]

Ángeles ha escogido su vocación y su destino. Ni el exilio, ni los obstáculos conyunturales le hacen desviar de lo que considera la razón de su existencia. Rara vez aparece la palabra "deber" en sus escritos. No cumple con sus compromisos por "deber", sino por convicción y obedeciendo a la exigencia de consecuencia y rectitud ética sobre la que construyó su vida.

Esta determinación, a la cual se agrega su alto nivel de compromiso y entrega personal, sin duda podía entrar en conflicto con la tibieza o la cautela de muchos desterrados, cuanto más si Ángeles exigía de los demás lo que solía exigir de sí mismo: sus cartas a Maytorena indican que es verosímil que así fuera. Sus posiciones lo llevaron a ser intransigente (intransigencia que, sin embargo, criticaba en sus compatriotas) y finalmente a quedarse solo, sin encontrar eco favorable entre la mayoría de los exiliados moderados, ni siquiera entre los supuestamente más cercanos a él como Miguel Díaz Lombardo.

Admite que su posición es una "actitud de idealista y de loco si se quiere, pero firme. Yo no digo que tendré éxito; tal vez fracase; pero moriré en la raya, enamorado de un ideal, el democrático, y de un amor, el de todos los mexicanos".[80]

La personalidad bifacética de Ángeles es ajena a cualquier forma de autocomplacencia: "morir en la raya", escribe el militar; "enamorado de un ideal", le contesta el poeta, el romántico, el hombre sediento de hermosura y de absoluto. Si confrontamos la imagen de Ángeles así proyectada, con la realidad de su compromiso final, son visibles sus contradicciones pero también el carácter consecuente del hombre Ángeles.

[79] Ángeles a Maytorena, 28 de septiembre de 1916, FJMM-LPC, caja VI, fólder 2.

[80] Ángeles a Maytorena, 16 de noviembre de 1916, FJMM-LPC, caja VI, fólder 2.

Sólo pueden existir respuestas íntimas al exilio –y por ende, en gran parte no comunicadas e incomunicables. ¿Cómo enfrentan los hombres a ese enemigo temible e implacable que los toma desprevenidos, el exilio? No hay escuela que enseñe la mejor táctica ni el manejo de las mejores armas para ganar esa guerra incierta. Los únicos pertrechos de que se dispone son los de la propia persona, los de cada quien en tanto individuo colocado bruscamente y sin preparación previa frente al vuelco del destino. Se revela simplemente el ser humano, más allá de los múltiples roles sociales que haya aprendido a desempeñar en el medio donde antes se desenvolvía.

La personalidad de Ángeles era, por construcción, contradictoria: por su formación, su oficio de militar, su alto profesionalismo, era un hombre de acción; era también un contemplativo, por la intensidad de su vida interior y su propensión al idealismo. Ambas tendencias de su personalidad coexistieron sin provocar conflictos interiores mientras Ángeles pudo ejercer su oficio. Si bien le atrajeron grandes problemas, fue capaz de superarlos o de conciliarlos siempre y cuando le fuera autorizada la acción. Por eso, no bien pisó suelo francés en 1913 se dedicó a preparar su regreso al campo de batalla; y a principios de 1914, ya en Nogales, cuando Carranza quiso mantenerle alejado de las acciones militares, dio claras muestras de impaciencia y por fin encontró la manera de salir del atolladero al integrarse a la División del Norte.

En cambio, el exilio le obligó a una inacción que, según sus propias palabras, lo iba hundiendo paulatinamente en un sentimiento de inutilidad, que lo fue destrozando, disgregando. Se dispersaron los elementos de su coherencia interior, de la sensatez, de la cordura, del buen juicio que reconocían en él Maytorena y muchos amigos o relaciones.

Al igual que para tanta gente, el exilio significó para Ángeles una desestabilización profunda, una ruptura y una inactividad forzada de la que mucho sufrió. No era el primero en sentir los efectos del exilio, que suele desencadenar movimientos contradictorios, alterados, al alternar los momentos de desesperación y desengaño y los de esperanza y aceleración del impulso hacia la acción. No es posible pensar en la situación de los exiliados sin tomar en cuenta factores por completo subjetivos, como las emociones y las pasiones que con frecuencia asoman en la correspondencia de Ángeles.

Pero el exilio no lo venció. No aceptó ser el hombre inútil en espera pasiva de un final que, al sentirse envejecer, veía aproximarse. Hombre de acción por formación y por elección, no se resignó a la expectación y el inmovilismo. Tampoco tenía la ambición capaz de concederle la paciencia que autorizan los planes a largo plazo dentro del juego político. En su visión de sí mismo, su existencia se fundaba en la abnegación y la prioridad dada al servicio de su patria, más allá del interés familiar o personal.

El exilio le quitó su lugar, el lugar idóneo que precisa encontrar cualquier ser humano para poder dar la medida de sus facultades, de su capacidad de acción y de pensamiento. Ese lugar para Ángeles era el ejército. En el ejército desplegó su talento de organizador, de profesor, de innovador, asumiendo los riesgos y gozando de las posibilidades que le eran dadas de cambiar algo del mundo en que le tocaba vivir.

El militar no soltó las riendas en el destierro: antes bien, se fue afirmando cada vez más como quien mandaba en el destino de Ángeles. Trató de hacer una reformulación del campo de batalla en el exilio. Intentó luego una reformulación estratégica con Villa en la sierra de Chihuahua. Terminó derrotado, dando con decoro la que sabía su última batalla, aquella que podía librar sintiéndose útil a la nación y salvando el honor de su familia y el propio.

GENERAL FELIPE ÁNGELES: CONSEJO DE GUERRA Y FUSILAMIENTO

▪ Rubén Osorio

LA APREHENSIÓN

El telégrafo de la Secretaría de Guerra y Marina, en la ciudad de México, repiqueteó insistentemente aquel 19 de noviembre de 1919. El telegrafista recibió un mensaje urgente del general Rodrigo M. Quevedo, jefe de la guarnición en Hidalgo del Parral, que comunicaba al general Francisco L. Urquizo, oficial mayor interino a cargo del despacho de la Secretaría de Guerra y Marina, haber recibido noticias de que se había logrado la captura del "cabecilla" Felipe Ángeles y de cuatro individuos que lo acompañaban. La aprehensión la había hecho el mayor Gabino Sandoval, jefe de la Defensa Social del valle de Los Olivos, Chihuahua.[1]

Poco después, el telégrafo repiqueteaba en las oficinas de la presidencia de la República. El general Manuel M. Diéguez, jefe de las operaciones militares en Chihuahua, comunicaba al presidente Venustiano Carranza que habían llegado a Parral el cabecilla ex federal Felipe Ángeles y cuatro compañeros hechos prisioneros en el valle de Los Olivos. En su mensaje felicitaba al presidente por la valiosa captura de Ángeles, "un individuo que tantos males ha causado al país".[2]

Venustiano Carranza, muy satisfecho por la captura en Chihuahua de tan peligroso enemigo, que desde fines de 1918 peleaba en contra del gobierno de México al lado del rebelde Francisco Villa, envió una calurosa felicitación al mayor Gabino Sandoval. Y por medio del general Juan Barragán, jefe de Estado Mayor, ordenó que "de acuerdo con la Ordenanza General del Ejército

---

[1] Rodrigo M. Quevedo al oficial mayor de Guerra y Marina, Hidalgo del Parral, Chihuahua, 19 de noviembre de 1919, *El Demócrata*, México, 20 de noviembre de 1919.

[2] Manuel M. Diéguez a Venustiano Carranza, Ciudad Camargo, Chihuahua, 19 de noviembre de 1919, *El Demócrata*, México, 20 de noviembre de 1919.

y demás leyes militares, el ex general [sic] Felipe Ángeles sea juzgado por un Consejo de Guerra extraordinario".[3] Es así como la mano de Carranza estuvo presente en las decisiones tomadas desde el primer momento de la captura del general Ángeles.

En un mensaje telegráfico posterior dirigido al presidente Carranza, Diéguez amplió su información: la tarde del día 15 de noviembre y después de la tenaz persecución de cinco individuos que habían logrado huir de un encuentro a tiros en un cañón situado en la sierra de Nonoava, al occidente del estado de Chihuahua, el mayor Sandoval había logrado sorprender y apresar a dos rebeldes en el cerro de Las Moras. Y poco después, tras un intento débil de resistencia, los otros cuatro, incluido Ángeles, también habían caído en su poder.[4]

Desde el momento de la captura de Ángeles y de los hombres que se encontraban con él, los informes dirigidos por Diéguez a Carranza son una muestra de la guerra de aniquilamiento que el régimen carrancista peleaba en Chihuahua en contra de Villa y sus tropas. De acuerdo con los reportes recibidos en Chihuahua, los hombres aprehendidos en el cerro de Las Moras fueron seis: el general Felipe Ángeles, Néstor Enciso de Arce, Antonio Trillo, Isidro Martínez, José Muñoz Holguín y Juan Primera. El diferente destino de estos hombres permite apreciar el doble patrón de conducta que el gobierno de Carranza seguía en Chihuahua con sus enemigos. Por una parte, recurría a las leyes y a los códigos militares para procesar a todos aquellos que habían pertenecido al Ejército Federal, como el mismo Ángeles, que había sido general brigadier y director del Colegio Militar de México, o como De Arce, mayor del 59º Batallón de Infantería, o Antonio Trillo, soldado del 82º Regimiento de Caballería. Los dos últimos recientemente habían caído prisioneros de Villa en combates ocurridos en Parral y Pilar de Conchos.[5]

[3] Juan Barragán a Francisco L. Urquizo, Palacio Nacional, México, 20 de noviembre de 1919, Archivo Histórico de la Defensa Nacional (AHDN), Cancelados, expediente Felipe Ángeles, XI/III/1-17.

[4] Manuel M. Diéguez a Venustiano Carranza, 20 de noviembre de 1919, *El Demócrata*, México, 20 de noviembre de 1919.

[5] Néstor Enciso de Arce y Antonio Trillo (hermano de Miguel Trillo, secretario de Villa) fueron capturados en combate en La Jabonera y Pilar de Con-

Por otra parte, el ejército ejecutaba a los prisioneros villistas, ahorcándolos o fusilándolos sin someterlos siquiera a un juicio sumario y sin brindarles garantía de ley alguna, ni nacional ni internacional. Para Carranza los villistas no eran revolucionarios sino bandoleros de camino real, y los decretos que firmó poniéndolos fuera de la ley y autorizando a cualquier persona a ejecutarlos sin mayor trámite en el sitio mismo en el que fuesen aprehendidos fueron una puerta abierta a la violencia extrema. Esto puede apreciarse con lo que sucedió a los tres prisioneros que pertenecían a las tropas de Villa: Isidro Martínez, José Muñoz Holguín y Juan Primera.

Isidro Martínez, vecino de la Ciénega de los Olivos, fue arbitrariamente entregado por Gabino Sandoval a la Defensa Social de ese pueblo para que sus miembros hicieran con él lo que quisieran. Acusado de bandolero y de haber cometido crímenes horrendos –cargos negados posteriormente por su familia–, Martínez no tuvo la menor oportunidad de un juicio, ni siquiera sumario.[6] La misma tarde de su captura, los soldados de la Defensa Social de la Ciénega, después de golpearlo brutalmente en una bodega, lo sacaron con las manos atadas a la espalda para colgarlo. Como era muy corpulento, al ahorcarlo la soga se rompió y el hombre cayó a tierra golpeándose fuertemente la cabeza. Moribundo, fue rematado a tiros en el suelo y su cuerpo quedó semienterrado en la arena. Esa noche su madre y su esposa rescataron el cadáver y ellas dos solas, a oscuras y sin ayuda de nadie, lo arrastraron como pudieron hasta el cementerio, cavaron una fosa y le dieron sepultura. Al día siguiente, estas dos mujeres y varios niños fueron amenazados de muerte por

chos, respectivamente. Ambos se habían unido a las fuerzas de Villa (José María Jaurrieta, *Seis años con el general Villa. Diario de campaña*, manuscrito original, Archivo de Clinton A. Luckett, El Paso, Texas, pp. 171-72, copia en el archivo del autor).

[6] Los miembros de las fuerzas paramilitares llamadas Defensas Sociales jamás pudieron derrotar a Villa en el campo de batalla y se excedían en crueldad cuando tomaban villistas prisioneros, como lo hicieron con Isidro Martínez, Domingo Domínguez y Francisca Martínez (entrevista personal, Valle de Zaragoza, Chihuahua, 1919, en Rubén Osorio, *Pancho Villa, ese desconocido*, Talleres Gráficos del Estado de Chihuahua, Chihuahua, 1991, pp. 12-17).

los miembros de la Defensa Social, quienes les dijeron que, si no se iban del pueblo, "de los Martínez no iban a dejar vivos ni los perros". Entonces abandonaron la Ciénega de los Olivos.[7]

A partir del momento en que Ángeles y sus compañeros llegaron a Hidalgo del Parral a las once de la mañana del 19 de noviembre, una multitud se agolpaba en la estación de ferrocarril. Su aprehensión había causado enorme expectación y todos querían ver, aunque fuese de lejos, al culto general Ángeles que peleaba contra el gobierno al lado de Francisco Villa. Nadie se explicaba cómo, siendo Ángeles un buen militar y estando armado, había caído sin pelear en manos de los carrancistas.

En Parral, Ángeles escribió a un admirador unas palabras en una libreta escolar: "Mi muerte hará más bien a la causa democrática que todas las gestiones de mi vida. La sangre de los mártires fecundará las buenas causas".[8] Esa misma noche los prisioneros fueron llevados por ferrocarril a Ciudad Camargo y mientras Ángeles era estrechamente interrogado por el general Diéguez, José Muñoz Holguín y Juan Primera, a medianoche y después de un juicio "sumarísimo", fueron ejecutados a tiros en el cuartel del ejército. Así de feroz era la guerra en Chihuahua.[9]

Ángeles llega a Chihuahua

El sábado 22 de noviembre, a las tres y media de la tarde, en un carro caja agregado al tren de pasajeros y fuertemente custodiados por el ejército, arribaron los tres prisioneros a la estación de la ciudad de Chihuahua, donde los esperaba una abigarrada multitud de más de cinco mil personas. En dos automóviles con numerosa escolta, Ángeles, De Arce y Trillo fueron trasladados por el coronel Juan Otero y Gama, jefe de la guarnición, al cuar-

[7] Ibid., pp. 13-14.

[8] Luz Corral de Villa, "Álbum de pensamientos y recuerdos", archivo personal, Chihuahua, Chihuahua, copia en el archivo del autor. Este autógrafo de Ángeles aparece en Jesús Vargas Valdés (prólogo), *Felipe Ángeles. El legado de un patriota*, Gobierno del Estado de Chihuahua, colección Biblioteca Chihuahuense, Chihuahua, 2003, p. 101.

[9] AHDN, Cancelados, expediente Felipe Ángeles, versión taquigráfica del proceso y otros documentos.

tel del 21° Regimiento de Caballería, contiguo a la Penitenciaría del estado, donde quedaron encerrados en habitaciones separadas y vigilados por centinelas de vista. A Ángeles se le proporcionó un catre metálico con ropa de cama, una mesa, papel para escribir, una lámpara de petróleo y dos sillas.

Poco después, la misma tarde de su llegada a Chihuahua, varios jefes y oficiales del Ejército Federal se reunieron con Ángeles en el cuartel del 21° Regimiento de Caballería. Allí, los jefes militares lo interrogaron y presionaron con el objeto de que hiciera una declaración comprometedora: que era villista y que apoyaba a Francisco Villa en su lucha contra el gobierno. Cansado y exasperado, después de mucho discutir, Ángeles, seguro de que el Consejo de Guerra lo condenaría a muerte, dijo mordazmente a sus inquisidores:

—¿Así que ustedes quieren saber si soy villista?... Pues sepan que sí, que soy villista y a mucha honra, porque el general Villa es el general Villa y una orden de él se obedece a cuatrocientas leguas de distancia. En cambio ustedes, los generales carrancistas, son puros generales de banqueta.[10]

En ese mismo momento terminó abruptamente el interrogatorio. Los militares presentes, obviamente ofendidos y disgustados con su antiguo compañero de armas, lo enviaron de regreso a su celda. Después de una cena frugal, Ángeles se acostó hacia las diez de la noche, leyó un poco y luego se durmió tranquilamente.

Al día siguiente impresionaba mucho su presencia de ánimo a cuantos lo visitaron en el cuartel. Todos abrigaban la esperanza de que el general no sería juzgado con severidad. Sin embargo, Ángeles dijo claramente a sus amigos y visitantes que aquel Consejo de Guerra sólo era una farsa y que Venustiano Carranza lo iba a matar. A pesar de esta certidumbre, jamás perdió el control ni la compostura y pareció en todo momento resignado con su suerte.

---

[10] Constantino Rodríguez Jiménez, entrevista personal del autor, San Lorenzo, Chihuahua, en R. Osorio, op. cit., pp. 105-106.

Esa mañana, 23 de noviembre, concedió una entrevista a varios reporteros, a quienes declaró que había venido a México "a procurar la unión de todos los mexicanos, para con ello impedir la intervención norteamericana en nuestro país", y que ésa era la política de la Alianza Liberal Mexicana, fundada en Nueva York: "Quise, aún a riesgo de mi vida, contribuir en la medida de mis fuerzas a impedir que un país extraño viniera a pacificarnos". Declaró que no había tenido participación alguna en el último ataque de Villa a Ciudad Juárez y, en cuanto a la Constitución de 1917, dijo que tenía "algunos cambios muy acertados, sobre todo en cuestiones de legislación social", pero que esos cambios habrían debido hacerse modificando la Constitución de 1857, no derogándola.

Los periodistas pidieron su opinión sobre Villa. Les respondió:

Villa es un hombre a quien han hecho malo, tanto los gobiernos despóticos que hemos tenido, como los que lo rodean. Los gobiernos, porque al lanzarlo a los desiertos y perseguirlo, lo han vuelto fiera; y los que andan con él, por aprobar sus mayores barbaridades. Villa en el fondo es bueno, de él se hubiera podido hacer un buen ciudadano y con sus amigos es todo bondad.

Les habló también sobre Francisco I. Madero:

Yo soy un revolucionario de corazón y quise mucho al señor Madero, quien no cometió, como se le achaca, el error de ser demasiado clemente para con sus enemigos, pues puede más el amor que la fuerza. El error fue de sus enemigos, al suprimirlo. Una de las decepciones más grandes de mi vida fue la muerte del señor Madero, la cual considero uno de los crímenes más grandes de nuestra historia.

Hacia su familia fueron después las preguntas de los periodistas. Muy emocionado, Ángeles se paseó lentamente por la habitación. Luego, con frases entrecortadas, expresó: "Digan ustedes que en los ratos en que me reconcentro en mí mismo, ellos son mi único consuelo... que no he dejado de pensar en ellos ni un solo momento... y que cuando yo muera... para ellos serán también mis últimos pensamientos".

En esos momentos, un oficial del 21° Regimiento, presente en la entrevista, los interrumpió. Se les había acabado el tiempo. Los reporteros se levantaron y solicitaron a Ángeles su permiso para tomarle una fotografía. "¡Oh!, estoy muy mal vestido... ¿qué pensarán mis amigos?... porque antes yo vestía muy bien...", les dijo. Por fin, bajo promesa de no publicarla, consintió en la fotografía. Al despedirse los periodistas, Ángeles sonrió tristemente y sólo dijo: "Hasta luego..." [11]

La instrucción del proceso

El domingo 23 de noviembre el general y licenciado Leandro Díaz de León, juez instructor de la plaza, inició la instrucción del proceso en el cuartel del 21° Regimiento de Caballería: a Felipe Ángeles por el delito de rebelión y a Néstor Enciso de Arce y Antonio Trillo por los delitos de rebelión y deserción frente al enemigo. Ese mismo día, las autoridades militares convocaron al Consejo de Guerra extraordinario que debía iniciarse a las ocho de la mañana del día siguiente, 24 de noviembre de 1919, en el Teatro de los Héroes de la ciudad de Chihuahua. Para integrar el tribunal fueron convocados el general de brigada Gabriel Gavira, quien fungiría como presidente; el general de brigada Miguel M. Acosta, los generales brigadieres Silvino M. García, Fernando Peraldí y José Gonzalo Escobar, quien fungiría como secretario. El general y licenciado Víctores Prieto sería el agente del Ministerio Público y el defensor de oficio sería el coronel y licenciado Alfonso Gómez Luna.

La excitación reinante entre el pueblo de Chihuahua era extraordinaria. Nadie recordaba en la historia de la ciudad un acontecimiento que hubiese acaparado tanto la atención y excitado de tal manera la imaginación popular. Un comité de damas chihuahuenses se movilizó y envió telegramas al presidente Carranza, a la Secretaría de Guerra y Marina, al general Diéguez

---

[11] "La última tragedia. El calvario de un general mexicano", *El Correo del Bravo*, segunda edición, El Paso, agosto de 1920, pp. 11-14.

y a la embajada de Francia en México, intercediendo a favor de Ángeles. El ingeniero Alberto Ángeles, hermano del general, los licenciados Manuel Calero y Federico González Garza, algunos funcionarios públicos y numerosos particulares, tanto mexicanos como extranjeros, también se dirigieron telegráficamente a Carranza solicitando clemencia para Ángeles. Por su parte, tanto acusados como defensores interpusieron demandas de amparo ante la Suprema Corte de Justicia de la Nación, el juez de distrito del estado de Chihuahua, el juzgado primero de lo civil y el juzgado segundo de lo penal de Chihuahua. Abogados y reos alegaban que el Consejo de Guerra extraordinario era incompetente para juzgarlos, por no estar comprobado el carácter militar de los acusados.

Carranza se limitó a enviar un mensaje urgente al general Diéguez, jefe de las operaciones militares en Chihuahua: "Enterado de la formación del Consejo de Guerra extraordinario que juzgará a Felipe Ángeles. Cúmplase en todo con la ley sin admitir influencias de ninguna especie, ni a favor ni en contra del reo".[12] Por su parte, el general Diéguez manifestó que seguiría adelante el Consejo de Guerra extraordinario, y que acataría al pie de la letra todo lo que fuese acordado en él.

EL CONSEJO DE GUERRA

El 24 de noviembre de 1919, poco después de las ocho de la mañana, los prisioneros llegaron al Teatro de los Héroes. Ángeles, custodiado por dos oficiales y varios soldados, lo hizo en un automóvil, mientras que De Arce y Trillo lo hicieron a pie custodiados por un piquete de soldados. En el gran teatro ya se apretujaban más de cuatro mil personas y, afuera, una multitud todavía más grande pugnaba por entrar, contenida a duras penas por tropas del primer Regimiento de Artillería.

A la derecha del amplio foro se encontraban una mesa grande, varias sillas y un timbre para los integrantes del Consejo, el agente del Ministerio Público y otros funcionarios. A un lado de esa mesa, estaba otra para los abogados defensores, los taquí-

---

[12] *El Heraldo*, Chihuahua, 25 de noviembre de 1919.

grafos y otros empleados del juzgado. Exactamente frente a la mesa del Consejo y a unos cinco metros de distancia, había tres sillas de respaldo alto para los acusados y, al fondo, entre éstos y las mesas de los funcionarios, había un podio.

Poco después de las ocho de la mañana tomaron sus sitios los integrantes del Consejo de Guerra, y también el agente del Ministerio Público; el general y licenciado Leandro Díaz de León, juez instructor de la plaza; el general y licenciado Salvador Franco Urías, asesor militar; el coronel y licenciado Alfonso Gómez Luna, defensor de oficio; el licenciado Alberto López Hermosa, defensor nombrado por Ángeles; el secretario del juzgado y los taquígrafos.

Un silencio imponente reinaba en el teatro cuando los tres acusados, Felipe Ángeles, Néstor Enciso de Arce y Antonio Trillo, custodiados por el ejército, hicieron acto de presencia. El general Ángeles se presentó pulcramente peinado y afeitado, pero vestido con una camisa deslavada, un pantalón de mezclilla a rayas y tenis blancos que le daban el aspecto de un desarrapado. Los tres tomaron asiento, el ex director del Colegio Militar en la silla central, a su izquierda De Arce y a su derecha Trillo.

Enseguida, el general Gavira dio lectura a la orden de la plaza que convocaba a un Consejo de Guerra extraordinario. Pasó lista de presente y declaró formalmente instalado el tribunal.

De inmediato dio inicio el primer asalto de la esgrima verbal que habrían de sostener, durante todo el proceso, los generales Escobar y Prieto, por una parte, y los abogados defensores Gómez Luna y López Hermosa, por la otra. Este último alegó que conforme al artículo 113 constitucional "los reos allí presentes no deberían ser juzgados por un Consejo de Guerra debido a no estar comprobado su carácter militar": Felipe Ángeles porque había sido dado de baja por el Ejército Federal, y Trillo por ser menor de edad.[13] Por estas razones, López Hermosa solicitó la suspensión del Consejo de Guerra y que se pidiera a la

---

[13] En el AHDN (Cancelados, expediente Felipe Ángeles), figura la baja por "indigno de pertenecer al Ejército Federal", con fecha 28 de marzo de 1914 y retroactividad al 8 de noviembre de 1913; firma el documento el general Aureliano Blanquet.

Secretaría de Guerra y Marina, en México, constancias sobre la calidad militar de los acusados. También pidió que se solicitara a la oficina del Registro Civil en Chihuahua, una constancia que certificara la edad de Trillo.[14]

A todo ello se opuso el Ministerio Público y, finalmente, el presidente Gavira contestó a los defensores que él no había recibido orden alguna para suspender el procedimiento y que éste debía continuar con las declaraciones de los acusados. Así se hizo.

Felipe Ángeles declara[15]

El general Ángeles, el oficial de más alto rango de los tres acusados, fue llamado a declarar por el general Gavira, quien le dijo:

—General Felipe Ángeles, tenga usted la bondad de ponerse de pie.

—Perdón, no soy general, lo he sido —dijo Ángeles levantándose.[16]

A pedido del presidente del tribunal, Ángeles dio entonces sus datos de identidad: nacido en Zacualtipán, Hidalgo, el 13 de junio de 1868, casado, hijo de Felipe Ángeles y Juana Ramírez. Cuando se le preguntó "qué hacía en las sierras del distrito de Hidalgo cuando fue capturado", declaró:

—Porque fui, hace poco, invitado por Félix Salas, que había sido jefe de la escolta de Martín López, a refugiarme con él en unas cuevas donde me proporcionaba alimentos y me protegía. Pero luego me traicionó y me entregó al gobierno.

---

[14] "La última tragedia. El calvario de un general mexicano", cit., p. 16.

[15] Las declaraciones de Felipe Ángeles han sido tomadas de la "Versión taquigráfica y otros documentos del Consejo de Guerra de Felipe Ángeles", AHDN, Cancelados, expediente Felipe Ángeles. Cuando la fuente de información sea diferente, se dará en nota la referencia correspondiente.

[16] "La última tragedia. El calvario de un general mexicano", cit., pp. 18-19.

Dijo además que allí

esperaba unas actas procedentes del sur de la república, referentes a una invitación que hice a varios jefes revolucionarios, para secundar los trabajos de la Liga Liberal Mexicana, fundada en Union Square, en Nueva York, de la que vine al país como su representante. Esta liga fue fundada con el objeto de lograr la unión de todos los mexicanos y evitar la intervención de algún gobierno extranjero.

Ángeles evitó mencionar directamente a Estados Unidos, país al que admiraba a pesar de estar convencido de que quería intervenir militarmente en México. A continuación, se desarrolló entre el acusado y el presidente del Consejo de Guerra el siguiente diálogo:

–Si esa Liga Liberal que menciona quería unir a los mexicanos, entonces dígame: ¿cómo es que usted destruía líneas férreas, atacaba plazas y cometía otras depredaciones con los villistas?

–Déjeme explicarle, señor presidente, yo vine al país a hacer labor de fraternidad y unión por medios pacíficos, y si los revolucionarios no han suspendido sus hostilidades en contra del gobierno, es que no estaba en mis manos lograrlo.

–Usted llegó al país desde diciembre del año pasado y yo no he sabido nada de su labor de unión; al contrario, usted ha acompañado a los villistas en sus operaciones.

–He estado solamente cinco meses, y si primero llegué con ellos, es porque me evitaban caer en manos del gobierno, que me aprehendería por haber pertenecido a la Convención de Aguascalientes... y eso haría fracasar mis propósitos de fraternidad.

–La prensa dice que usted vino como presidente provisional de la República, que la citada Liga Liberal lo nombró presidente y que Francisco Villa lo reconoce a usted como tal. ¿Es cierto?

En este momento Ángeles, más inteligente y mejor preparado que cualquiera de los integrantes del Consejo, empezó a tomar el control de las discusiones, llevándolas por donde él quería:

–La prensa mexicana, en general, falsea los hechos. No es cierto que yo sea presidente provisional, versión que sólo es un arma política para combatirme. No comprendo que haya una sola persona que admita cosa tan absurda, sobre todo conociendo mis ideas. Uno de los más grandes males que tenemos los mexicanos es el de dar puestos públicos a individuos sin educación y sin aptitudes, los que son más dañinos como funcionarios que como particulares. Yo no admitiría ser presidente de México, pues no tengo ni los conocimientos ni las facultades necesarias. Yo sólo he sido defensor acérrimo de los intereses sociales y desde tiempos del señor general Porfirio Díaz vengo luchando por la democracia, de la cual soy fanático.

Al terminar de hablar, un gran aplauso inundó la sala del Teatro de los Héroes y Ángeles captó que las simpatías del pueblo de Chihuahua estaban con él.[17]

–¿Entonces niega usted haber sido nombrado presidente? –continuó Gavira.

–A la prensa se le ha metido en la cabeza que yo soy "el presidente provisional sostenido por Villa". En Estados Unidos me daban el título de "jefe de la artillería de Francisco Villa", frase que, al repetirse refiriéndose a mí miles de veces, era mi eterna pesadilla. Cuando estuve en el ejército todos decían: "Ángeles es un matemático..."; matemático me decían unos..., matemático me decían otros..., y esa palabra, matemático, se convirtió en mi obsesión, en mi pesadilla. Parecía que querían significar que yo era un viejo sabio de negras gafas, encorvado y cubierto con una bata negra amplia... Mate-

[17] Años después, el general Gabriel Gavira escribió que el juicio "se efectuó en el Teatro de los Héroes, con un lleno completo y en un medio villista, enteramente favorable al reo". Véase su testimonio en Álvaro Matute (selección y prólogo), *Documentos relativos al general Felipe Ángeles*, Domés, México, 1982, p. 363.

mático, me decían, no me consideraban apto para montar a caballo ni para dedicarme a la gimnasia militar, yo era un matemático y nada más. Después les dio por llamarme artillero... Yo era solamente un artillero, no un oficial, ni un matemático, y no podía ser otra cosa. Los oficiales de Estado Mayor decían que yo no tenía conocimientos de táctica, que nada sabía yo de táctica y que desconocía el arte de la guerra... que yo era sólo un artillero. Así pasa ahora, soy el "presidente provisional" y así lo dicen todos.[18]

–Convengo en que no es usted el presidente provisional, ¿pero cómo podría usted explicar que su llegada al país coincidiera con el desembarco de Aureliano Blanquet y con la intensificación de las operaciones rebeldes? Usted era considerado por la prensa como el cerebro de la Revolución. ¿No pudo coincidir el regreso al país de usted y de Blanquet, demostrando así que la Alianza Liberal Mexicana perseguía otros fines que los de buscar la unión entre los mexicanos?

–La Alianza Liberal Mexicana no tiene ninguna participación en mi llegada al país. Yo vine a México a desarrollar una labor de concordia y en ningún modo a oponerme con las armas en la mano al gobierno. Y una ofensa se me hace al decir que yo podría congeniar con elementos porfiristas, a los que yo odiaría si el odio no me sentara mal. Yo nunca me he unido a los reaccionarios y menos a Blanquet, porque él fue el principal responsable del cuartelazo de febrero, del que Huerta, a pesar de su amoralidad, no es responsable más que a medias. Blanquet era feroz, inútil como militar, de inteligencia estrecha y un sanguinario que en la Angelópolis cañoneó al pueblo en la Plaza de Toros. Protesto que se me diga que he estado ligado a elementos nocivos a mi patria... como Félix Díaz, que era un hombre bueno pero inepto.[19]

Ángeles se interrumpió para tomar un sorbo de agua y limpiarse el sudor de la frente y luego continuó su discurso:

[18] Ibid., p. 19.
[19] Ibid.

–Se ha dicho también que yo recibí favores, comisiones y atenciones del general Porfirio Díaz. Yo he sido puesto por los porfiristas, utilizando una frase vulgar, como "lazo de cochino", porque dicen que yo recibí mi educación del general Díaz. ¡Falso! –exclamó levantando la voz–. ¡Yo recibí mi educación con los dineros del pueblo!

Nuevamente un gran aplauso inundó el Teatro de los Héroes.

–El general Díaz tenía una fe ciega en la fuerza de las armas, sin fijarse que valen más las ideas que la fuerza, que vale más el amor, y que si se somete a los pueblos aherrojándolos, sólo se logrará establecer una paz mecánica, no una paz orgánica. Para someter a un pueblo hay que hacer uso de la pasión contraria: el amor. Madero era benévolo con todos sus enemigos y, sin embargo, éstos siguieron en su contra hasta hacerlo caer.

El general Gavira, continuando su interrogatorio, dijo que, en su opinión, "los elementos hostiles al gobierno que están en Nueva York" habían enviado a Ángeles para disminuir el desprestigio que les atraía "la brutalidad de Villa" y habían "confiado en la inteligencia de usted" para esa tarea. Por eso, agregó, "yo no creo que siendo así como dice, se le haya comisionado para lograr la paz de todos los mexicanos".[20]

"En México tenemos muy fuertes pasiones", contestó Ángeles, "y nunca creemos en la bondad de nuestros enemigos." Relató luego cómo se había formado la Alianza Liberal Mexicana en Nueva York, a iniciativa de "un señor Iglesias, de Puerto Rico, que en tiempos de la intervención de Estados Unidos en su país prestó servicios a la causa nacional". Iglesias, dijo Ángeles, era "un reconocido socialista", que había convencido a Antonio Villarreal, también socialista, de "la necesidad de hacer gestiones a favor de México". A lo cual agregó:

–Villarreal convenció a Enrique Llorente y yo también le creí. Confiamos en él unos cuantos, pero éramos muy pocos y

[20] Ibid., p. 20.

procuramos unirnos más, cosa que hicimos públicamente en un salón que se encuentra en Union Square. La fraternidad nacional era el objeto de la nueva sociedad que se llamó Alianza Liberal Mexicana. Pero para lograr el restablecimiento de la paz y evitar una intervención extranjera, México necesita de la ayuda de todos los mexicanos sin distinción de credos.[21]

Luego, hábilmente, y sin referirse para nada a la brutalidad del Ejército Federal para tratar a los rebeldes, habló de su influencia moral al lado de Villa:

–Yo, desde mi llegada, he atenuado el rigor de Villa, quien ya trata a los prisioneros con más benignidad. Mi actuación a su lado era sumamente delicada y por ello no pude iniciar desde el primer momento mis trabajos para que Villa suspendiera la lucha. Yo vine a hacer labor humanitaria y principié tratando que Villa suspendiera las órdenes de ejecución de los prisioneros. Yo no me uní a él para hacer campaña militar, sino que fue él con el primer revolucionario con el que tropecé y permanecí a su lado porque él mismo me sugirió que no fuera al sur, pues me expondría a ser capturado.

Después de una breve pausa, mirando de frente a los miembros del Consejo que a esas alturas no se atrevían a interrumpirlo, continuó diciendo:

–Los rebeldes también me aconsejaron que enviara comisionados al sur. Mientras tanto, traté de corregir los yerros del general Villa lográndolo en parte. Y muchos también lo lograrían si por atavismo los mexicanos no fuéramos serviles, lo cual sucede entre los que no se atreven a contradecir a Villa y aplauden hasta sus más grandes disparates. Yo no culpo de esto a Villa, sino a los malos gobiernos que convierten en fieras aun a los hombres más buenos.

[21] Ibid.

El general Gavira prosiguió su interrogatorio:

–¿Dice usted, general Ángeles, que acompañó a Villa cinco meses? ¿En cuántos combates participó y por qué en Parral peroró usted al pueblo y tomó parte en gestionar la rendición de sus defensores?

–Nunca participé en combate alguno y si en Parral contribuí a la rendición de una parte de los defensores, fue porque cuando éstos estaban sitiados en el cerro de La Cruz, el coronel Ernesto Ríos, jefe de la escolta de Villa, me llamó diciéndome que los soldados del gobierno me requerían. Subí al cerro y su jefe me dijo que se rendirían en el acto si yo les garantizaba la vida. Yo les ofrecí acceder a su petición.

Ángeles negó haber tenido mando de fuerzas y, a la pregunta de si estaba inconforme con las reformas constitucionales de 1917, respondió:

–Sí, en efecto, estoy en desacuerdo con las reformas hechas a la Constitución, porque ésta no debe ser reformada con frecuencia. La Constitución debe respetarse porque significa nuestra nacionalidad. Yo comprendo que la Constitución del 57 debía ser enmendada y convengo en que la del 17 tiene buenas cosas, pero no admito que los constitucionalistas deroguen la Constitución sólo porque pelearon. Sin embargo, el estar disgustado por esto no significa que esté yo en rebeldía.

En este punto, inesperadamente, aprovechando las circunstancias que se le presentaban, Ángeles pronunció una apología del socialismo:

–Quiero manifestar en este momento una evolución de mi mentalidad. En Aguascalientes yo me sorprendí de que muchos fueran socialistas. El socialismo es un movimiento general en todo el mundo, de respetabilidad, que no podrá ser vencido. El progreso del mundo entero está de acuerdo con los socialistas. Cuando yo fui a Estados Unidos empecé a estudiar el socialismo y vi que es un movimiento de fraternidad y de amor entre los hombres de las distintas partes del universo. La fraternidad es un movimiento que ha impulsado a la sociedad durante siglos y siglos. Las masas se debaten entre sí con sus luchas y las muchedumbres son muchedumbres en todas partes. El pobre se ve siempre abajo y el rico poco se preocupa por el necesitado. Por eso protestan las masas, por la falta de igualdad en las leyes. Un economista austriaco ha probado que si todos los hombres del mundo trabajasen sólo tres horas diarias, habría mucha más riqueza. Pero resulta que unos son los que trabajan y otros son los que comen.

Desde las alturas del Teatro de los Héroes, otro gran aplauso bajó como una oleada. El general Gavira dijo al público que aquellas ruidosas manifestaciones estaban prohibidas por la ordenanza. Entonces el general Ángeles se irguió cuanto pudo y, dirigiéndose al auditorio, declaró con voz fuerte que se escuchó hasta en el más alejado rincón del teatro:

—¡Esos aplausos no son para mí, son para el socialismo, para las ideas de fraternidad y amor que son las que en un principio animaron a los convencionistas de Aguascalientes, y hasta a los mismos constitucionalistas que trataron de unir los intereses de la nación! Los principios del socialismo puro son buenos para este pueblo que necesita mucho la luz de la ciencia y de la verdad.

El general Ángeles se veía pálido y fatigado. Pero, escuchándolo, más de cuatro mil personas guardaban un silencio casi religioso. Después de una breve pausa, al ver que el general Gavira no se atrevía a interrumpirlo, continuó hablando como si estuviese impartiendo una clase de ciencias sociales:

—Si en esta revolución se cometen errores, es porque no tenemos educación. Y no la tenemos porque el pueblo vive en la ignorancia. Nadie se preocupa por su emancipación y el intelectual, naturalmente, se aparta del pueblo. Esta diferencia ha hecho nacer el odio de los que no saben contra los que saben y de los que no tienen contra los que tienen. Pero ese odio ha nacido sólo en el corazón de los ignorantes, de los ambiciosos y de los que, teniendo capacidad intelectual, se han valido de ella sólo para satisfacer sus ambiciones personales. La Revolución no hubiera sido tan anárquica y hubiera terminado pronto si los hombres inteligentes de México hubieran tomado parte discreta y activa en la lucha. Las pasiones malsanas se engendran por la falta de educación y actualmente los hombres, entre ellos los licenciados y los médicos que sólo poseen un título, más se preocupan por vivir bien que en prestar un servicio efectivo a su país.

Ángeles se dio cuenta de que nadie se movía en su asiento y prosiguió:

–Ahora recuerdo que el general Villa, en cierta ocasión en que llegamos a un pueblo de Chihuahua, me dijo: "Pues ya ve usted, general, no nos siguen más que puros vaqueritos, así que tendremos un gobierno de puros vaqueritos". "Bueno sería, general Villa", le contesté, "y divino que resultaría el tal gobierno." Y esto es lo que pasa, los constitucionalistas están como están, por no llamar para resolver los problemas nacionales a los hombres inteligentes del país. Pero a éstos se les destierra, se les impide la vuelta a la patria... y se les odia. El caudillaje es otro de los peligros que han reducido a nuestro pueblo al estado en que está. Todo el mundo sigue a un caudillo y lo apoya, no sigue a los principios. Yo he predicado una doctrina de conciliación y amor, pero el pueblo poco sabe de eso, por eso su infelicidad.

A esta altura, el general Gavira preguntó: "¿Usted predicó contra la Constitución?" El acusado respondió:

–No, yo sólo he dicho que las leyes deben ser la expresión de la voluntad de todo un pueblo. Para ello es necesario que los diputados que van a hacer esas leyes se instruyan sobre lo que van a hacer. Que los mismos que los eligen les llamen la atención sobre esto y lo otro que se necesita para el provecho común: que se necesita construir una presa, ampliar unas calles o fomentar tales o cuales espectáculos, etcétera, pero me ha sucedido muchas veces que, al llegar a un pueblo, sus habitantes ni siquiera saben quién es su diputado.

En este momento, Ángeles volteó a ver al público y dijo con énfasis:

—¡Pero el amo es el pueblo, es el pueblo el que debe gobernarse a sí mismo, el que debe dejar de ser servil porque el pueblo es grande...!

De palcos y galerías descendieron otra vez fuertes aplausos. El general Gavira volvió a imponer silencio y preguntó:

—¿General Ángeles, de acuerdo con la Liga Liberal, perseguía usted la caída del gobierno?

Ángeles aprovechó aquella pregunta para machacar sobre uno de sus argumentos favoritos:

—No, yo predicaba la fraternidad, la unión entre los distintos elementos del país porque presumía que, después de la guerra, Estados Unidos tomaría algunas disposiciones contra México. Yo he predicado toda mi vida la igualdad social, porque nada hay más desastroso para un país que las desigualdades sociales: unos trabajan y se enferman porque no comen, mientras que otros no trabajan y se mueren de tanto comer.

Las simpatías del pueblo de Chihuahua por Ángeles se manifestaban cada vez más ruidosamente, por lo que el general Gavira decidió interrumpir aquella disertación sobre problemas sociales preguntando a Ángeles en cuántos combates había estado, "aunque, como dice, sin mando de fuerzas". Éste respondió:

—Permítame usted hacer memoria... el primero fue en Moctezuma, donde había como sesenta defensores que se comportaron heroicamente. Con una bomba de mano les incendiaron la paja y tuvieron que salir medio asfixiados por el humo. Los villistas los cogieron prisioneros y los querían matar. Ya anteriormente el general Villa me había dicho que en adelante iba a fusilar a todos los prisioneros, pero cuando el combate de Moctezuma yo salvé a varios.

Y como venía haciéndolo durante todo el proceso, Ángeles aprovechó una vez más para hablar largamente sobre todo lo que se le ocurría:[22]

–Me acuerdo ahora que una vez, en una reunión en casa de un amigo mío llamado Hudson Maxim, un ilustre sabio americano, inventor de genio y hermano de Maxim, el inventor de las ametralladoras, me dijo: "Ustedes los mexicanos acostumbran matar a los prisioneros". Yo nunca sentí tanto rubor como cuando tuve que decirle: "Sí, señor". Por esto yo siempre procuraba disuadir al general Villa de esos hechos. Pero un día me contestó que el gobierno de México mataba a todos los villistas que atrapaba y que como represalia, él hacía lo mismo con sus prisioneros. Entonces le argumenté: "General Villa, las represalias no se justifican moralmente cuando se trata de hechos salvajes". Me prometió no fusilarlos, pero faltó a su palabra porque fusiló algunos. Fracasó allí, en parte, mi labor humanitaria y ello me produjo gran desilusión.[23]

[22] En su testimonio el general Gavira dice que, al saber Ángeles que sus defensores habían pedido amparo telegráficamente a la Suprema Corte de Justicia de la Nación, "aprovechaba la menor pregunta que se le hacía para perorar largamente, haciendo digresiones, a fin de que el Consejo durara más" (Á. Matute, op. cit., p. 365).

[23] Ángeles quería que Villa y sus tropas, que eran ejecutados sin misericordia por Carranza, el ejército y las defensas sociales, aceptaran unilateralmente su petición humanitaria de no fusilar a los prisioneros. En la feroz guerra de aniquilamiento en Chihuahua, era imposible esperar de Villa y de sus hombres el respeto unilateral a los soldados federales, si Carranza, el ejército y las Defensas Sociales no suspendían las ejecuciones sumarias de los prisioneros villistas. Sin embargo, Villa perdonó la vida a soldados federales, como Néstor Enciso de Arce, Antonio Trillo y otros prisioneros federales en Parral, y a ochenta y cinco miembros de la Defensa Social de esa ciudad que cayeron prisioneros (J. M. Jaurrieta, op. cit., pp. 242-45).

Después de una breve pausa, Ángeles continuó la descripción de los combates en los que había estado:

–Luego me tocó otro combate en Babonoyaba y otro en Parral. Lo que hice allí el pueblo lo sabe y, ahora que estoy prisionero, varias damas han intercedido por mí. Una cosa sí digo: el pueblo mexicano tiene grandes virtudes que lo harán grande. Después fuimos al valle de Allende pero allí no hubo combate. Después nos vinimos a Ciudad Juárez, pero yo no entré en combate, me quedé algo retirado.[24] Allí, a un carrancista que tenía un tiro entre los dientes que le salió por la quijada, le salvé la vida pues lo querían matar. Ese prisionero me mostró después, de varias maneras, su agradecimiento y ése es mi único premio.

–Se le acusa de volar un tanque de ferrocarril: ¿recuerda usted algo de eso?

–Yo nada supe de ferrocarriles. Pero después del ataque a Ciudad Juárez, cuando las tropas americanas persiguieron a los villistas, el general Villa estaba muy enojado con ellos. Yo voy a confesar aquí un pecado muy grande: nosotros los mexicanos somos enemigos de los americanos porque no los conocemos. Conocemos a los americanos de la frontera, pero no conocemos a los del norte que son los que hacen progresar a esa gran nación, a ese gran pueblo, muy semejante al pueblo de Roma durante su florecimiento. Estados Unidos es una gran nación de la que yo quisiera que fuéramos amigos, pero no podemos porque cada uno siente que allí está el peligro para los mexicanos, porque el desarrollo de la moral en esa sociedad está bastante atrasado. Los americanos creen que su moral es muy elevada, pero tratándose de una raza y otra, según dijo el socialista Kautsky, no está muy elevado el sentido moral de los americanos. Ellos nos creen de una raza muy inferior a la suya, y estos hechos, como todos los que figuran en el mundo físico y en el mundo social, deben de tener una

---

[24] Ángeles no pudo disuadir a Villa de atacar Ciudad Juárez y se negó a participar en la batalla. Con una pequeña escolta permaneció en Senecú esperando el resultado del combate (ibid., pp. 243-60).

explicación que hay que buscar. Hay que evitar el odio, el amor es mil veces mejor que el odio. Y uno de los motivos que me obligaron a separarme de Villa fue su odio contra los americanos.[25]

Luego Ángeles se refirió al pueblo mexicano:

—Muchas veces, cuando traté de corregir los defectos de los mexicanos y hablé de las virtudes de los norteamericanos, me criticaron. Uno de nuestros peores defectos es la suciedad, que se opone a todo principio de amor para sí mismo y para con los demás. Jesucristo predicó siempre la pureza, y su religión se resume en tres palabras: "pureza, amor y esperanza". La pureza consiste en la limpieza de la casa, del vestido, de las calles de toda la población; y la limpieza en lo interior más que en lo exterior. El odio es la impureza del corazón, el cual debe desaparecer para que lo llene el amor, entonces los hombres serán felices. El odio a los vicios y a los malos hábitos, eso sí debe abrigarse, porque en todo caso se llegará a la misma conclusión: que el odio a esas malas costumbres es el amor a la virtud.

El general Gavira, extrañado por el giro que tomaba el discurso de Ángeles, lo interrumpió para decirle:

—Suplico a usted que sea más concreto y nos diga qué es lo que pasó en Moctezuma.

—Como expresé antes, a unos prisioneros los pude salvar, a otros no. Y yo le decía al general Villa: "General, a los vencidos no hay que matarlos, sino honrarlos cuando se conducen dignamente. Y hay que tratarlos siempre con decoro". Re-

[25] Según la declaración de Ángeles, parecería que Villa estaba poseído de una xenofobia antiestadounidense incontrolada. Pero Villa no odiaba al pueblo de Estados Unidos sino al gobierno del presidente Woodrow Wilson. Véase el manifiesto de Villa: "A mis compatriotas, al pueblo y al gobierno de los Estados Unidos", Naco, Sonora, 5 de noviembre de 1915. Véase también el Plan de San Andrés, de Pancho Villa, San Andrés, Chihuahua, octubre de 1916, publicado en *Romance histórico villista*, anónimo, 1917, pp. 171-77.

cuerdo que una vez el presidente Roosevelt, en un discurso que pronunció en Washington, al que yo asistí, dijo de nosotros los mexicanos: "Los bandidos, como ellos se llaman entre sí..." Para evitar esto, es necesario que los mexicanos nos tratemos con más decoro.

Y volteando a ver directamente al público congregado en el gran teatro, agregó:

–Los habitantes del norte llaman a los del sur "changos". Pero los sureños o "changos" merecen más compasión porque tienen menor grado de adelanto que los del norte y son más incultas sus costumbres. No hay gracia ninguna en querer a los bonitos y a los poderosos. Juntarse con los pobres y los humildes y ayudarles, ésa es la gracia. Yo también soy del sur, yo también soy "chango", y sin embargo quiero a los de Chihuahua porque son bondadosos, porque son mejores y más libres que los del sur. Aquí están más adelantados. Recuerdo, cuando la campaña del sur, que las tropas del gobierno no hacían la paz, sino que encendían más la guerra, desolaban y mataban y es natural que contra ellas se rebelara el pueblo. Hasta estoy por decir que toda revolución tiene su razón de ser. Es que aquí, en México, tenemos muy poca cultura y carecemos de hombres que den al pueblo una instrucción superior.

–Usted formó parte de la División de Norte. ¿No fue usted quien aconsejó a Villa rebelarse contra el Primer Jefe Carranza?

–Sí, formé parte de la División del Norte y no fue por enemistad con Carranza que seguí al lado del general Villa. La escisión entre ambos ya existía desde Sonora y por eso el Primer Jefe decidió venir a Chihuahua nombrándome jefe de su escolta. Pero cerca de Agua Prieta, Carranza recibió un mensaje de Villa en el que éste le pedía que yo cooperara con él en el ataque a Torreón, lo cual acepté gustoso, tanto por ser útil a la Revolución como por apartarme de algunos jefes que me habían visto mal.

Cuando Carranza se fue a Sonora, Huerta creyó haber terminado con la Revolución y entonces acordó expulsarme del país y para justificar esa expulsión, se inventó que fuera comisionado a Francia a visitar los establecimientos militares. Debía marcharme en el mismo vapor que lo hizo el licenciado Francisco León de la Barra. No pude hacerlo sino hasta el siguiente vapor y ya en Francia nunca recibí un centavo para mi sostenimiento. Fue allá donde sostuve pláticas con el licenciado Díaz Lombardo, quien me propuso unirme a Carranza y me dio dos mil pesos, mil para mi viaje y el resto para mi familia y otros gastos. En Sonora el señor Carranza me aceptó a su lado dándome el nombramiento de secretario de Guerra en su gabinete, pero jamás desempeñé este puesto. Poco después recabó mi nombramiento y me designó subsecretario de Guerra, puesto que tampoco desempeñé, pues nunca dicté orden alguna. Esto, y mis deseos de cooperar efectivamente con la Revolución, fue lo que me hizo aceptar colaborar al lado del general Villa.

La multitud apretujada en el Teatro de los Héroes escuchaba como hipnotizada los argumentos de Ángeles. Éste, después de un breve respiro, continuó:

–Después de tomar Torreón, supe que Carranza había dado órdenes para que dos o tres mil hombres de la División del Norte fueran a auxiliar al general Pánfilo Natera en el ataque a Zacatecas, lo que disgustó a la mayor parte de los jefes y oficiales, quienes creyeron que lo mejor sería que toda la División tomara parte en ese hecho de armas para asegurar el éxito completo, como sucedió.

Queriendo obligarlo a que confesara públicamente su apoyo a Villa, Gavira apretó su interrogatorio:

–Desde entonces tuvo usted dominio sobre Villa, con quien estuvo hasta su fracaso en Celaya. ¿Por qué entonces, conociendo bien sus monstruosidades y viviendo en Estados Unidos, vino nuevamente a unirse con él?

Ángeles no cayó en la trampa y hábilmente se le salió a Gavira con una respuesta ambigua:

–Siento que usted abunda, general, en creencias que son del vulgo, como cuando se decía que yo sólo era un matemático o un artillero. Porque yo vine al lado mexicano para aconsejar a Villa, eso es todo; ésa es la misión que yo tuve en los cinco meses que anduve con él. Usted cree que me perjudica mucho el contacto con el general Villa y creo que tiene razón, porque la gente juzga, según las viejas costumbres arraigadas, de las compañías con las que uno se junta. Pero Villa es bueno en el fondo, lo han hecho malo las circunstancias, los hombres y las injusticias. Por fortuna, el señor general Otero y Gama, que manda el 21º Regimiento, ha tenido muy finas atenciones conmigo, es bondadoso y he visto en él a un verdadero amigo. Yo llegué aquí en condiciones desastrosas y siento encontrarme muy mal vestido. Esta ropa que traigo me la regaló mi aprehensor. Siempre he visto que las ropas influyen mucho en ciertas circunstancias y yo quería presentarme mejor vestido de lo que estoy, pero no fue posible. A propósito, recuerdo un detalle: en México, en la residencia del general Lucio Blanco, una señora me confundió con el mozo...

Ángeles inició nuevamente una larga disertación hablando de asuntos que nada tenían que ver con el proceso. Tanto se prolongó, que el general Gavira se vio obligado a interrumpirlo para decirle:

–Suplico al señor general Ángeles se sirva concretar más sus declaraciones y eximirse de entrar en muchos detalles.

Pero Ángeles no cedió y dijo:

–Creo, señor presidente, que si ustedes me van a fusilar, es necesario que me justifique.

Y después se dirigió al auditorio y preguntó en voz alta, abriendo teatralmente los brazos:

–¿Qué pierde este público que me escucha o en qué se perjudica este Consejo de Guerra con que yo explique mi conducta?

La reacción a sus palabras fue instantánea: Gómez Luna brincó de su asiento para protestar porque el presidente del Consejo trataba de coartar la libertad de su defendido para expresarse. Gavira respondió diciendo que en forma alguna trataba de causar ningún mal al acusado: sólo deseaba pedirle que concretara sus declaraciones. Sin dar muestras de emoción y como si nada ni nadie lo hubiese interrumpido, Ángeles escuchó tranquilamente a ambos y continuó imperturbable:

–Pues sí, señores, explicaba yo la manera de juzgar a los oficiales de mi Estado Mayor, que coincide con la manera de juzgar a un individuo mal vestido. Sucedió que en una ocasión, llegó una señora...

Ángeles volvió a hablar largamente sobre su manera de vestir, cosa que nada tenía que ver con el proceso. Pero no fue interrumpido. Cuando terminó dio muestras de cansancio. Se pasó la mano por la frente, como si tratase de coordinar sus ideas. Luego agregó lentamente, sin que el presidente del Consejo lo interrumpiera:

–Efectivamente, no puede uno acercarse a los criminales porque lo juzgan como tal. Es necesario ir siempre al lado de los grandes, de los poderosos, aunque esos grandes y esos poderosos estén sujetos a las mismas pasiones humanas que los demás.

Entonces, dirigiéndose a los integrantes del Consejo y levantando la voz, exclamó con énfasis, como si estuviese actuando:

–¡Oh, los grandes, los del poder, los de arriba, los que jamás admiten ni conceden razón! El que ha leído a Victor Hugo, observa a Jean Valjean mirando sufrir a sus hijos... roba para ellos y lo meten a la cárcel, lo vituperan y nadie sabe que se ha rebelado y delinquido por amor. Hasta a un perro que se le acerca lo corren y nadie puede juntarse con él. ¡Pero todos lo hacen cuando está en la grandeza!

Y Ángeles, como si tratase deliberadamente de exasperar a los miembros del Consejo, volvió a discursear largo y tendido sobre tópicos tan diversos como los de enseñar al pueblo a no ser servil, hacerle comprender que la voluntad es la primera de las grandes potencias interiores e insistir con la idea de que los pueblos, antiguamente, sí tenían verdaderos jurados democráticos que evitaban la imposición de hacer siempre lo que quiere el que está arriba. Y una y otra vez, con obstinación insistió en sus declaraciones predilectas: que él había venido a México, primero, para lograr la unión de todos los mexicanos predicando principios de fraternidad y amor, y luego, a pasar cinco meses al lado de Villa para aconsejarle que no fusilara a sus prisioneros. Las detalladas exposiciones de Ángeles fascinaban a un público sensible que no perdía un solo detalle del apasionante proceso. En cierto momento, el acusado se levantó de su asiento y accionando las manos vivamente dijo, alzando la voz:

–¡Dejé al general Villa y me uní con los que me traicionaron! Y ésos que ahora me traicionan, son los mismos asaltantes de Columbus, son los violadores de muchachitas de doce y trece años, son los mismos que me decían: "Mi general, venga confiado con nosotros, lo trataremos con consideración como usted nos ha tratado siempre, le daremos toda clase de garantías".

Y levantando todavía más la voz como para que se oyera hasta el último rincón del Teatro de los Héroes, exclamó:

–¡Y son ellos, los que me hacían estas promesas, los que me han entregado!

179

Cuando les echó en cara su reprobable acción a Félix Salas y Gabino Sandoval, allí presentes, el teatro se vino abajo en medio de ensordecedores aplausos y vivas a Ángeles. El general Gavira se vio obligado a intervenir con energía para mantener el orden. Cuando por fin el público guardó silencio, el presidente preguntó al acusado cuántos hombres lo acompañaban cuando fue aprehendido. Ángeles, cambiando hábilmente de tono, contestó muy calmado:

–Sólo De Arce y el joven Trillo; éste estaba conmigo porque se había roto un brazo al caer de una yegua bruta que estaba amansando. Platicábamos cuando Muñoz dijo: "allí viene el enemigo". No nos dio tiempo de nada y luego, sin hacer resistencia ni disparar un solo tiro, nos hicieron prisioneros.

Gavira leyó entonces una descripción muy minuciosa de la manera como, según el mayor Sandoval, había atrapado a los acusados, la cual no concordaba en nada con la que acababa de hacer Ángeles. Éste respondió:

–Me extraña mucho que se digan cosas que no son ciertas, lo cual sólo revela un defecto nacional. El pueblo mexicano no es verídico, lo dominan sus pasiones y siempre recurre a la mentira y a la falsedad al rendir un parte. Yo estoy muy agradecido con el mayor Sandoval porque fue bondadoso conmigo y porque me regaló la ropa que traigo puesta, pero todo su parte es falso, mintió y pido ser careado con él. El público será el juez a quien le toque decidir quién dice la verdad.

Luego pidió excusas al público y a los integrantes del Consejo por la mala condición de su vestuario, lo cual dio origen a otra larga disertación. Finalmente, pronunció una frase muy parecida a la que había escrito a un amigo en Parral, lo que tuvo gran efecto entre los asistentes:

–Yo sé que voy a morir, pero mi muerte hará más bien que mis acciones durante mi vida, porque la sangre de los mártires fecunda el suelo donde brotan los ideales.

El general y licenciado Víctores Prieto, agente del Ministerio Público, entabló entonces con Ángeles una larga y tensa discusión sobre los cargos militares que había desempeñado, tanto en México como en el extranjero. Además, lo cuestionó sobre los nombramientos que había recibido de diferentes autoridades y cuál era su manera de pensar sobre diversos tópicos. Y, claro, no dejó de presionarlo con preguntas acerca de su llegada a México, de sus intenciones y de sus relaciones con Villa. A cierta altura le preguntó:

–¿Usted reconoce que Villa comete muchos atropellos?
–Hay ferocidad en su carácter, pero también hay bondad. Por lo demás Villa es bueno...
–¿Por qué se limitaba usted a decirle a Villa: "ya no mates", en lugar de decirle: "ya no luches"?
–Porque hay cosas que no pueden hacerse así porque sí. Si le digo que ya no luche es peor; si se va al fin de improviso, no se consigue nada. Si yo le hubiera dicho eso, no lo habría conseguido.

Ángeles hizo entonces, inesperadamente, algunas consideraciones basadas en su ideología socialista:

–Suprimir la lucha es una utopía y la fraternidad se conquista a fuerza de sangre. Los ricos no quieren que las cosas dejen de ser como son y quieren que sean siempre las mismas, sin fijarse en las miserias de los pobres.
–¿Reconoce usted la legitimidad de la lucha? ¿Reconoce usted la necesidad de la existencia de un Villa?

Las preguntas del agente del Ministerio Público electrizaron al público porque iban al meollo del asunto. Víctores Prieto deseaba que Ángeles condenara a Villa y negara la legitimidad de su lucha armada. Ángeles comprendió de inmediato la importancia de su respuesta y, necesitado de un poco de tiempo para meditarla, trató de eludirla:

–Me pone usted, señor, un problema muy difícil.

Pero el agente del Ministerio Público no lo soltó y trató de acorralarlo con sus propios argumentos:

–Porque si son principios de fraternidad y amor los que usted predica, no es necesaria gran meditación para contestar si está o no justificada la lucha de Villa.

Ángeles guardó silencio un momento y mientras pensaba qué contestar movía lentamente la cabeza de un lado para otro. Luego habló con calma:

–Le voy a demostrar al señor agente del Ministerio Público el por qué éste es un problema muy difícil. Y por qué la injusticia es la causa de las revoluciones. Genovevo de la O era un humilde carbonero que vivía del sagrado producto de su labor y era muy apreciado en su pueblo. Jamás faltaba a sus compromisos y lloviera o tronara, Genovevo entregaba su carga de carbón el día que había ofrecido. Nunca, nadie, tuvo la menor queja de él, pero sucedió que un día los rebeldes llegaron al pueblo de Genovevo y el gobierno de México envió al general Juvencio Robles, quien con sus fuerzas llegó al pueblo, cañoneó la iglesia y cuando sus soldados penetraron en ella la saquearon y quemaron. Entonces Genovevo de la O, el pacífico, el hombre bueno de antes, se levantó en armas para vengar el agravio recibido y se hizo feroz, se hizo malvado.[26]

Sin condenar a Villa ni comprometerse, Ángeles había salido del aprieto en que lo pusieron las preguntas del Ministerio Público. Y después de un breve silencio, hizo una pregunta a su oponente:

[26] La historia de Genovevo de la O era una de las favoritas de Ángeles. Publicó un artículo sobre él en el periódico *La Patria*, El Paso, diciembre de 1917 (véase en este volumen, Felipe Ángeles, "Genovevo de la O", 1917, pp. 258-78).

—¿Quién tenía más culpa, dígame, Genovevo de la O, a quien se había obligado a ser así, o el general Robles? Por eso digo al señor agente del Ministerio Público que hay problemas muy difíciles de resolver, que es necesario pensarlos para hablar con la razón. Genovevo de la O sería lo más malo que quiera verse, pero científicamente su manera de ser estaba explicada.

Luego Ángeles hizo un comentario sobre la religión y se refirió sin temor a su propio ateísmo:

—A aquellos pobres habitantes se les había ido a ultrajar y a pisotear su religión. Aunque ésta sea un error, no puede impedírsele al pueblo que tenga religión. Es necesario emanciparlo para que después, cuando crezca, cuando sea hombre, pueda repetir aquella frase de Sócrates: "Tengo un alma emancipada". Nosotros, los ateos que tenemos una regular instrucción, podemos ver la perversidad de tales o cuales actos. Sin embargo, el pueblo inculto no puede hacerlo así por falta de ilustración. Y para el pueblo, la religión es la escuela práctica de la moral.

El agente del Ministerio Público regresó a otro tema:

—¿Qué piensa usted de la Constitución?
—Ayer me hacían preguntas sutiles, hoy la gran cuestión es arrancarme decir que estoy en contra de la Constitución, decir que soy rebelde para poder matarme con justificación. De la Constitución yo tengo derecho a pensar que no debió reformarse así, y lo que pienso de ella lo hago en mi interior. Pero de lo que yo pienso, de lo que yo creo, de lo que llevo en la intimidad o en el cerebro, quiero permitirme decirle al señor agente del Ministerio Público: ¿qué le importa?

A esas alturas otra vez Ángeles dio un giro a su discurso y empezó a hablar sobre historia patria:

–Y ahora recuerdo que a propósito de la celebración del 5 de mayo, cuando llegamos a Parral me dirigí al pueblo, le hice ver la verdad de la historia y el porqué de la intervención, no de Francia, sino de un hombre. Le hice ver que todos los gritos de júbilo no representan la manera correcta de evocar la memoria de una fecha gloriosa en la historia de la nación. Es que nuestros poetas pintan las cosas de una manera exagerada, relatan la batalla del 5 de mayo de una manera perjudicial para los niños que se inician en el estudio de la historia patria y perjudicial para nuestras relaciones con Francia. Pintan a nuestro ejército como muy glorioso, y desgraciadamente nuestras tropas, en todos los estados de la República, son incapaces de compararse con el brillante ejército francés. Hemos perdido en la lucha hasta la caballerosidad porque nosotros no acostumbramos la caballerosidad bélica. Durante la guerra, entre nosotros –agregó moviendo tristemente la cabeza– de cerro a cerro no se escuchan sino palabras de vituperio, denuestos e imprecaciones.

Palabras que expresadas frente a un Consejo de Guerra, no por un soldado ignorante, sino por el culto ex director del Colegio Militar de México, no deben de haberle ganado la menor simpatía. Pero Ángeles sabía que aquel Consejo de Guerra lo mandaría a la muerte, así que sin inmutarse continuó su discurso sobre la caballerosidad:

–Ahora recuerdo un incidente que pasó en una guerra entre franceses e ingleses. Cuando estuvieron frente a frente sus ejércitos, los ingleses gritaron: "¡Tirad vosotros primero, franceses!" A lo que éstos respondieron: "¡Tirad vosotros primero, ingleses, que os toque la gloria de matar al primer francés!"

Después Ángeles volvió a cambiar de tema y agregó:

–Por lo demás, hacer el bien ha sido mi misión, así como procurar la confraternidad y la unión. Y esto, me dicen ahora, es un acto hostil al gobierno y perjudicial a todo el mundo.

El licenciado Prieto trató de volver al tema del proceso y preguntó si era cierto que Ángeles había tenido "ocho individuos armados a su disposición cuando el ataque a Ciudad Juárez". Ángeles respondió:

–El señor agente del Ministerio Público sabe perfectamente que yo no tomé parte en ese combate. Si hubiera tenido mando de fuerzas hubiera sido un número considerable de gente, ocho hombres en un combate significan una nulidad. Sucedió que en esos momentos, cuando todos creían que nuestro triunfo era un hecho, muchos se acercaron para decirme que eran muy patriotas, que si no deseaba utilizar sus servicios. Es que la gente siempre se va a la cargada, pero luego, cuando vieron el fracaso, se fueron...

La defensa habla

Gómez Luna, el defensor de oficio, preguntó al acusado si era cierto que había desconocido la Constitución de 1917 y si se encontraba en rebeldía en contra del gobierno actual. Ángeles le contestó que cuando se promulgó la Constitución de 1917 él se encontraba en el extranjero y que, en términos jurídicos, no era hostil al gobierno pues sólo predicaba la fraternidad.

El licenciado López Hermosa le preguntó si en ese momento creía ser general. Ángeles contestó que no, puesto que no figuraba para nada en el escalafón del ejército ni tenía patente expedida por la Secretaría de Guerra y Marina. El defensor, apoyado en esta declaración, pidió nuevamente al presidente del Consejo que solicitara por vía telegráfica a dicha Secretaría aclarar si Ángeles en la actualidad era militar o no. A esta petición se opuso una vez más el agente del Ministerio Público, quien dijo que después de conocerse las instancias procesales, esos informes se pedirían cuando fuese oportuno. La defensa, apoyada a gritos por el público, protestó por el rechazo arbitrario de su petición. El alboroto obligó al general Gavira a dirigirse a la audiencia para manifestar que ellos estaban allí para administrar justicia y que debía confiarse en la honestidad de los integrantes del Consejo de Guerra, pues ellos sólo cumplían con un deber y no obedecían consignas.

López Hermosa le preguntó entonces algunos detalles de su vida y Ángeles le manifestó haber sido alumno del Colegio Militar y que la mayor ambición de su vida había sido llegar a ser su director, para lograr lo cual estudiaba día y noche. Después, refiriéndose a su trabajo, expresó:

–Yo me eduqué en el método deductivo. También me eduqué en el amor a la patria y contraje una deuda con ella que trato de pagar en éstos, mis últimos momentos. En el Colegio Militar no estaba establecida el arma de artillería, yo fui su fundador y me afané por su mejoramiento. Fui maestro de los primeros alumnos que entraron al servicio de la más potente arma de la guerra y cuando realicé mi ideal de ser su director, me sentí feliz. Todos me veían como el alma del Colegio Militar y hasta el mismo Victoriano Huerta, cuando se dirigió a mí, lo hizo invocando mi amor al colegio para que me le uniera.

Ángeles, muy pálido, interrumpió sus palabras para secarse el sudor de su frente. Después continuó disertando sobre la formación de los oficiales de Estado Mayor del ejército y sobre las condiciones del Ejército Mexicano:

–El ejército debe estar preparado para defender el honor de la patria y sus instituciones fundamentales. El antiguo Ejército Federal no servía para nada; el soldado recibía instrucción pero no la practicaba y vivía desnudo en los cuarteles. El soldado conservaba un solo uniforme que se le había dado únicamente para lucirlo en los pomposos desfiles del 5 de mayo y del 16 de septiembre. Yo desde entonces comprendí que al ejército hay que formarlo y organizarlo bien. Por eso me agrada el sistema de Estados Unidos, donde el servicio militar es obligatorio y formado con hombres jóvenes y fuertes que son la garantía de la nación. Es necesario constituir un ejército verdadero que se eduque y se compenetre de su misión. Un ejército formado por hombres de todas las clases sociales es lo mejor, así podrá servir a la patria en el momento oportuno. Ésos son hombres libres que jamás se someterán a un tirano.[27]

A las dos de la tarde en punto, a pedido del licenciado López Hermosa, el general Gavira interrumpió la sesión por una hora.

En la parte posterior del foro, los acusados tomaron los alimentos que les llevaron de varias casas particulares, los cuales compartieron con sus guardias y otras personas. Durante el descanso, Ángeles departió con sus amistades y visitantes, conversando y bromeando sin dar muestras de preocuparse mayormente por su suerte. Al reanudarse la audiencia poco después de las tres de la tarde, se tomaron las declaraciones de Néstor Enciso de Arce y de Antonio Trillo, las cuales, unidas a las declaraciones y los careos, muy recargados de discusiones, entre los acusados y los testigos Gabino Sandoval, Félix Salas, Arnulfo Basurto y Francisco Vázquez, hicieron que se prolongara la audiencia.

A las ocho y media de la noche el general Gavira volvió a suspenderla para tomar un refrigerio y la reanudó dos horas después. La defensa insistió en que se pidiera informe a la Secretaría de Guerra y Marina sobre la situación militar de los acusados; los acusadores, generales Prieto y Escobar, se opusieron y, luego de encendida discusión, el general Gavira interrumpió los argumentos declarando que no correspondía solicitar tales informes. Punto.

El agente del Ministerio Público

El general Víctores Prieto pronunció, a nombre de la sociedad, una tremenda requisitoria en contra del general Felipe Ángeles. Aseguró que éste, un ser astuto y malévolo, después de haberse unido a Villa, el "bandolero máximo", había llegado al Consejo de Guerra haciéndose pasar por un cordero y un após-

---

[27] Ángeles y Villa divergían sobre el destino del ejército al finalizar la lucha armada. Ángeles quería modernizarlo e integrarlo con elementos de todas las clases sociales. Villa quería desaparecer el ejército, convertir a México en una nación sin ejército profesional y sustituirlo por un pueblo bien armado y entrenado en el servicio de las armas (John Reed, *México insurgente*, Crítica, Barcelona, 2000, p. 116).

tol predicador de las ideas de fraternidad y amor al prójimo; y que, tratando de parodiar las santas prédicas de Jesús de Nazaret, hablaba de fraternidad y unión, pero la verdad era que "el acusado trata de cubrir sus grandes crímenes con una máscara falsa y su elocuente palabrería socialista". Pidió en consecuencia "la imposición de una pena ejemplar", conforme a las leyes procesales militares: para el general Felipe Ángeles, por el delito de rebelión, la pena de muerte; para el mayor Néstor Enciso de Arce, por deserción frente al enemigo y rebelión, la pena de muerte; para Antonio Trillo, por deserción y rebelión, diez años de cárcel.

Los abogados defensores

Cuando tocó el turno al defensor de oficio de los procesados, Alfonso Gómez Luna, éste dijo que ninguno de los delitos que se les imputaba había sido probado en el juicio: "Lo que no existe en el proceso no existe en el mundo, dijeron los antiguos juristas. Por lo tanto, si ha de hacerse justicia, hay que proclamar que los que están allí sentados, en esos bancos, deben ser absueltos".

No habiéndose probado el carácter militar del principal acusado ni demostrado el delito de rebelión, agregó,

> no es dable al honorable Consejo dictar un fallo condenatorio. Donde la duda existe, la absolución se impone. ¿No nos ha explicado el señor Ángeles su conducta desde la Convención de Aguascalientes? ¿No nos ha hablado de una Liga Liberal para unir a todos los partidos que tratan de desquiciar las bases de nuestra sociedad? ¿En qué combate se le ha visto mandar tal o cual facción, hacer prisioneros y tomar alguna resolución respecto a ellos? En ninguno, señores: ¿cómo pues imputarle el delito de rebelión?

Gómez Luna concluyó su alegato en estos términos:

> En el proceso no consta el nombramiento ni el título de militares que se atribuye a los prevenidos. Debe decirse que no

se acreditó el carácter militar de los que están allí sentados en el banquillo de los acusados. Y no siendo militares, son paisanos; y en ese caso, el Consejo debió haber declinado su jurisdicción y no juzgarlos. Por lo tanto, la incompetencia del honorable Consejo al que tengo la honra de dirigirme está demostrada.

En cuanto al delito de deserción imputado a Trillo, este joven era un prisionero, y "nunca ningún prisionero ha sido considerado, ni lo será, como un desertor".

El defensor de Ángeles, licenciado López Hermosa, no se quedó atrás y pronunció una fogosa pieza oratoria. Pidió a los integrantes del Consejo de Guerra que hicieran a un lado los odios partidistas y fueran clementes con los tres infortunados que se encontraban en el banquillo de los acusados: "La defensa no pide, no exige más que justicia completa. ¡Tenemos hambre y sed de justicia!"

López Hermosa hizo hincapié en que el plazo de dos días para instruir un proceso contra acusados a quienes se les imputaban tales delitos era muy corto, sobre todo en una causa como aquélla, que tenía repercusión en todo el país. Terminó exhortándolos para que recordaran y tuvieran presente que más se ganaba con la magnanimidad que con el odio: "La clemencia más prestigio reportará al gobierno que la severidad. No debemos dar lugar a que los extranjeros, viendo nuestro derramamiento de sangre, digan que aún no sabemos gobernarnos".

Felipe Ángeles toma la palabra

El presidente Gavira concedió al general Felipe Ángeles el uso de la palabra y le suplicó que concretara sus razones. De pie, en medio de un imponente silencio, el acusado expresó con voz perfectamente audible:

–Agradezco a la defensa su desinteresada labor, que estimo la ha hecho por principios de solidaridad y humanitarismo. No dudo que los miembros de este Consejo son honorables, pero por muy honorables que sean mis jueces, no pueden ser imparciales por completo. Se trata de elementos que militaron en un partido contrario al que yo me afilié. No habré de decir ahora si en aquel entonces fui yo de los que tenían la razón o estaban equivocados. Pero de todas maneras, el partido contrario se ha impuesto y el éxito les ha dado a ellos la razón.

Ángeles utilizó una forma muy simple para expresar que en todo el mundo la historia, al menos la historia oficial, la escriben los vencedores. Luego expresó:

—A Carranza lo hizo jefe de la Revolución un plan que firmaron unos cuantos y que poco a poco fue obteniendo el triunfo. Después, cuando se llegó a la Convención de Aguascalientes, sus decisiones no pudieron verse realizadas por completo debido a los malos gérmenes que había en el ejército del presidente Eulalio Gutiérrez. Esos malos gérmenes llevaron a la derrota al general Villa, y los que de cerca lo rodeaban fueron considerados como enemigos de Carranza. Sin embargo, algunos de los generales de la División del Norte que cometieron en Torreón el delito de desobediencia poco después con gusto fueron aceptados por los constitucionalistas. Entre ellos estaba el general Maclovio Herrera, que había sido uno de los desobedientes. También lo fue el general Manuel Medinabeitia que, como Herrera, también fue aceptado con los brazos abiertos. Pero yo fui considerado como un imperdonable enemigo y no podía tener la aceptación que los anteriores tuvieron. No iba pues a ir con las tropas de Carranza porque tenía la seguridad de que sería capturado.

Ángeles se veía pálido y fatigado. Hizo una pausa y continuó:

—Respecto al delito de rebelión que se me imputa, si éste fue cometido cuando me puse del lado de los convencionistas, no se me capturó *infraganti* y la ley exige que además de ser militar el acusado, haya sido sorprendido *infraganti* para condenarlo. Si fue cometido ese delito a partir del 11 de diciembre pasado, fecha en que crucé nuevamente al lado me-

190

xicano, entonces ya no soy militar y en ninguno de los dos casos es competente para fallar el Consejo de Guerra.

Luego Ángeles hizo una ordenada recopilación de las arbitrariedades cometidas en su proceso y de las incongruencias de las acusaciones: "Se juzga con pasión diversa a los amigos y a los enemigos", concluyó.

A partir de ese momento, y pese a la recomendación de Gavira de que concretara sus argumentos, Ángeles caminó en círculos e incurrió en numerosas repeticiones. Sus tópicos favoritos: su carencia de odio, el carbonero Genovevo de la O, su misión al lado de la mala obra de Villa, su amor por la doctrina del socialismo, su patente vocación democrática, su amor para todos los mexicanos sin importar creencia, religión o partido político, su admiración por el gran pueblo estadounidense, la comparación de la grandeza de Estados Unidos con el florecimiento de la Roma imperial y su amor a la humanidad entera. Terminó, finalmente, como San Francisco de Asís, por declarar su amor a los animales y a todas las cosas: a los paisajes de su tierra, al sistema planetario, a la nebulosa que se tiende por el inmenso océano, a las estrellas, a todo... Y todo esto, expresado en medio de un impresionante silencio.

Al final de su discurso y después de hacer votos fervientes porque los estadistas mexicanos pudieran resolver con acierto los arduos problemas de la nación, concluyó:

–Ya no tengo fuerzas y no quiero seguir luchando para salvar mi vida. Lo único que defiendo en estos momentos son mis acciones. Señores jurados: cuando ustedes hayan votado que se me aplique la pena de muerte y yo haya desaparecido, mi único anhelo es que no se diga que fui un hombre malo.

Ángeles, agotado, se dejó caer pesadamente en su silla. Y por primera vez desde que se inició el Consejo de Guerra, el pueblo de Chihuahua, apretujado en el Teatro de los Héroes, no lo ovacionó, sino que guardó un profundo y respetuoso silencio.

El Consejo de Guerra delibera

Pasadas las cuatro de la mañana del 25 de noviembre, después de reafirmar la competencia del tribunal que presidía, el general Gavira suspendió la audiencia durante cinco horas. Ésta debía reanudarse a las diez de la mañana.

Los reos fueron trasladados a sus celdas y regresados nuevamente al foro a dicha hora. El Teatro de los Héroes se encontraba totalmente lleno. Los asistentes, para no perder sus lugares, no abandonaron sus asientos para irse a descansar, tal era la expectación que se vivía en Chihuahua.

Abierta nuevamente la audiencia y llenadas las formalidades correspondientes, los miembros del Consejo de Guerra se retiraron a deliberar. Mientras el Consejo estaba así reunido, los acusados permanecieron en la parte posterior del foro. Varios reporteros de la prensa, tanto nacional como extranjera, y algunos de sus amigos y simpatizantes, cruzaron con ellos palabras de aliento. Ángeles, aunque muy demacrado, departió tranquilamente con sus visitantes. A mediodía llegaron al teatro varios de sus ex discípulos. Fue entonces cuando

las lágrimas asomaron por las mejillas de sus agradecidos ex alumnos en el Colegio Militar de México, que a duras penas podían contener el llanto. Y el mismo Ángeles, que hasta entonces había podido dominarse, no pudo evitar que una lágrima asomara a sus ojos, pero inmediatamente recobró el dominio de sí mismo.

Entretanto, Gómez Luna y López Hermosa trabajaban febrilmente con las demandas de amparo interpuestas ante diversas autoridades: la Suprema Corte de Justicia de la Nación, el juez de distrito del estado de Chihuahua, el juzgado primero de lo civil y el juzgado segundo de lo penal en Chihuahua. Además, varios comités ciudadanos, la colonia francesa de Chihuahua y un comité de damas encabezado por las señoras Revilla, Galván y la señorita Ignacia Ramírez, enviaron a Carranza y al general Diéguez numerosas y emotivas peticiones de clemencia.

Las solicitudes de amparo fueron rechazadas y las peticiones de clemencia no fueron escuchadas. Sólo el Juez Segundo de lo Penal de Chihuahua ordenó la suspensión del acto, pero manifestó que no podía hacerlo del conocimiento del Consejo de Guerra en virtud de estar hecha la demanda en contra del Jefe de las Operaciones Militares.[28]

La sentencia

Por fin a las diez y quince de la noche del 25 de noviembre el general Gabriel Gavira declaró abierta nuevamente la audiencia. López Hermosa solicitó de inmediato la palabra, pero Gavira lo ignoró y no se dignó contestarle. Sólo se escuchó en todos los rincones del teatro la potente voz del general José Gonzalo Escobar ordenando:

–¡Atención! ¡Firmes! ¡Presenten armas!

Ante la sorpresa del pueblo de Chihuahua allí congregado, todos los militares presentes en el Teatro de los Héroes se pusieron de pie y obedecieron la orden de Escobar: hicieron sonar los tacones de sus botas y presentaron sus armas. Enseguida, el licenciado Leandro Díaz de León, juez instructor, puesto de pie dio lectura durante más de una hora a tres largos considerandos en los cuales se basaron las resoluciones del Consejo de Guerra.[29]

Las sentencias dictadas, en definitiva, fueron las siguientes: se absolvió al mayor Néstor Enciso de Arce y al soldado Antonio Trillo del delito de deserción; por el delito de rebelión, se condenó a la pena capital al general Felipe Ángeles y al mayor Enciso de Arce; a favor de este último, se sustituyó dicha pena por la de veinte años de prisión; por el delito de rebelión, se condenó al soldado Trillo a seis años ocho meses de prisión. "Quedan los reos a disposición del general en jefe de las operaciones mili-

[28] De todas las demandas de amparo, sólo el Juez Segundo de lo Penal de Chihuahua contestó ordenando la suspensión del procedimiento, con el resultado anotado en el texto.

[29] Para la lectura completa de estos largos considerandos, véase "Consejo de Guerra del general Felipe Ángeles", AHDN, Cancelados, expediente Felipe Ángeles.

tares en el Norte para los efectos legales", terminaba la sentencia del Consejo de Guerra extraordinario.

Durante su lectura reinó silencio total en el Teatro de los Héroes. Una vez concluida y retirados ya los miembros del Consejo, el general Ángeles, que la había escuchado impasible, asombró a cuantos lo rodeaban por la tranquilidad con que hablaba de su próximo fusilamiento como si se tratara de un viaje. El jefe de la guarnición, coronel Otero y Gama, autorizó a acudir a la prisión a todos aquellos que desearan saludar al general o conversar con él, incluidos un notario y un sacerdote, si el reo los solicitaba. Los prisioneros fueron entonces llevados al cuartel del 21° Regimiento.

En capilla

En su celda Felipe Ángeles fue visitado por última vez por sus defensores, a quienes dio atentamente las gracias. Lo mismo hizo con las numerosas damas que habían realizado incansables gestiones para salvarlo de la muerte. Se presentaron también varios amigos y ex discípulos del Colegio Militar, algunos periodistas y numerosos simpatizantes. Durante las conversaciones con ellos Ángeles mantuvo su buen humor, contó algunas anécdotas divertidas e hizo que todos lanzaran sonoras carcajadas. Dedicó varios autógrafos, entre ellos uno a una dama muy gentil, que dice: "Todas las mujeres son la más bella concepción de la vida, llámense madres, esposas o novias. La mujer alemana es fría aunque cariñosa; la francesa es toda fuego; la americana es calculadora por excelencia; pero la mujer mexicana toda es amor y ternura, fuego y sacrificio".[30]

Cuando se dio cuenta de que, a pesar de sus esfuerzos, varios de sus amigos estaban a punto de derramar lágrimas, les dijo:

–Por favor, no lloren, pues si bien a mí me va a matar, no me hacen más que un favor, pues ya estoy bastante viejo y para nada sirvo.

[30] L. Corral de Villa, op. cit.

Al licenciado Gómez Luna le dijo:

–Es por demás, señor defensor, que haga usted más gestiones. Debo morir hoy mismo. Sin embargo, cumpla usted con su deber.

A medida que avanzaba la hora, varias personas se retiraron. Sólo quedaron en su celda un par de periodistas, algunos amigos, el coronel Otero y Gama y el padre José Valencia, presbítero de la Sagrada Familia, a quien habían llevado algunas damas piadosas. Pasada la media noche y visiblemente fatigado, el general Ángeles se disculpó porque deseaba recostarse un poco. Aclaró, sin embargo, que no se dormiría pues deseaba conversar con el sacerdote. Cuando se levantó, su conversación con el padre Valencia resultó una verdadera disertación sobre la historia y la filosofía de las religiones. Al terminar, le dio amablemente las gracias al sacerdote por haberle hecho compañía en sus últimas horas.[31]

Pasadas las tres y media de la mañana, dijo que deseaba dormir un poco, y así lo hizo por un buen rato. Luego se levantó y escribió una pequeña carta de despedida para su esposa, Clara Krause, que se encontraba con sus hijos en Nueva York. Escribió entonces lo que sigue:

26 de noviembre de 1919

En el cuartel del 21° Regimiento. Chihuahua.
Adorada Clarita:

Acabo de dormir algunos cuantos momentos. Estoy acostado descansando dulcemente. Oigo murmurar la voz piadosa de algunos amigos que me acompañan en mis últimas horas. Mi espíritu se encuentra en sí mismo y pienso con afecto intensísimo en ti, en Chabela, en Alberto, en Julio y en Felipe. Hago votos fervientes porque conserves tu salud y por la felicidad de Chabela. Tengo la más firme esperanza de que mis hijos

---

[31] "La última tragedia. El calvario de un general mexicano", cit., p. 48.

serán amantísimos para ti y para su patria. Diles que los últimos instantes de mi vida los dedicaré al recuerdo de ustedes y les enviaré un ardentísimo beso para todos.

Felipe[32]

Después, Ángeles volvió a dormirse. Las pocas horas que le quedaban de vida transcurrieron con rapidez mientras que de vez en cuando se escuchaba la voz de: "¡Aleeertaaaa!...", que lanzaban los centinelas de la Penitenciaría del estado situada al otro lado de la calle.

Poco antes del fusilamiento, de la Secretaría de Guerra y Marina llegó un mensaje urgente al general Manuel M. Diéguez, jefe de las operaciones militares en el norte. En él se le comunicaba que poco después llegaría a Chihuahua, procedente de la ciudad de México, otro telegrama donde se concedía el indulto al general Ángeles. El telegrama ordenaba a Diéguez asegurarse de que el mensaje que concedía el indulto a Ángeles no fuese entregado hasta que éste hubiera sido fusilado.[33]

EL FUSILAMIENTO: "YA ES TIEMPO..."

Hacia las seis y media de la mañana del 26 de noviembre, cuando todavía estaba oscuro, el general Leandro Díaz de León, juez instructor, entró al cuarto del sentenciado para entregarlo al mayor Ignacio L. Campos, el oficial de día. Como se escuchara en esos momentos el ruido de las botas de los soldados al marchar y las voces del oficial que ya formaba el cuadro, Ángeles preguntó:

–¿Ya llegó la hora?

[32] Ángeles escribió dos cartas más: para el licenciado Manuel Calero y para el señor Manuel Bonilla (ibid., p. 53).
[33] Juan N. Armendáriz era el telegrafista que recibió el mensaje dirigido al general Manuel M. Diéguez, procedente de la Secretaría de Guerra y Marina (José Baca Alatorre, entrevista personal del autor, Chihuahua, Chihuahua, 10 de enero de 1987, en R. Osorio, op. cit.).

El general Díaz de León respondió afirmativamente con la cabeza. Entonces, el general Ángeles se levantó y con calma se puso la misma camisa deslavada, el mismo pantalón de mezclilla y los mismos tenis que había utilizado durante el proceso. El juez instructor lo entregó al mayor Campos, quien a su vez debía ponerlo en manos del oficial que mandaba el pelotón de fusilamiento. En ese momento, el mayor Campos entró a la celda y le expresó a su antiguo maestro en el Colegio Militar el gran afecto le tenía y el terrible dolor que le causaba tener que entregarlo a la muerte. El general Ángeles se puso de pie, con las manos cruzadas a la espalda, y le dijo:

–Mayor Campos, le agradezco mucho sus palabras y le suplico que cumpla usted con su deber.

El mayor se puso en posición de firmes, con su mano derecha en el kepí, saludó a su antiguo maestro, hizo sonar los tacones de sus botas y exclamó:

–A sus órdenes, mi general, tenga usted la bondad de acompañarme.[34]

Ángeles dio un fuerte abrazo al licenciado Gómez Luna y dirigiéndose a todos sus amigos, ex alumnos y visitantes, les dijo que aquel abrazo era para todos, pues pronto debía morir y no disponía de tiempo para más. Luego pronunció en voz baja, casi imperceptible, sus últimas palabras:

–Ya es tiempo...

Sí, se le había acabado el tiempo al general Felipe Ángeles, quien llegaba puntualmente a su cita con la muerte. Con paso firme siguió al mayor Campos hasta el sitio donde sería fusilado. Después de ser entregado al teniente José Ortiz se colocó ante el pelotón de fusilamiento. Mirando de frente a los soldados

[34] Margarita H. de Campos, entrevista personal del autor, Chihuahua, Chihuahua, 20 de noviembre de 1977, en ibid.

y sin permitir que le vendaran los ojos, el general Ángeles permaneció firme e impávido hasta el momento en que escuchó la voz del oficial rompiendo el silencio de la madrugada:

–¡Preparen... apunten... fuego!

A las seis con cuarenta y cinco minutos de la mañana una descarga cerrada de diez fusiles, que no le apuntaron a la cara, sino al cuerpo, hizo derrumbarse a Ángeles, quien cayó pesadamente sobre su costado izquierdo y con la cabeza apoyada sobre uno de sus brazos. Como aún se movía agonizante, el oficial encargado de darle el tiro de gracia le puso un pie en el cuello para inmovilizarlo y descargó su pistola sobre la cabeza. "Éste es el hecho más brutal que he contemplado", escribió un médico estadounidense que estuvo presente.[35]

Sus restos fueron conducidos al Hospital Civil donde los médicos, después de certificar la muerte, los entregaron al licenciado Gómez Luna. El cadáver fue aseado, afeitado y vestido con ropa interior, traje de casimir oscuro, camisa blanca almidonada, corbata, calcetines y zapatos negros. Luego fue colocado en un sencillo féretro de madera en el cual, hacia mediodía, fue trasladado al domicilio de don Leonardo Revilla. De esta manera, el pulcro y atildado general Ángeles pudo entrar al Reino de la Muerte tal y como a él le hubiese agradado: limpio, bien afeitado y ataviado como lo que había sido toda su vida, un caballero.[36]

Después de ser velado su cuerpo durante algunas horas, esa misma tarde y en medio de una multitudinaria manifestación de duelo el sepelio salió de la casa de la familia Revilla situada en la calle Morelos. El ataúd fue llevado en hombros silenciosa y respetuosamente por sus numerosos amigos, seguidos por una multitud de más de cinco mil personas pertenecientes a todas las clases sociales. Poco después de partir, sucedió algo inesperado

[35] Declaraciones del doctor E. M. Gómez, *El Paso Morning Times,* en "La última tragedia. El calvario de un general mexicano", cit., p. 56
[36] El atuendo con que fue sepultado el general Ángeles fue obsequiado por la familia de don Leonardo Revilla (Olga R. de Revilla, entrevista personal del autor, Chihuahua, Chihuahua, 12 de junio de 1984, en R. Osorio, op. cit.).

y extraño. El cortejo se dirigía al panteón de Dolores cuando, al llegar al Paseo Bolívar, fue interceptado por una partida del ejército al mando de un oficial, quien exigió que el ataúd no fuese llevado en hombros, sino en un carruaje, el cual debía ir un kilómetro adelante del cortejo.[37]

El pueblo de Chihuahua estaba estupefacto. Jamás en la historia de la ciudad, autoridad alguna, civil o militar, se había atrevido a imponer medida tan arbitraria en un sepelio. ¿El general Diéguez temía un levantamiento popular durante la ceremonia? ¿O acaso esperaba que en cualquier momento se apareciera Francisco Villa al frente de sus hombres y le cobrara la afrenta hecha al pueblo de Chihuahua por el Consejo de Guerra y el fusilamiento del general Ángeles?[38]

A pesar de todo, ese pueblo se comportó con mucha madurez. Después de que el ataúd fue colocado en un automóvil que de inmediato alguna persona facilitó, el cortejo pudo continuar sin tropiezos, pero la multitud tuvo que seguir de lejos los restos mortales. Finalmente, al caer la tarde de ese mismo día, el sepelio del ex director del Colegio Militar pudo concluirse.

Para la familia del general Felipe Ángeles el destino aún tenía reservado otro dolor. Doce días después del fusilamiento llegó de Nueva York un mensaje que causó mucha tristeza en Chihuahua:

La señora Clara Krause de Ángeles murió el domingo pasado (7 de diciembre) llamando a su esposo, el ex general Felipe Ángeles, pues ignoraba que ya hubiese sido ejecutado. Las últimas palabras de la señora Krause fueron para enviar un mensaje a su esposo pidiéndole que no se afligiera por su muerte y que tuviera valor.

[37] "La última tragedia. El calvario de un general mexicano", cit., p. 56.

[38] José Muñoz González, un joven de quince años que estuvo presente en el Teatro de los Héroes en todo el proceso, declaró que durante el tiempo que se celebró el Consejo de Guerra el pueblo de Chihuahua esperaba ansiosamente que Villa atacara la ciudad y rescatara al general Ángeles (José Muñoz González, entrevista personal del autor, Chihuahua, Chihuahua, 12 de junio de 1984, en R. Osorio, op. cit. Un relato similar en Nellie Campobello, *Cartucho*, Era, México, 2003).

La tragedia de la familia Ángeles-Krause, con cuatro hijos que en el curso de diez días quedaron huérfanos de padre y madre, era ahora completa.[39]

Por lo que respecta al general Francisco Villa, ahora se sabe por qué no pudo rescatar de las implacables manos de Venustiano Carranza a su amigo el general Ángeles. El 26 de noviembre, día de su fusilamiento, Villa emboscaba y aniquilaba en el rancho El Espejo, situado en las desoladas planicies que separan a los estados de Chihuahua y Coahuila, a una columna de caballería del ejército compuesta por trescientos hombres al mando del general Eugenio Martínez. Inmediatamente después de terminar el combate, Villa se internó con sus tropas en Coahuila y, después de una travesía muy penosa, el 10 de diciembre, llevando sólo cuatrocientos hombres "que no le tenían miedo ni al Diablo", según declaró después, capturó la población de Múzquiz.

Fue en aquella pequeña población del estado de Coahuila, tan alejada del cuartel del 21º Regimiento de Caballería en Chihuahua, donde el general Francisco Villa se enteró con profunda tristeza del fusilamiento de su amigo y compañero de armas, el general Felipe Ángeles.[40]

[39] *El Universal de México*, Nueva York, 8 de diciembre de 1919, en "La última tragedia. El calvario de un general mexicano", cit., p. 66.

[40] José María Jaurrieta, *Con Villa (1916-1920), memorias de campaña*, Consejo Nacional para la Cultura y las Artes, México, 1997, p. 220.

EL GENERAL FELIPE ÁNGELES: ESBOZO DE UNA BIOGRAFÍA MILITAR

■ Luis Garfias Magaña*

Nosotros, los militares mexicanos, principalmente los artilleros, hemos escuchado desde muy jóvenes el nombre de Felipe Ángeles con admiración y respeto, porque ha sido, por sus virtudes militares, un ejemplo para las generaciones presentes. En este artículo se pretende dar, en forma breve, la biografía de un ilustre militar.

Hijo del H. Colegio Militar de Chapultepec, distinguido artillero, notable técnico militar, apasionado demócrata, hombre justo y honrado, de profundas convicciones, el general Ángeles constituye un timbre de gloria del Colegio Militar, del ejército y de México.

Felipe Ángeles nació en Zacualtipán, Hidalgo, el 13 de junio de 1868, en un hogar de clase media rural y fue mestizo producto de dos grandes razas. Su niñez y su primera juventud las pasó en Molango y Huejutla, donde su padre desempeñó puestos políticos. Cursó la educación secundaria en el Instituto Literario de Pachuca. Muy joven nació en él la vocación por la carrera de las armas e ingresó en el Colegio Militar en el año 1883, inicio de la llamada "época de oro" de esa noble institución.

Desde el principio de su carrera militar demostró talento y capacidad, se distinguió en las matemáticas puras y aplicadas y llegó, incluso, a hacerse cargo de la impartición de la materia de mecánica analítica cuando su titular, Eduardo Prado, tuvo que ausentarse.

Hay un hecho que demuestra los rasgos de firmeza y de carácter de este hombre notable desde muy joven. Con motivo de una

* El general de división D. E. M. Luis Garfias Magaña participó como ponente en el Coloquio Internacional Felipe Ángeles y la Revolución Mexicana. Como contribución a este volumen, nos ha hecho llegar una versión revisada de este esbozo biográfico, ya publicado en la *Revista del Ejército y Fuerza Aérea Mexicanos*, t. I, época XVI, n. 8, agosto de 1977.

ceremonia oficial anual de inauguración de cursos fue nombrado orador oficial, y preparó un discurso valiente, ya que tocaba asuntos delicados concernientes a las altas jerarquías del ejército. El ingeniero Vito Alessio Robles, otro distinguido ex alumno del Colegio Militar, nos refiere así el hecho:

> Callado por naturaleza, era en el fondo un gran rebelde potencial. En presencia del general Díaz, que presidía el acto con un séquito de generales gloriosos e ignorantes, ante el escándalo y la indignación de estos últimos, se refirió a la evolución de la educación militar y expresó la necesidad de excluir de los mandos militares a los macheteros más o menos gloriosos e incultos. Aquellos generales pusieron el grito en el cielo e hicieron una representación ante el general Díaz pidiendo el procesamiento de Ángeles. El presidente, con muy buen sentido, no accedió a la necia instancia. Respondió a los generales que el joven Ángeles tenía razón.

Se graduó en 1892 y fue destinado a una unidad de largo y brillante historial, el Batallón de Zapadores, tomando parte en varios trabajos de tipo técnico, como el trazado y las excavaciones del canal del río Duero en Zamora, Michoacán. Posteriormente llevó a cabo una serie de trabajos entre los cuales merecen citarse el estudio y reformas del material de guerra, la elaboración de pólvora sin humo y la formación de tablas de tiro para el material Schneider-Canet. Fue profesor de matemáticas, mecánica analítica y balística interior y exterior en el Colegio Militar; profesor de teoría y práctica de tiro en la Escuela Militar de Aspirantes, y de táctica aplicada en la Escuela de Tiro, de la cual fue director. Elaboró las tablas de tiro para el cañón de montaña sistema Bange, así como las características de la pólvora mexicana.

En su hoja de actuación correspondiente al año 1894 aparecen los siguientes conceptos:

> República Mexicana. Colegio Militar. Dirección. Noticia del concepto, aptitud, instrucción, adelanto y conducta del teniente de la P. M. F. (Plana Mayor Facultativa) de Ingenieros, Felipe Ángeles, comisionado en la 2ª Compañía de este Co-

legio. –Este oficial es de buen carácter, muy buenas costumbres, educación, y tiene espíritu militar. Es muy apto para el desempeño de sus obligaciones y muy inteligente en la profesión, principalmente en el ramo de las matemáticas puras y aplicadas. Es muy estudioso, observa muy buena conducta militar y civil, es arreglado en sus gastos. Chapultepec, febrero 28 de 1894. El Gen. Cor. Director, Juan Villegas.

Posteriormente pasó a prestar sus servicios al primer Batallón de Artillería, donde ascendió a capitán segundo y primero. Fue comisionado a Francia a fin de inspeccionar la adquisición del nuevo material de artillería de 75 mm Schneider-Canet. Causó baja de esa unidad para pasar como jefe del Detall del Colegio Militar y fue nombrado profesor de geometría descriptiva ya como mayor técnico del arma.

El 15 de agosto de 1904 fue comisionado con el general Dávila para trasladarse a Estados Unidos a fin de probar la pólvora sin humo que su inventor, Maxim, había propuesto al gobierno de nuestro país. La pólvora no fue aceptada, a pesar de que el subsecretario de Guerra y Marina, general Martínez, el general Manuel Mondragón y algún prominente político tenían interés en su adquisición.

Esta actitud, como era lógico, le concitó enemistades, entre ellas la del general Mondragón, jefe del Departamento de Artillería (que era padrino de Ángeles) y le trajo como consecuencia su postergación en el ascenso a teniente coronel, quedando atrás del oficial de igual grado Rafael Eguía Liz (también muerto años después en forma trágica, en unión de su hijo, durante la Revolución). Sin embargo, el general Díaz tuvo conocimiento de esta injusticia y ordenó que Ángeles fuera colocado en el lugar al cual tenía derecho. Ascendió a coronel con fecha 24 de enero de 1908 y fue nombrado director de la Escuela de Tiro.

Por aquellos años se habían llevado a cabo importantes reformas militares bajo la dirección del general Bernardo Reyes, como la formación de la segunda reserva del ejército y la creación de la Escuela Militar de Aspirantes. Este plantel estaba destinado a la formación de oficiales subalternos de infantería, caballería y artillería, ya que el Colegio Militar formaba oficiales técnicos, y existía una gran necesidad de aquéllos en los cuerpos de tropa del ejército.

La Escuela de Aspirantes fue organizada por hijos del Colegio Militar, como el general Miguel Ruelas, su fundador José Alessio Robles, Emiliano López Figueroa, Ángel Vallejo, entre otros, y no tardaron en aparecer rivalidades entre ambos planteles, aun cuando Aspirantes estaba muy lejos de poder, no digamos superar, sino tan siquiera igualar la enseñanza que se impartía en el Colegio Militar de Chapultepec.

Esto originó que, en determinada ocasión, el coronel Ángeles manifestara la siguiente opinión: "La instrucción adquirida por los aspirantes en sus tres semestres podía ser repasada por un alumno de años superiores del Colegio de Chapultepec durante una sobremesa". Esta opinión le ocasionó un arresto ya que, como hemos dicho, su actitud le había concitado numerosos enemigos.

En esos meses fue enviado nuevamente a Europa, primero a la Escuela de Aplicación de Fontainebleau y después a la Escuela de Tiro de Mailly. Al término de estas estancias pasó a efectuar otras en dos regimientos de artillería, uno de los cuales estaba al mando del coronel Fayolle, futuro comandante de ejército en la Gran Guerra de 1914.

Así llegamos al año crucial de 1910, cuando se inicia la Revolución que va a cambiar el destino de millones de mexicanos. Durante la primera fase de ese gran movimiento social Ángeles permaneció en Francia, a pesar de haber solicitado regresar al país "para compartir la amargura común", según afirmó en su solicitud. Sin embargo, el entonces secretario de Guerra y Marina, general González Cosío, no aceptó su petición.

Los hechos se precipitaron con gran rapidez. El general Díaz renunció a la presidencia, vino el corto interinato de León de la Barra y subió a la presidencia el señor Madero, en medio del júbilo popular y de la esperanza nacional. Una nueva era se iniciaba en México.

El señor Madero conocía la personalidad del coronel Ángeles. Éste fue llamado a la patria y recibió el honroso cargo de director de nuestra *Alma Mater*, el Colegio Militar. Grandes perspectivas se auguraban para la institución, dirigida por tan prestigioso jefe, que llegaba del extranjero precedido de una justa y bien ganada fama. El 2 de julio de 1911 Ángeles fue ascendido a general brigadier, coronando así una carrera digna al llegar a la meta a la cual todos aspiramos. Y lo que hemos anotado se convirtió en realidad: el Colegio comenzó a trasformarse y quizá en esos tiempos alcanzó el pináculo de lo que justamente se ha llamado la "época de oro" de ese notable plantel.

■

Es interesante anotar que con motivo del ascenso de Felipe Ángeles a general brigadier la Cámara de Senadores, encargada de ratificar dicho ascenso, interpeló al general José González Salas, secretario de Guerra y Marina, sobre el "motivo por el cual fue preferido el citado coronel a otros más antiguos". La respuesta fue la siguiente: "La preferencia se basaba en la diferencia de condiciones y aptitudes entre éstos y aquél, pues que distan mucho los unos de los otros". El dictamen fue favorable y su ascenso fue ratificado por unanimidad.

Mientras tanto, el país distaba de estar en paz. Los conatos de sublevación y la rebeldía zapatista en Morelos tenían en constante preocupación al presidente de la República: primero, el fallido intento del general Bernardo Reyes en Linares; después, la frustrada sublevación del general Félix Díaz en el puerto de Veracruz y finalmente el importante y peligroso movimiento revolucionario de Pascual Orozco, el antiguo arriero y en esos días general, que acaudilló a los antiguos terratenientes y oligarcas de Chihuahua contra el señor Madero.

Todos esos brotes fueron aniquilados por el Ejército Federal. Sólo quedaba Zapata, que libraba en Morelos una lucha sangrienta contra las tropas federales encabezadas por el viejo general Juvencio Robles, quien se distinguía por su crueldad contra los insurrectos. El señor Madero, a pesar de sus intentos pacifistas, no logró la rendición de Zapata, por lo que a fin de humanizar la campaña nombró comandante de las fuerzas federales en Morelos al general Felipe Ángeles. Éste dejó la dirección del Colegio en manos del subdirector, teniente coronel Víctor Hernández Covarrubias, y marchó a Morelos, donde condujo una campaña humana evitando los excesos y buscando convencer a los campesinos y a Zapata de la necesidad de deponer las armas.

El general Federico Cervantes, biógrafo de Ángeles, nos relata una anécdota de aquellos días:

Cuando el año de 1914 la Convención Militar Revolucionaria en Aguascalientes comisionó al general Ángeles para ir a convencer a Zapata para que mandara una delegación a dicha Convención, a nuestra llegada a Cuernavaca, Zapata esperaba a Ángeles parado a la entrada del Banco de Morelos. Un silencio angustioso se produjo cuando el general Ángeles, descendiendo del automóvil, pasaba cerca del general Genovevo de la O, quien montaba un nervioso caballito. Señalando a Ángeles con el dedo, preguntó en voz alta y en tono festivo: "¿Éste es el general Ángeles?" Como se le contestara afirmativamente, dijo entusiasmado: "Venga un abrazo". Los adversarios se reconciliaban con un abrazo efusivo que antes habían preparado el humanitarismo y la elevada comprensión del militar y del psicólogo.

El general Gildardo Magaña, en su obra *Emiliano Zapata y el agrarismo en México*, nos da un interesante comentario sobre la campaña de Morelos en 1912. Escribe Magaña:

El 13 de agosto [de 1912] los bizarros alumnos del Colegio Militar despedían en la estación de Buenavista a su director, general Felipe Ángeles.

Partidario de las ideas nuevas, de amplio criterio revolucionario, ecuánime y justiciero, el talentoso jefe militar iba a la campaña a cumplir con su deber, sin los prejuicios necios y sin la soberbia estulticia de su antecesor. Bien pronto comprendió que la exacerbación de la guerra en la región suriana se debía a los abusos, a los atropellos, a los crímenes cometidos por las fuerzas federales, y sus primeras disposiciones fueron órdenes de arresto en contra de algunos oficiales, varios de los cuales hubieron de ser procesados por robos de ganado y otros delitos del orden común al "perseguir al enemigo".

Ésta era la oficialidad subordinada a Juvencio Robles, militares que jamás se preocuparon de la campaña a ellos encomendada, ni de las tropas a su mando, la miserable "carne de cañón" siempre fatigada y hambrienta que sólo sabía, imitando el ejemplo de sus superiores, asesinar, incendiar y robar".

La soldadesca ebria y amoral, aleccionada por Juvencio Robles, veía en cada indígena, en cada morador de la región suriana, a un terrible enemigo, a un hombre fuera de la ley condenado por la sociedad integrada por los explotadores del pueblo, por los ricos hacendados, por los favorecidos por el poder de los gobernantes, y obraba así implacable, despiadadamente, sin importarle sacrificar inocentes, en obediencia a una consigna cuya finalidad ignoraba.

Ángeles, por el contrario, fue a Morelos, estudió minuciosa y serenamente la situación, descubrió el mal que gangrenaba al gobierno de Morelos y habló claro, con sinceridad, con franqueza, con honradez, sin parar mientes en los denuestos que su actitud arrancó a la prensa mercenaria que desde entonces alentaba y servía a los traidores de 1913. Pero ni Madero, de quien Ángeles era ferviente partidario y leal amigo, supo comprenderlo, ni quiso dar oídos al pundonoroso y consciente general.

¡Cuán dolorosa y trágica vino con el tiempo a confirmarse la sabia opinión del más tarde estoico sacrificado de Chihuahua!

El historiador estadounidense John Womack, en su obra *Zapata y la Revolución mexicana*, escribe sobre el general Ángeles:

El general Ángeles no era un veterano de las guerras indias [se refiere a las guerras contra los yaquis y los mayas], era más bien un militar intelectual, brillante, de procedencia de artillería y entrenado en Francia. En la ciudad de México gozaba de una brillante reputación como un oficial honorable y civilizado. Era profundamente ambicioso, pero tenía el sentido político de avanzar en su carrera en una forma sutil y aparentando modestia. Durante la campaña zapatista no solamente no quemaría aldeas, sino que había ido personalmente a ponerse de acuerdo con el nuevo gobernador, a fin de llegar a un acuerdo con los zapatistas.

.

Así llegamos al fatal mes de febrero de 1913, cuando se produce en la capital del país la sublevación de los generales Mondragón, Ruiz, Reyes y Díaz, y el inicio de los dramáticos días que se conocen en nuestra historia como la "Decena Trágica". El presidente Madero, al carecer de tropas suficientes y leales, se trasladó a Morelos y ordenó al general Ángeles que regresara rápidamente con sus efectivos a la ciudad de México.

Una vez en el Distrito Federal hubo varias propuestas a fin de que Ángeles se encargara, ya fuera como jefe de Estado Mayor, ya como comandante de las tropas, de poner fin a los sublevados de la Ciudadela. Pero nada de esto fue posible, pues tan sólo era general brigadier y no podía brincar el escalafón y tener bajo su mando a generales de mayor jerarquía y antigüedad. Quedó como jefe de un sector, ocupando con su artillería posiciones en lo que es actualmente el hotel Fiesta Palace y sus alrededores.

El 18 de ese mes se produce un hecho gravísimo: el golpe de Estado del general Huerta en acuerdo con los sublevados de la Ciudadela y el apresamiento del presidente Madero y el vicepresidente Pino Suárez. Ese mismo día Ángeles recibió orden de presentarse en el cuartel general de la guarnición de la plaza, donde fue aprehendido y recluido en la misma habitación con los señores Madero y Pino Suárez.

Sobre este suceso sus malquerientes han querido ver una falla en su actitud. ¿Por qué, dicen, Ángeles no marchó con sus tropas y trató de liberar a Madero? ¿Por qué se entregó dócilmente a Huerta? Varias versiones existen que desvirtúan estas incógnitas. Ellas aclaran que Ángeles, cuando fue a la guarnición, ignoraba los graves sucesos apenas ocurridos en Palacio. Aquí coinciden las versiones de los licenciados Federico González Garza y Juan Sánchez Azcona y la del general Joaquín Casarín.

Finalizados los trágicos sucesos que culminaron con los asesinatos de los señores Madero y Pino Suárez, Ángeles fue puesto en libertad. Pero poco después fue aprehendido, acusado de haber fusilado a un civil capturado cerca de las posiciones de la artillería, que intentaba sublevar a la tropa. Después de varios meses, gracias a las gestiones de su defensor, el licenciado Manuel Calero, Ángeles logró su libertad. Poco después el general Aureliano Blanquet, secretario de Guerra y Marina, le comunicaba lo que sigue: "Dispone el presidente interino de la República que el general brigadier de artillería marche en comisión de servicio a Francia, autorizándolo para viajar en territorio de dicho país, con objeto de hacer estudios de artillería".

El objeto real de esta comisión era desterrar al artillero, que era una amenaza latente para el nuevo gobierno ilegítimo. Existen algunos escritores, entre ellos el coronel Bernardino Mena Brito, que afirmaron años después que Ángeles se había comprometido con Huerta a no rebelarse. Sin embargo, está el testimonio de su defensor, el licenciado Manuel Calero, hombre honorable, quien afirmó públicamente que nunca hubo compromiso alguno y que la citada comisión era un subterfugio velado para desterrar a Ángeles, lo cual se confirma en la práctica pues nunca recibió ningún apoyo económico, como podía suponerse. Ángeles marchó a Francia, donde se puso en contacto con el licenciado Miguel Díaz Lombardo, representante de la Revolución, y a finales del mes de septiembre abandonó aquel país rumbo a México, adonde llegó el 17 de octubre entrando por Nogales, Sonora.

El 28 de marzo de 1914 fue dado de baja del Ejército Federal "por indigno de pertenecer al ejército", con retroactividad al 8 de noviembre de 1913, es decir, a las fechas en que se había sumado al Ejército Constitucionalista. El oficio respectivo está firmado por el general Aureliano Blanquet, el antiguo comandante del 29° Batallón de Infantería, que había logrado fama de triste memoria por sus actuaciones en la campaña de Morelos y después por haber violado su palabra de honor militar al aprehender personalmente al presidente Madero.

■

El general Ángeles se incorporó a la revolución constitucionalista en Nogales en noviembre de 1913. Fue recibido con muestras de júbilo por el señor Carranza, se ofreció una fiesta en su honor y se hizo público que el Primer Jefe lo nombraría secretario de Guerra del gobierno revolucionario. La designación era lógica, pues Ángeles venía precedido de una justa fama de militar profesional, culto e inteligente, y además llegaba de un país extranjero, Francia, que era uno de los más avanzados en la ciencia de la guerra. Sin embargo, su nombramiento produjo violentas reacciones entre los revolucionarios. ¿Por qué nombrar para tan importante puesto a un ex federal?, se decía. Y sobre todo, ¿por qué designar a un advenedizo, que apenas unos cuantos días antes había llegado a Sonora, con preferencia a otros revolucionarios que desde hacía muchos meses combatían a la usurpación?

Uno de los que más presionó en su contra fue el general Álvaro Obregón, cuya estrella militar comenzaba a ascender gracias a sus indiscutibles méritos. Obregón veía con justificado temor el que Ángeles, un militar profesional, quedara a la cabeza y, en un futuro no muy lejano, fuera la figura principal en el campo revolucionario. Igualmente, los jefes y generales improvisados suponían que alrededor del nuevo secretario se agruparían oficiales y jefes ex federales (como eran los casos de Federico Cervantes y Pablo Bazán) y éstos hicieran a un lado a los improvisados.

Esta fuerte presión de los sonorenses, que eran quienes estaban triunfando en esos momentos y eran el principal apoyo de Carranza, determinó que éste modificara su nombramiento y Ángeles quedara como subsecretario de Guerra encargado del despacho. Fue una mala decisión que a nadie satisfizo. Los revolucionarios sonorenses continuaron recelosos viendo en el brillante artillero una amenaza latente, y Ángeles se sintió lastimado e injustamente hecho a un lado y, junto con él, sus ayudantes. Éstos estuvieron en situación ambigua hasta que algunos meses después se les regularizó al expedirles nombramientos de jefes del Ejército Constitucionalista.

Meses después, Carranza se trasladó a Chihuahua, donde Villa había obtenido brillantes victorias y se preparaba a marchar hacia el sur. En el camino, Ángeles recibió un telegrama en donde Villa lo invitaba a presenciar sus futuras batallas; pidió autorización para incorporarse a la División del Norte y Carranza se la dio, quizá como un buen pretexto para deshacerse de su incómodo subsecretario.

¿Por qué Ángeles se incorporó a Villa? Esta pregunta se ha hecho muchas veces. No cabe duda de que aquél era un psicólogo: se dio cuenta de que al lado de Carranza y Obregón le iba a ser muy difícil actuar y que, por otra parte, unido a Villa los resultados serían muy distintos. Villa era la fuerza, la personalidad de un caudillo, el hombre del pueblo, por eso era seguido por una gran masa de campesinos. Ángeles era el cerebro, la inteligencia tras el brillo, el profesionalismo, la razón y el equilibrio. Además Ángeles se daba cuenta de que con la División del Norte villista lograría la fama que Carranza le negaba.

Los hechos le dieron la razón. El nombre de Ángeles está siempre ligado a las grandes batallas de esta unidad y cuando, años después, por razones políticas y militares, tuvo que separarse de Villa, los resultados no se hicieron esperar y vinieron las derrotas de Celaya, León, Aguascalientes, que fueron la tumba del villismo ya durante la escisión revolucionaria.

Villa, con su inteligencia innata, se dio cuenta rápidamente de lo mucho que ganaría con Ángeles y lo invitó a que se hiciera cargo de la artillería de la División del Norte, que por aquel entonces contaba con dos brigadas (aproximadamente cuarenta piezas) al mando de varios oficiales ex federales. Eran los días en que se preparaba el ataque a Torreón. Ángeles de inmediato pasó a desempeñar el puesto de comandante de artillería y un papel discreto de consejero y asesor de Villa.

En la decena final de marzo y los primeros días de abril de 1914 se libró la batalla de Torreón. Ésta culminó con la evacuación de la plaza por las tropas federales al mando del general José Refugio Velasco, rumbo a San Pedro de las Colonias. En esta ciudad los revolucionarios se adjudicaron otro triunfo, quizá más importante que el anterior, aunque incompleto ya que las tropas de Pablo González no cortaron oportunamente las vías de retirada.

Con posterioridad, ya en Chihuahua, se planearon las nuevas operaciones y empezaron a aparecer los inicios de la ruptura entre dos personalidades poderosas: Villa y Carranza. Éste no pudo lograr la sumisión de aquél, lo cual se hizo evidente cuando se trató de los nuevos objetivos: las ciudades de Saltillo y de Zacatecas. El primer objetivo iba a quedar bajo la responsabilidad de las fuerzas del general Pablo González y el segundo debía quedar a cargo de la División del Norte. Sin embargo, el Primer Jefe no quería que Zacatecas fuera tomada por los villistas, y ordenó a Pánfilo Natera que tomara la plaza y a los hermanos Arrieta, de Durango, que se incorporaran al Cuerpo de Ejército de Occidente del general Álvaro Obregón, medida tendiente a restar elementos a la División villista.

No es intención de este trabajo entrar en los detalles que ocasionaron la desobediencia de Villa a Carranza, ya que este tema ha sido tratado en muchas obras por escritores capaces, sino dar una idea de la personalidad del general Ángeles. Como consecuencia de la orden recibida de la Primera Jefatura en el sentido de que Zacatecas debía ser capturada por Natera, Villa se opuso y la situación entre él y Carranza se volvió muy tirante. Finalmente, Villa marchó al sur para librar batalla en Zacatecas. Años después, ya cuando Ángeles estaba en desgracia, se esgrimió el argumento de que él había sido el factor decisivo de la insubordinación de Villa hacia Carranza y, como veremos después, esto no podía ser fácilmente olvidado.

■

La plaza de Zacatecas fue tomada en una operación que ha sido descrita muchas veces. Bástenos decir que en ella jugó un papel decisivo el general Ángeles y que nadie discute que él fue el cerebro de dicha victoria. Una vez más recurrimos al testimonio del general Federico Cervantes, biógrafo de Ángeles, quien escribe en referencia a un artículo aparecido en una publicación francesa: "Yo agrego que la concepción del dispositivo de ataque fue idea del general Ángeles; que todos los generales, Villa inclusive, apoyaron y secundaron esa idea. La ejecución fue obra del mando de oficiales valientes y de la intrepidez de los soldados de la División del Norte".

Sobre la batalla de Zacatecas, el general Cervantes concluye:

Fue el triunfo más esplendoroso y el golpe definitivo contra las tropas de Victoriano Huerta. La artillería acalló a las baterías federales y preparó y apoyó los asaltos de la infantería. Altas posiciones, atrincheradas fuertemente, fueron tomadas una a una; el enemigo se reconcentró acorralado en la ciudad de Zacatecas y al intentar huir hacia el sur la persecución fue espantosa.

Veamos otra opinión, más serena y documentada, la del general Miguel Ángel Sánchez Lamego, que en su *Historia militar de la revolución constitucionalista* escribe:

Efectivamente, todo esto se realizó, pero aquello fue debido, a mi juicio, en primer término a la gran superioridad numérica de los atacantes, y enseguida a la elevada moral de las tropas revolucionarias; es decir, que si bien en el desarrollo de la acción tres armas tuvieron una acción bien coordinada, ello no fue el producto de la organización y de la instrucción y disciplina de las tropas atacantes, sino resultado de una gran superioridad artillera (39 piezas contra 10), mayores elementos en municiones, superioridad de las tropas (23 000 hombres contra 5 000) y poca consistencia moral de los defensores (la mayor parte de las tropas federales eran irregulares y auxiliares). Sin embargo, es necesario hacer notar que en este hecho de armas se aplicó por primera vez, y con muy buen éxito, el empleo de la artillería "en masa", bien es cierto que no en forma absoluta, pues siempre se fraccionó a la hora del ataque.

Lo que es un hecho incontrovertible, sobre todo para los que somos artilleros, es que en esta batalla el arma jugó un papel decisivo y que ésta fue dirigida bajo las diestras órdenes del general Ángeles.

Los resultados de la desobediencia de la División del Norte no se hicieron esperar. Felipe Ángeles fue relevado de inmediato de su puesto como subsecretario de Guerra. Sobre Villa la reacción fue menor aunque no menos significativa. Carranza se negó a que la División del Norte fuera elevada a Cuerpo de Ejército, aduciendo que estaba subordinada al Cuerpo de Ejército de Occidente, y también negó el ascenso de Francisco Villa a divisionario, grado que previamente ya habían recibido los generales Álvaro Obregón y Pablo González. Todo esto, a pesar de que la División del Norte había rendido parte de la batalla a la Primera Jefatura, reconociendo así la autoridad de Carranza.

La División del Norte se retiró primero a Torreón y después a Chihuahua. Ángeles recibió el mando de una brigada (la Brigada Ángeles), en compensación por su destitución. Pero el hecho era que ya estaba perfectamente definida la ruptura que poco después tendría lugar. Los enemigos de Ángeles, que en el otro bando eran numerosos e importantes, afirmaban que él era la "eminencia gris" del villismo. Pero cuando se estudia su personalidad, su carácter, se llega a la conclusión de que no fue así. Por el contrario, Felipe Ángeles fue un hombre de características morales no usuales en ese medio. Lógicamente, despertaba envidias y celos en aquellos que rodeaban a Carranza y que, carentes de cualidades, utilizaban la insidia, la calumnia, el favoritismo y el servilismo para desprestigiarlo, maniobras que culminarían con su trágica muerte.

Después de la batalla de Zacatecas ocurrieron las de Orendáin, La Venta, El Castillo, libradas por el Cuerpo de Ejército de Occidente del general Obregón. Semanas después vendría el epílogo, al renunciar el general Victoriano Huerta a la presidencia que ilegalmente desempeñaba y producirse la disolución del Ejército Federal en los Tratados de Teoloyucan, a mediados de agosto de 1914. La Revolución había terminado pero ahora venía la lucha de las facciones vencedoras y en especial de los dos grandes bandos triunfadores, el villista y el carrancista.

■

Para dirimir graves cuestiones de mando, y después de una serie de reuniones infructuosas entre los principales generales revolucionarios, se acordó celebrar una Convención en terreno neutral y se eligió con tal fin la ciudad de Aguascalientes.

El general Ángeles, al frente de una comisión de la Convención, partió a Morelos para convencer a los zapatistas de que participaran en la Convención, pues éstos se mantenían rebeldes al constitucionalismo y no reconocían la autoridad de Carranza. La misión de Ángeles tuvo éxito y los zapatistas accedieron a enviar delegados a Aguascalientes. La Convención se desarrolló en medio de acaloradas discusiones que culminaron con la separación de Carranza como Primer Jefe y el nombramiento de Eulalio Gutiérrez como presidente de la República. Venustiano Carranza desconoció a la Convención y se retiró a Veracruz, y en tanto las tropas convencionistas ocuparon la ciudad de México.

Los meses finales del difícil año de 1914 se sucedían en forma angustiosa para los mexicanos, que no lograban encontrar la paz. La División del Norte continuaba en la capital de la República, mientras los carrancistas operaban en diferentes regiones. Villa no logró derrotarlos, entre otras cosas debido al fracaso de los zapatistas que, carentes de organización militar y verdaderos jefes, no pudieron cortar la vía férrea que abastecía al general Obregón y a sus tropas reorganizadas desde Veracruz. En el norte el general Maclovio Herrera, ex villista, en unión de Antonio I. Villarreal, operaba en Torreón y presentaba una amenaza a la línea de comunicaciones villista sobre las importantes plazas de Saltillo y Monterrey.

En consecuencia, Ángeles recibió orden de salir al norte y derrotar a los citados generales carrancistas. En Ramos Arizpe libró una importante batalla el 8 de enero de 1915, derrotando completamente al enemigo y capturando días después Saltillo y Monterrey. Logró de este modo eliminar la amenaza que pendía sobre la vital línea de comunicaciones. Es interesante citar el concepto que el general Emilio Madero, actor de esa batalla, tenía sobre el general Ángeles. Escribe el general Madero:

Unía el general Ángeles un valor temerario a una afabilidad extrema y una cultura poco común. En el antiguo Ejército Federal del que formó parte y en el que obtuvo el grado de general, era considerado como de los más brillantes oficiales de artillería, y durante la campaña que Villa inició sobre Torreón y en todas las otras acciones de guerra en que intervino se demostró como un táctico consumado. Pero en donde más brillaron sus dotes como general y sus profundos conocimientos como estratega fue, a no dudarlo, en la preparación y en el desarrollo que culminó en la batalla de Ramos Arizpe.

El mismo general Emilio Madero hace otro comentario sobre el humanitarismo de Ángeles, cualidad no muy común en aquellos años: "Ángeles por su humanitarismo ha de ser comparado en nuestra historia a Bravo, y el más digno discípulo de Madero; por su ciencia militar y perspicacia, a Miramón; por su modestia, sólo encuentro en los anales revolucionarios al ilustre Pino Suárez. ¡Ojalá que pronto se le haga justicia a su memoria!"

En efecto, después de terminada la batalla, a las seis de la tarde, el general Ángeles hizo formar a los tres mil prisioneros hechos en el campo de batalla y en General Cepeda y los exhortó a no volver a tomar armas contra la Convención, dejándolos en libertad después de prestar juramento de que no lo harían. El general Ramos también protestó no combatir y a los dos días de este juramento ya se encontraba del lado enemigo. La actitud de Ángeles contrastaba con la de gentes como Fierro, Seáñez, Urbina y el propio Villa, que ordenaban el fusilamiento indiscriminado de los vencidos.

El botín de la batalla de Ramos Arizpe fue importante. Se recogieron aproximadamente dos millones de cartuchos para fusil y once mil granadas para cañón de fabricación francesa, así como vestuario, armamento, equipo nuevo y gran cantidad de armas usadas en buen estado.

En Monterrey dio varias pruebas de su carácter comprensivo y bondadoso. A una comisión de señoras que le solicitaron la apertura de las iglesias, les contestó que podían hacerlo, aunque él no fuera católico, pues por ese tipo de libertades se luchaba en la Revolución. Ordenó también importar maíz que se vendió a precio de costo a la necesitada población regiomontana. Muchas fueron sus pruebas de honradez, pero basta citar una: en Saltillo, después de la batalla, ordenó que se pagaran las provisiones que la presidencia municipal había adquirido para las tropas. También se pagó a los choferes cuyos servicios fueron utilizados para mover tropas. No fue esto lo único. En campaña existía la costumbre de que después de algún triunfo se distribuyera dinero entre el personal más próximo a los jefes. Ángeles nunca hizo suya esa costumbre, llegando en ocasiones a renunciar a su sueldo.

En marzo de 1915, Ángeles se unió con Villa en Torreón y ahí, en forma terminante, le aconsejó no librar batalla en Celaya. Villa insistió, ya que creía fácil derrotar al "perfumado", término despectivo con el cual se refería a Obregón. El resultado, como sabemos, fueron las sangrientas batallas de Celaya que marcaron el principio del fin. Ángeles insistió en sus consejos, desaprobando nuevamente que se combatiera en León, que por sus características topográficas no era terreno favorable. Villa desoyó el consejo y una nueva derrota no se hizo esperar. Poco después, Aguascalientes sería la tumba del villismo organizado. Como consecuencia de estas graves derrotas y de la posterior disolución de la otrora poderosa División del Norte, Ángeles marchó al exilio y se estableció en El Paso, Texas, donde gracias a la ayuda de José María Maytorena adquirió un pequeño rancho.[1]

■

En el año 1941 los restos de Felipe Ángeles fueron trasladados desde Chihuahua a Pachuca, Hidalgo, en un recorrido de desagravio por varias ciudades donde se realizaron ceremonias de homenaje. En una nota biográfica sobre el general, el escritor Salvador Azuela escribió entonces:

Hay hechos en la biografía del hidalguense que revelan el perfil ético y la independencia de criterio que dirigen su conducta. Ellos expresan más que todas las retóricas y los panegíricos.

[1] Las vicisitudes de Felipe Ángeles en el exilio y su posterior regreso en diciembre de 1918 para incorporarse a las guerrillas de Villa están tratadas en otro ensayo de este volumen. También el proceso y el fusilamiento del general, el 26 de noviembre de 1919, se relatan en otro trabajo de este mismo volumen. Se omite por tanto su relato en esta versión del ensayo del general Garfias [N. del E.].

Su ineptitud para la vida cortesana, su repulsa por todo lo que representaba espíritu de servilismo lo hicieron fracasar cuando acababa de sumarse al movimiento revolucionario iniciado en contra de la usurpación huertista. Francisco Villa lo acoge entonces. Aquel rebelde venido de la entraña misma del pueblo, terrible como los huracanes y recio como sus montañas altivas, lo distingue con acatamiento. Al lado de Villa, el hombre en estado de naturaleza, Ángeles significa la comprensión, la inteligencia cultivada, el concepto de la vida civil, la norma moral que intenta ordenar los anhelos vagos, difusos, románticos de mejoramiento nacional en una obra vertebrada y orgánica.

Su conducta con don Francisco I. Madero en trance de apostolado no fue cosa fácil ni exenta de peligros. Significó para Ángeles la prueba suprema, y tal actitud constituye su más grave error para los espíritus cerrados a la generosidad y a la simpatía. Ellos no perdonaron su jerarquía humana, su probidad y dotes de renunciación a ese hombre fusilado inexorablemente por encima de la legalidad.

Hay caracteres como Ángeles que son una especie de reactivo moral para conocer las almas de sus contemporáneos. Los juicios que sobre ellos se pronuncian revelan su grandeza o su miseria. ¿Queréis conocer la calidad de los hombres de la Revolución? Preguntadles qué opinan de Ángeles. La respuesta es una piedra de toque. Descubre todo un concepto sobre la ley, el civismo, la rectitud y el respeto que merece la vida humana.

Por su linaje, Ángeles era liberal. Su maestro, Arcadio Castro, puso dos ingredientes en el espíritu taciturno y solitario de Felipe Ángeles: rectitud y amor al estudio.

Con los conceptos arriba anotados queremos terminar este trabajo. Creemos que ante lo escrito salen sobrando más comentarios. Felipe Ángeles será siempre una figura limpia, heroica y digna, orgullo del Heroico Colegio Militar, del Ejército y de México.

APÉNDICE: SIETE ESCRITOS DE FELIPE ÁNGELES

INTRODUCCIÓN
▪ Adolfo Gilly

"Vine del pueblo y era yo exclusivamente un soldado. La ignominia de febrero de 1913 me hizo un ciudadano y me arrojó a
la Revolución en calidad de devoto de nuestras instituciones democráticas": así dice el manifiesto de Felipe Ángeles al pueblo
mexicano, fechado el 5 de febrero de 1919, aniversario de la Constitución de 1857 que el mismo manifiesto reivindica. Con él quiso explicar las razones de su regreso a México para combatir al
gobierno de Venustiano Carranza y restablecer aquella Constitución luchando junto a las fuerzas de Pancho Villa.

El documento dice sus propósitos y su programa, pero en esas
líneas también resume la trayectoria vital del general: un militar
de escuela, exclusivamente dedicado a su profesión y a la institución militar, hasta que a los cuarenta y cinco años de edad, ya
con el grado de general y habiendo sido reciente director del
Colegio Militar, rompe con el ejército que ha depuesto y asesinado al presidente y al vicepresidente de la nación y pone su
vida y sus conocimientos del arte de la guerra al servicio de los
ejércitos revolucionarios que terminarían de destruir, en 1914,
a ese mismo Ejército Federal de cuyas filas él provenía.

Acabar con el régimen de caudillos, instituir un ejército nacional que no se preste "a sofocar las manifestaciones del sentimiento popular" y evitar que Estados Unidos –país al cual sin
embargo admira–, ya terminada la Gran Guerra y con "millones
de soldados desocupados", intervenga en México y "la pérdida de
nuestra soberanía o a la mutilación del territorio nacional": tal
es la síntesis del pensamiento político y militar que guía este documento. De corte nítidamente maderista y reivindicando la herencia política del presidente asesinado, es el último documento
que a título personal dirige Ángeles a su pueblo para explicar
y justificar su conducta pública y sus fines. Este manifiesto cierra
la serie de siete escritos del general Felipe Ángeles que hemos
agregado como apéndice al presente volumen.

Ángeles, dice Friedrich Katz en su contribución a este libro, "fue el único verdadero intelectual que el Ejército Federal produjo". Al general le gustaba escribir y lo hacía con gracia y estilo, en una caligrafía pareja, elegante y legible. Los escritos que aquí publicamos pueden dar la visión de una trayectoria militar, una evolución de las ideas políticas y una educación de los sentimientos en las vicisitudes de las batallas y las campañas de la Revolución.

El "Diario de la batalla de Zacatecas" describe los episodios de la batalla casi con afán didáctico de profesor del Colegio Militar. Entrando a la ciudad de Zacatecas por el norte, siguiendo el camino de la División del Norte y, diario en mano, casi se puede seguir paso a paso y día con día esos episodios. En el relato se ve lo que está sucediendo entre los jefes, la preocupación de Ángeles por sus soldados, la implacabilidad hacia la propia tropa ante el peligro (cuando el pánico amenazó ganar a sus soldados, "menester fue hacer uso del revólver y revestirse de la mayor energía", escribe), los riesgos buscados y compartidos por los jefes, el regocijo del triunfo militar y, el día después de la batalla, una cierta piedad por la tropa vencida, que tomará forma material cuando intente y logre impedir fusilamientos de federales derrotados, según refiere Friedrich Katz en su *Pancho Villa*.

En la cúspide de la victoria, cruelmente destrozado el ejército enemigo, el general anota: "Lo confieso sin rubor, los veía aniquilar en el colmo del regocijo, porque miraba las cosas bajo el punto de vista artístico, del éxito de la labor hecha, de la obra maestra terminada". Viene luego la visita al horror de la ciudad tomada, con miles de muertos dispersos por las calles en la desesperación de una fuga imposible. Ángeles escribe: "La guerra, para nosotros los oficiales llena de encantos, producía infinidad de penas y de desgracias; pero cada quien debe verla según su oficio. Lo que para unos es una calamidad, para los otros es un arte grandioso".

"La guerra es la libertad del soldado", dice con melancólica ironía Joseph Roth en *La marcha Radetzky*.

Los siguientes escritos de Felipe Ángeles corresponden a los tiempos de su exilio en Estados Unidos, a partir de 1916, hasta su nueva presencia en México, a inicios de 1919.

El artículo titulado "Autodefensa" corresponde a los primeros tiempos de su exilio en Estados Unidos, después de la disolución de la División del Norte en Chihuahua en diciembre de 1915. Es una respuesta a sus críticos, una confirmación de los compromisos militares y políticos que anudó en su trayectoria en la Revolución entre los años 1912 y 1915 y, al final, una incierta y amarga promesa de retorno: "Sepan que en el destierro pasaré mi vida entera, antes que inclinar la frente; o que moriré ahorcado de un árbol a manos de un huertista o de un carrancista, por el delito capital de odiar las dictaduras; o que algún día colaboraré con éxito en conquistar la libertad y la justicia para todos, aun para ellos".

En su largo artículo "Genovevo de la O", habla el militar de sus tiempos en el Ejército Federal, durante la campaña de 1912 contra los zapatistas en Morelos. Fue enviado sin previo aviso a dirigir la guerra del sur, dice, sin tiempo para conocer el estado de cosas allá existente y "sacado violentamente de una ardua tarea de reorganización del Colegio Militar", que era uno de sus grandes objetivos bajo el gobierno de Francisco I. Madero.

Habla también el profesor, que quiere registrar como enseñanza las vicisitudes de esa guerra y el estado deplorable en que encuentra al ejército al recibir el mando: "Los soldados parecían sin alimentos, amarillos los rostros, sucios y desgarrados los uniformes". Critica acremente la torpeza política de sus mandos, los errores militares, las mentiras de sus partes de guerra. Pero relata también los desmanes, robos, despojos, asesinatos y humillaciones que ese ejército inflige a los indios de Morelos, se adentra en la vida y las razones de los pueblos y, en cierto punto, se describe a sí mismo como "un descreído y un indio". Deja ver, además, su estilo y su gusto en la descripción de los paisajes.

Tal vez sin proponérselo, pues el objetivo de este escrito de fines de 1917 es evidentemente político y preparatorio del regreso a México que ya tiene decidido (así lo anota en una carta personal a José María Maytorena de agosto de 1918, en la cual toma distancia del Plan de Ayala pero no de los zapatistas), el general va mostrando cómo los indios de Morelos fueron entrando en su mente y sus sentimientos. Esta educación por la experiencia fue preparando su vuelco de febrero de 1913 y, después, el hecho de que en lugar de permanecer en el exilio europeo haya resuelto regresar en octubre de 1913 a sumarse al Estado Mayor de Carranza primero y a la División del Norte después.

El siguiente escrito, su carta personal a Manuel Márquez Sterling, contemporánea del artículo sobre Genovevo de la O (cuya dedicatoria hace mención de dicha carta), completa su mirada sobre la revolución del sur: "Los zapatistas no quieren la anarquía perpetua. [...] Los zapatistas querían simplemente que el vergel de Morelos no fuera un infierno inhabitable, querían solamente un pedacito de felicidad en esta tierra". Más una notable afirmación sobre la revolución de un siglo antes, la de Hidalgo y Morelos: "Nosotros no tenemos una Historia ni siquiera de nuestra primera revolución, la de Independencia, que aún perdura en uno de sus fines".

No son pocas las ocasiones en que aparece, en los escritos y la correspondencia de Ángeles, su admiración por la capacidad militar de Pancho Villa. En el corto texto que publicamos, posiblemente a medio terminar, relata una conversación entre ambos posterior a la batalla de Paredón y anterior a la de Zacatecas. El general de carrera registra con empatía las palabras con que el general Pancho Villa, ahora jefe de la victoriosa División del Norte, le refiere las humillaciones que los oficiales del Ejército Federal le habían infligido con motivo de su ascenso a general por orden del presidente Madero en 1912.

En este texto hay mucho del secreto de la relación de respeto y amistad entre dos personajes tan diversos como Ángeles y Villa. Éste recuerda sus tiempos de proscripto cuando, escribe la pluma de Ángeles, "sólo recibido con afecto por los habitantes de las más pobres chozas [...] miraba desde la cúspide de las montañas las ciudades prohibidas". Villa le cuenta cómo se burlaban esos oficiales, cuyo amigo él quería ser pero no lo dejaban, del modo tosco como él llevaba el uniforme de general federal. "Quería tal vez el destino", concluye Villa en el relato de Ángeles, "que supieran esos muchachos que no tenían razón en reírse de mí como un compatriota, ni de mí como un general." Pocas semanas después, en Zacatecas, les destruyó para siempre su ejército a "esos muchachos".

Finalmente la carta de octubre de 1917 a Emiliano Sarabia, general y ex gobernador villista de San Luis Potosí, explica la decisión ya tomada de regresar a combatir a México. Discute, sin mencionar su nombre, las objeciones que a esa decisión opone José María Maytorena, el ex gobernador de Sonora amigo de Ángeles, y muestra su escepticismo sobre la organización de los exiliados en Estados Unidos: "Yo creo que esa cosa es muy complicada y que va al fracaso". Dice que en ese momento lo esencial, en la empresa que prepara en solitario, es "obrar con resolución y lograr escapar el bulto por algunos meses para no dejarse colgar en un poste de telégrafo". Harto está e impaciente, según deja ver, por la inacción conversada del exilio.

Como en una especie de testamento espiritual, dice sus convicciones, sus creencias y el decoro del respeto a sí mismo en algunas frases de los párrafos finales de la carta: "Nunca los Sanchos hicieron algo grande; en todas las obras de empuje se necesitan los locos como Madero o don Quijote. [...] Más vale morir corriendo tras una ilusión que vivir desesperanzado. [...] No sólo está a discusión la suerte de la patria, sino también nuestra reputación".

Y por fin, casi como un eco de aquella promesa de retorno al inicio de su exilio: "Yo comprendo muy bien que no tengo otro porvenir que morir por la patria haciendo mi deber o sacarme la lotería triunfando desinteresadamente".

Palabras grandilocuentes, que habrían quedado sólo como tales si su autor no se hubiera lanzado en efecto a la aventura en busca de una muerte que sus amigos le predecían y sus enemigos le auguraban.

Diversas fases y aspectos de la vida, las acciones y las ideas del general Felipe Ángeles han sido tratadas por los historiadores autores de los ocho ensayos que componen este volumen. Hemos creído útil y prudente agregar como apéndice estos escritos, todos ellos ya publicados en lugares y fechas diversos, para contribuir a dar, a través de su pluma, una imagen más cabal de esta singular figura del Ejército Federal y de la Revolución mexicana.

DIARIO DE LA BATALLA DE ZACATECAS, 1914

DÍA 17 DE JUNIO

El miércoles 17 de junio de 1914 nos embarcamos en Torreón, desde muy temprano, para marchar hacia Zacatecas. Mi artillería iba en cinco trenes: cuatro para grupos y el quinto para mi Estado Mayor, el servicio sanitario, la proveeduría y los obreros.

A las ocho de la mañana tenía que partir el primer tren, y cada uno de los demás, quince minutos después del anterior; pero el quinto se descarriló al salir, por mal estado de la vía y no pudo partir sino hasta las dos de la tarde.

El viaje fue lento. Repetidas veces llovió sobre la tropa sin abrigos.

DÍA 19 DE JUNIO

El 19 en la mañana llegamos a Calera y desembarcamos inmediatamente.

Calera está como a veinticinco kilómetros de Zacatecas. Ahí habían desembarcado las tropas que me precedieron y permanecían acampadas en las inmediaciones.

Por la buena amistad y confianza que me dispensa el Jefe de la División, tomé la iniciativa para hacer el reconocimiento y distribuir las tropas alrededor de Zacatecas, en posiciones cercanas, de donde partieran para el ataque.

Fue a mi carro a visitarme el señor general Chao, que acababa de llegar; me indicó dónde estaba acampada su tropa y me prometió una escolta de treinta hombres para un reconocimiento hacia Morelos, que le anuncié. "Yo mismo acompañaré a usted", me dijo.

En el camino encontramos un ranchito abandonado, San Vicente, a tres kilómetros de Morelos, que mandé reconocer. Allí nos alcanzó la escolta, que se dividió en tres partes para explorar; un reconocimiento de oficial fue dirigido hacia los cerros de enfrente; otro, hacia una hondonada y luego a unos cerros, a la izquierda, y el resto hacia Morelos.

Vecinos de este pueblo y labradores de los campos por donde atravesábamos nos informaron que venían huyendo del enemigo que acababa de llegar a Morelos pretendiendo quemar los forrajes y provisiones; nos mostraban las siluetas de los jinetes enemigos en las crestas de los cerros próximos y nos aseguraban que los disparos que se escuchaban por la derecha eran del enemigo que había ya pasado Morelos.

Probablemente el enemigo vio que éramos pocos, tal vez hasta nos contó, y, decidido, avanzó sobre nosotros, al galope y tiroteándonos.

Nos retiramos al paso, observándolo, hacia San Vicente; ahí nos parapetamos y sostuvimos un pequeño tiroteo de media hora, hasta que el enemigo se retiró, en orden.

Luego que se oyó el tiroteo en el campamento de Calera, el general Urbina envió en nuestra ayuda al intrépido general Trinidad Rodríguez con su Brigada Cuauhtémoc, que barrió al enemigo de los cerros de enfrente, adonde subimos enseguida.

Desde un cerro alto que está junto a Morelos, vimos un nuevo paisaje, hermosísimo. A lo lejos, la capilla de Vetagrande se encaramaba atrevida y se proyectaba en los cielos; un poco a la derecha, cerros muy altos y misteriosos, llenos de excavaciones de minas o fortificaciones; tal vez sobre ellos estaría el enemigo. Más a la derecha y a nuestros pies, la alfombra verde de los campos, sembrados de pueblos y de árboles. Allí abajo, en el nacimiento del cerro desde donde observábamos, un ladrar de perros y el tiroteo de los soldados, los enemigos que huían y los nuestros que les perseguían con entusiasmo y precipitación, tratando algunos de cortar a aquéllos la retirada.

–Sería bueno –dije al general Trinidad Rodríguez– que su tropa se detuviera en Morelos y enviara puestos avanzados a aquellas lomas de enfrente. Yo voy a traer la artillería, para acantonarla en Morelos.

El mayor Bazán fue a ese pueblo para buscar los alojamientos; los demás regresamos a Calera. Di la orden para que la artillería marchara a Morelos. El grupo de Carrillo partió desde luego.

Un oficial me pidió instrucciones de parte del general Maclovio Herrera, informándome que acababa de llegar.

Fui a ver al señor general Herrera; le dije que no había yo recibido órdenes para tomar el mando de las tropas de Calera, que tal vez tuviera ese mando el general Urbina; pero que le aconsejaba que se fuera a Cieneguilla, lugar aún no ocupado por tropas, con agua y forrajes, y desde donde podía partir para el ataque, cuando se le ordenara. Yo no conocía Cieneguilla más que por informes de mi guía y por la carta. Prometí al general Herrera visitarlo al día siguiente para estudiar el terreno desde el punto de vista del empleo de la artillería, para resolver cuánta podía enviarle.

Los grupos de Saavedra, Jurado y Luévano partieron también para Morelos.

Cayó un formidable aguacero y luego sopló un viento fuerte.

Bastante avanzada la noche llegamos a Morelos, los tres grupos y mi Estado Mayor. Supe ahí que Trinidad Rodríguez había perseguido al enemigo más allá de Las Pilas y de Hacienda Nueva y que había pedido auxilio al grupo de Carrillo para atacar al enemigo, hecho fuerte en el cerro y mina de Loreto.

DÍA 20 DE JUNIO

Tomé mi baño en una tinita minúscula.

El general Pánfilo Natera fue a saludarme; iba montado en un caballito muy chico, pero de ley. Nos desayunamos juntos. Prometió acompañarme con su escolta y aun guiarme en el reconocimiento.

Marchamos desde luego a Vetagrande, un mineral famoso, pueblito ahora muy triste, casi muerto.

En la cima del pueblo cercano vimos un panorama hermoso. A la derecha el valle de Calera y Fresnillo, muy grande y muy allá abajo, con muchos poblados disueltos en la radiosa luz de la mañana. Al frente, un extremo de la ciudad de Zacatecas, entre los cerros de El Grillo y de La Bufa: dos formidables posiciones fortificadas. Entre los dos cerros, allá en el fondo, detrás de la punta visible de la ciudad, el cerro de Clérigos. Detrás de La Bufa, una montaña coronada por una meseta muy amplia, azuleando en la lejanía, bajo algunas nubecillas vaporosas, como copos de algodón ingrávido. A nuestra izquierda, un talweg que arranca casi de nuestros pies y remata cerca de Guadalupe, pueblo que no se ve, pero que se adivina detrás de un cerrito cónico. En la misma dirección y más lejos, el espejo de una laguna, en cuyas orillas se ven alegres caseríos. Y entre nosotros y Zacatecas, dos líneas de lomeríos, una hacia El Grillo y la otra hacia La Bufa, partiendo ambas de las ruinas de un caserío de adobes, que fue en otro tiempo la mina de La Plata.

Ahí tendría lugar seguramente la parte más importante de la batalla. De ahí no podía desprender los ojos. Poco a poco me fui dirigiendo hacia ese campo futuro de batalla; el general Natera me seguía de cerca, el coronel Gonzalitos, discretamente, como a cien metros; los oficiales del Estado Mayor y la escolta yacían ocultos y desmontados del otro lado del cerro alto.

–Sería bueno –dije al simpático general Natera–, que se trajeran nuestros caballos y que la escolta avanzara a ese caserío (la mina de La Plata) y se apoderara de él, para que viéramos más de cerca y con tranquilidad.

Al pasar la escolta por el camino del puerto, tronó repetidas veces el cañón de La Bufa y después se oyó el tiroteo de la lucha en el caserío, que al fin fue tomado por la escolta mandada por el mayor Caloca, un joven que el año pasado abandonó el Colegio Militar de Chapultepec, en busca mía, y respecto a quien el señor Carranza ordenó se quedara con el general Natera.

Después de reconocer bien ese terreno, anduvimos un poco por el talweg que termina cerca de Guadalupe y regresamos a comer a Morelos. Ordené al mayor Bazán que en la tarde marchara con los dos primeros grupos a Vetagrande y que en la noche emplazara esa artillería en posiciones desenfiladas, que batieran El Grillo y La Bufa.

Comimos bien y alegremente con el general Natera y nos dimos cita para las tres de la tarde, con objeto de ir a reconocer el terreno de Cieneguilla, donde estaban las tropas de los generales Herrera y Chao.

Como a las dos fui a visitar al general Urbina, alojado en la casa municipal. Estaban con él Natera, Triana, Contreras y otros oficiales. Ya habían convenido en que las tropas de los tres últimos generales mencionados, más las de Bañuelos, Domínguez y Caloca irían a Guadalupe a tomar posiciones.

–Así es que –me dijo Natera– quedo ya relevado del compromiso de acompañar a usted en su reconocimiento de la tarde.

Informé a Urbina de que iba a mandar dos grupos a Vetagrande para emplazarlos en la noche en el terreno en que a mi juicio iba a desarrollarse la parte más importante de la batalla y le supliqué me enviara tropas que sirvieran de sostén a esa artillería. Me envió, en efecto, parte de su brigada, la brigada al mando del general Ceniceros y un regimiento de la Brigada Villa.

Un enviado del general Herrera fue a buscarme a Morelos y a recordarme que le había prometido ir a visitarlo para estudiar el terreno desde el punto de vista del empleo de la artillería. El mayor Cervantes, el capitán Espinosa de los Monteros y yo marchamos hacia San Antonio, adonde ya las tropas de Herrera y de Chao habían avanzado. La artillería de El Grillo batía el terreno que recorríamos cercano a la vía férrea, y había acertado un cañonazo a una locomotora de nuestros trenes, tendidos desde Pimienta a Fresnillo.

–¡Cuidado por ahí, más vale acá! –nos decía el oficial enviado del general Herrera, que nos servía de guía–. Por no tomar precauciones nos hirieron al oficial fulano y a zutano. Allá arriba, ¿ve usted esa tierra removida?, es de una mina; ahí hay muchos federales... nos han hecho un fuego del demonio.

Mi caballo Ney ya no manqueaba y era una delicia su paso largo y su galope vigoroso, pero sin sacudidas, al impulso de sus delgados y potentes remos.

Encontramos al general Herrera en San Antonio, dentro de una casa oscura llena de oficiales tendidos en el suelo. De entre ellos salió el general, con su buen humor de siempre.

–Buenas tardes, mi general, ahorita vamos a ver el terreno, espero nada más que me ensillen mi caballo, o me iré en éste: ¿de quién es este caballo?

Y subimos a una lomita.

–¡Cuidado señores, pongan pie a tierra, desde allá hacen muy buenos tiros!

Obedecimos: desmontamos para ir a la cresta; el general Herrera permaneció a caballo.

230

Enfrente de la lomita que ocupábamos había otra baja también y luego, otra más alta, ocupada por el enemigo y dominada muy de cerca por El Grillo y La Bufa. A la derecha estaba el cerro de Clérigos, coronado por puntitos negros (el enemigo en acecho) y más a la derecha, la montaña cuya cima era la alta y amplia mesa, vista ya en la mañana detrás de La Bufa. También en esa mesa había puntitos negros, ¿eran amigos o enemigos? No lo sabíamos.

–¿Ve usted, mi general –me decían–, aquella mina? Ésa es El Rayo, y ¿aquellas otras casas?, ¿aquel corralón largo? Allí hay muchos pelones; pero mándenos usted unos dos cañones y les pegamos hasta debajo de la lengua. ¿Aquí estará bueno para tirar sobre aquellas posiciones?

–No, aquí está muy lejos –contesté–. Voy a mandar seis cañones que tengo disponibles, pero no los emplacen aquí; por lo menos en esa lomita de enfrente, y mejor sería por allá, del lado derecho. Hay que acercar los cañones para ver claramente que se está batiendo al enemigo; y no hay que tirar más que cuando la infantería se lanza al asalto. Ya saben, la artillería intimida; cuando el cañón truena el enemigo se esconde y nuestra infantería avanza, y cuando el enemigo se atreve a asomar la cabeza ya está la infantería nuestra encima, y entonces abandona apresurado la posición.

El enemigo no nos hizo un solo disparo.

Nos despedimos deseando estar juntos durante el combate.

Un oficial nos acompañó para que a su regreso sirviera de guía a la artillería que yo enviaría.

¡Cómo cambia el aspecto del terreno a la vuelta! Y es más largo el camino, sobre todo para los caballos. En el cerro de La Sierpe se oía un tiroteo persistente. De Zacatecas salía una humareda que se elevaba muy alto y me pareció eso un indicio de que la guarnición federal iba a abandonar Zacatecas. Me informaron que desde la posición del general Herrera se podía ir más rápidamente a Guadalupe que desde Vetagrande, sobre todo para la artillería, y pensé que sería conveniente enviar todo el tercer grupo a San Antonio, en lugar de las seis piezas que primero había resuelto mandar. Si los federales se retiraban se irían por Guadalupe, y era necesario que el general Herrera tuviera una artillería numerosa para que estuviera en aptitud de perseguirlos con más eficacia.

Al pasar por Las Pilas ordené al mayor Carrillo que inmediatamente marchara a San Antonio a ponerse a las órdenes del general Herrera para apoyar sus ataques.

Cenamos contentos y dormimos felices.

DÍA 21 DE JUNIO

Tomé mi baño un poco preocupado por no saber si las tropas que servían de sostén a los dos grupos de artillería, establecidos la noche anterior entre Vetagrande y Zacatecas, estarían bien colocadas y serían eficaces.

Ordené al coronel Gonzalitos que su batallón marchara de Las Pilas a Vetagrande para ayudar a proteger la artillería, y enseguida marché con mi Estado Mayor, un poco de prisa.

Llegamos a Vetagrande cuando un enviado del general Natera me entregó un pliego de éste, en el que me preguntaba qué sabía yo del ataque de ese día y qué misión tendrían sus tropas.

Le contesté, también por escrito, que no creía yo que ese día comenzara el ataque: primero, porque aún no había llegado el general Villa y él debía ser quien dirigiera la batalla; segundo, porque aún no habían llegado todas las tropas y era una falta militar no emplear todas las disponibles, y tercero, porque aún no habían llegado las municiones, y no debía principiarse la batalla sin las municiones de reserva.

En cuanto a la misión que incumbiría a sus tropas, cuando atacaran Guadalupe, creía yo que debía ser doble: primera, impedir la llegada de refuerzos de Aguascalientes, destruyendo la vía férrea y destacando tropas para detener esos refuerzos; segunda, impedir la salida de la guarnición de Zacatecas por el rumbo de Guadalupe hacia Aguascalientes, por medio de tropas situadas en Guadalupe y sus inmediaciones. Ambas tropas deberían estar ligadas para prestarse mutuo apoyo.

Había en las estrechas calles de Vetagrande acumulación de carros de servicio de aprovisionamiento de la artillería. Mandé buscar locales para alojar a mi Estado Mayor y establecer el hospital; fuimos enseguida a ver desde el cerro alto las posiciones tomadas por la artillería.

La batería del capitán Quiroz había sido designada para ocupar la cima de ese cerro alto: sus carros obstruían el camino; la entrada en batería marchaba muy lentamente por la gran pendiente del terreno que exigía doblar los tiros de mulas. Pusimos pie a tierra. Allá arriba vimos dos cañones y a sus sirvientes muy afanados, obrando sobre las ruedas y la contera para llevar los cañones a su posición definitiva. Los generales Trinidad y José Rodríguez vinieron a saludarme, entusiasmados como siempre apenas comenzaba el combate. Sobre la falda opuesta al enemigo del cerro alto donde estábamos, había muchos caballos ensillados, pertenecientes al sostén de la artillería que estaba emplazándose. El enemigo cañoneaba con ardor nuestra batería; los soldados del sostén yacían pecho a tierra detrás de pequeños parapetos de tierra y los artilleros trabajaban recelosos porque la artillería enemiga ya les había hecho algunas bajas. En un momento de descuido de los artilleros un avantrén reculó, primero lentamente, luego más aprisa; algunos artilleros quisieron detenerlo, sin éxito. El avantrén empezó a voltear rápidamente y se dirigió hacia donde estaban los caballos sueltos; ya fue imposible detenerlo y todo mundo sentía angustia por los caballos que en su carrera podría matar; pero éstos se hacían a un lado oportunamente y el avantrén seguía volteando y saltando a veces hasta que llegó al fondo del abismo. Allá a lo lejos se veía el valle inmenso sembrado de pueblitos y de árboles envueltos en la deslumbrante claridad del día.

Del otro lado del cerro alto, en la dirección de Guadalupe y sobre el lomerío de la mina de La Plata, se veían las cinco baterías, con sus artilleros inmóviles detrás de las corazas, o bien haciendo sus trincheras para librarse mejor del fuego persistente del enemigo. Las baterías habían recibido orden de tomar posiciones, y de no tirar a pesar del fuego del adversario. Enfrente de las baterías se distinguían los sostenes, con sus soldados vestidos de kaki, tendidos pecho a tierra, o bien entre las ruinas del caserío.

Más lejos y a la derecha, en la mina del cerro de Loreto, el enemigo se batía con las brigadas Villa y Cuauhtémoc, tendidas a lo largo de una cresta situada allá abajo, sobre el costado. Más lejos aún, ascendía la cresta de La Sierpe, parecida al espinazo de un animal gigantesco, poblada de puntitos negros, enfilados desde el cerro alto, de donde observábamos, pero asomando sólo la cabeza del lado de Hacienda Nueva y de Las Pilas, en donde teníamos tropas.

Los cañones de El Grillo y de La Bufa tronaban siempre y nuestros artilleros, inmóviles, recibían las granadas enemigas.

Allá, en el extremo diametralmente opuesto a nuestra posición, Chao y Herrera se batían.

En la tarde establecimos el hospital en los bajos de nuestro alojamiento, visitamos las baterías avanzadas y elegimos los puestos de socorro para los heridos.

Llovió despiadadamente sobre nuestros artilleros sin abrigos.

Al retirarnos a Vetagrande, oímos los lamentos desgarradores de los heridos graves y vimos los muertos que yacían en el patio, tendidos sobre camillas, cubierta la cara con un pañuelo.

Alguien nos contó los grandes destrozos que habían hecho dos granadas, una del enemigo que había pegado en una coraza de la batería de Quiroz y otra nuestra que hizo explosión en las manos del artillero que le ponía el percutor.

Los cañones Schneider-Canet, al hacer algunos tiros de arreglo, no pudieron volver a entrar en batería y el mayor Cervantes partió para San Antonio, ya de noche, en busca del teniente Perdomo para que pusiera al corriente los frenos de esos cañones. Tras de fatigosa caminata Cervantes regresó con Perdomo a Vetagrande, a las tres de la mañana.

DÍA 22 DE JUNIO

Desperté muy temprano preocupado por las lluvias que habían caído sobre mis soldados, por el servicio de alimentación de la artillería que no era tan satisfactorio como hubiera yo deseado y porque los frenos de los cañones Schneider-Canet no funcionaban bien, tal vez porque los obreros los habían cargado mal o porque las cargas de proyección de los proyectiles eran defectuosas.

Recomendé a Bazán fuera a dar sus órdenes para el buen funcionamiento del servicio de avituallamiento; a Perdomo y a Espinosa de los Monteros que fueran a tratar de componer los frenos y al mayor Ángeles que estableciera los puestos de socorro de los heridos.

Supe que había llegado a Morelos la Brigada Zaragoza, bajo el mando del general Raúl Madero, y partí para ese pueblo con objeto de llevarme a Vetagrande la Brigada; pero, platicando con el general Urbina, en Morelos, me enteré de que ya estaba destinada la Brigada Zaragoza a otra posición y hube de conformarme con invitar a Raúl a que visitara las posiciones cercanas a Vetagrande.

Yendo de camino para este mineral, nos alcanzó un oficial y nos dijo que el general Urbina había modificado la orden para la Brigada Zaragoza, en el sentido de que fuera al terreno ocupado por la artillería. Esto me comprobó una vez más el buen tacto del general Urbina para mandar, y el deseo de complacer a todo el mundo sin perjuicio del servicio.

Visité con Raúl la batería de Quiroz, desde donde le mostré todas las posiciones.

Después de comer, Raúl se fue a ver su tropa y yo me encaminaba a visitar la artillería, cuando el teniente Turcios me hizo saber que el general Villa acababa de llegar y venía tras de nosotros.

Lo vimos, como siempre, cariñoso y entusiasta, montado en un caballito brioso del general Urbina.

Me ofrecí a mostrarle las posiciones del campo de batalla. Fuimos a ver las baterías y cuando avanzábamos más allá, nos encontramos a Gonzalitos que nos guió por los caminos mejor cubiertos. En las ruinas de la mina de La Plata examiné los grandes corralones, para avanzar a ellos en la noche con las baterías. Ordené a Espinosa de los Monteros fuera a traer al mayor Jurado para señalarle las posiciones que deberían tomar esa misma noche sus tres baterías y a Saavedra la posición de una de las suyas, cerca del caserío de la mina y enfrente de La Bufa; Gonzalitos me informó de otra posición muy buena para tirar sobre La Bufa y la colina próxima a ésta, y lo comisioné para que la señalara a Saavedra y le ordenara tomarla en la noche.

De regreso, llevé al señor general Villa a la posición de Quiroz, y desde allí le mostré todo el campo de batalla.

Me dijo:

–Usted y Urbina entrarán por ahí al frente de las baterías; yo vendré por el costado derecho, también atacando el cerro de Loreto.

Urbina recomendó que la batería de Quiroz tirara sobre un cerro que flanqueaba a las tropas del general Villa, que atacarían Loreto.

Ya para retirarme, me ordenó el general Villa que relevara con la Brigada Zaragoza la parte de la de Morelos que servía de sostén a la artillería.

Hicimos avanzar a la Brigada Zaragoza por un camino desenfilado. Sólo al pasar por un puerto quedaba descubierta; pero ahí ordenamos que pasara la tropa por pequeños grupos y al galope. En el talweg que está detrás de la posición que aún tenía la artillería, la tropa de la brigada puso pie a tierra y se formó sin caballos.

Madero, el mayor Ángeles, Cervantes, Espinosa de los Monteros y yo avanzamos para mostrar al primero las posiciones que con su tropa debía relevar.

La noche estaba húmeda, nublada y sumamente oscura. La única claridad era la luz del faro de La Bufa que giraba continuamente, deteniéndose a veces sobre el terreno que deseaba vanamente explorar.

A pesar de que en el día había yo visto varias veces el campo que recorríamos, esa noche andaba con extrema dificultad, metiéndome frecuentemente en los numerosos charcos que habían formado los aguaceros. Por fortuna nos encontramos a un muchacho de nuestras avanzadas que nos guió.

Regresamos con dificultad. A ratos parecía que la escasa luz del faro nos seguía. Por fin encontramos a la tropa de la Brigada Zaragoza, pie a tierra, y ella nos indicó el lugar adonde estaban nuestros caballos. Montamos y partimos hacia Vetagrande, bajo la menuda lluvia, por el camino más corto, que no estábamos acostumbrados a seguir, por la necesidad de ir desenfilados.

El que iba a la cabeza era el único, tal vez, que hacía esfuerzos por adivinar el camino; nosotros seguíamos confiados y taciturnos la marcha del primero. Era una procesión silenciosa, una procesión de fantasmas, alejándose del enemigo que dormía sueños de pesadilla, allá alrededor de aquel faro, que no era sino un síntoma de miedo; que no servía para otra cosa sino para hacer creer que servía de algo.

Cenamos alegres en compañía de don Ángel Caso y de dos médicos del servicio sanitario de la Brigada Zaragoza. El primero me consultó desde dónde podría presenciar la batalla del día siguiente.

Dormimos bien.

DÍA 23 DE JUNIO

Despertamos tarde; me afeité, me bañé y cambié de ropa interior; nos desayunamos, montamos a caballo; yo en mi Curély brillante y musculoso.

Un ayudante del coronel Gonzalitos pedía instrucciones por escrito; se las di y luego las repetí verbalmente al mismo coronel, a quien encontramos más adelante.

Fuimos a ver al general Ceniceros para señalarle su misión en el combate. Él y Gonzalitos tomarían el cerro de la tierra negra, vecino de La Bufa, bajo el amparo del fuego de las baterías de Saavedra. Raúl Madero tomaría el cerro de la tierra colorada (el de Loreto), bajo el amparo de las baterías de Jurado, al mismo tiempo que atacaran por la derecha las tropas que vendrían con el general Villa.

Dejamos los caballos al abrigo de las balas, y pie a tierra avanzamos a las ruinas de la mina de La Plata.

Nuestra artillería había desaparecido de sus posiciones primitivas para tomar otras invisibles y muy próximas al enemigo; tres baterías (el grupo de Jurado) fueron colocadas dentro de los corralones de las ruinas de la mina de La Plata; una de Saavedra, próxima a esas ruinas, sobre el llano, pero detrás de la cresta de una pequeñísima eminencia y frente a La Bufa; otra en la extrema izquierda, también frente a La Bufa y bien cubierta, detrás de una cresta; la tercera batería del grupo de Saavedra continuaba en el cerro alto de Vetagrande.

El enemigo debe haberse sorprendido de la desaparición de nuestras baterías, emplazadas dos días sin combatir; su cañón callaba, pero las balitas de fusil silbaban como mosquitos veloces de vuelo rectilíneo.

Adentro de los corralones encontramos a Raúl Madero.

–Todo está listo, mi general, pero no son más que las nueve. A las diez debía comenzar la batalla.

El ingeniero Enrique Valle que llegaba corriendo, me dijo:

–Vengo a ponerme a sus órdenes para lo que le pueda servir, ¿me entiende usted?

Un oficial del general Aguirre Benavides me dijo que la Brigada Robles, que traía éste, esperaba órdenes de alguno.

–Que se sirva traerla aquí –contesté–, la emplearemos como reserva.

Pero después, creyéndola más útil en el ataque sobre el cerro de la tierra negra, lo invité a que la lanzara en cooperación con el general Ceniceros y el coronel Gonzalitos.

–Que vengan los jefes de grupos –mandé, y al presentarse les reiteré las órdenes para los ataques. No faltaban más que veinte minutos–, todos en sus puestos y a empezar a las diez en punto.

Por allá, en la dirección de Hacienda Nueva, se oyó el primer tiroteo. Ahí venía el general Villa.

Los veinticuatro cañones próximos, emplazados entre Vetagrande y Zacatecas, tronaron; sus proyectiles rasgaban el aire con silbidos de muerte y explotaron unos en el cerro de la tierra negra y otros en Loreto. Las entrañas de las montañas próximas parecieron desgarrarse mil veces por efecto del eco. Y las tropas de infantería avanzaron sobre el monte esmeralda que cubría las lomas.

Por el lado de San Antonio, allá por la alta meseta, y por la Villa de Guadalupe, tronaban también cañones y fusiles, y silbaban millares de proyectiles; las montañas todas prolongaban las detonaciones, como si millares de piezas de tela se rasgaran en sus flancos.

De Zacatecas, de El Grillo, de La Bufa, del cerro de Clérigos y de todas las posiciones federales tronaban también las armas intensificando aquel épico concierto.

Las granadas enemigas comenzaban a explotar en nuestra dirección; pero muy altas y muy largas.

Alguien dijo que nos creían demasiado lejos detrás de los paredones; otro aseguró que tiraban sobre la caballería nuestra que entraba en acción por la derecha. Otras granadas caían detrás de nosotros, tal vez tiradas sobre la más próxima batería de Saavedra.

Uno llegó corriendo y nos informó que la batería de la derecha de Jurado estaba siendo batida por la artillería enemiga; otro dijo que nos habían matado dos mulas de un granadazo; un tercero, que habían desmontado la primera pieza de la más próxima batería de Saavedra.

–Venga usted a ver, mi general, por aquí, por esta puerta, vea usted cómo casi todos los rastrillazos caen detrás de la batería.

La primera pieza ya no tenía sirvientes y en las otras, estaban inmóviles detrás de las corazas. Las granadas enemigas zumbaban y estallaban en el aire lanzando su haz de balas, o rebotaban con golpe seco y estallaban después lanzando de frente sus balas, y de lado las piedras y tierras del suelo: era aquél un huracán trágico y aterrador.

Volví a mi observatorio primitivo desde donde no podía ver el efecto de las baterías que tiraban sobre el cerro de la tierra negra y donde sólo percibía el de las baterías que batían el cerro de la tierra colorada, el cerro de Loreto.

Quizás allá, en la tierra colorada removida, nuestras granadas soplarían también su huracán trágico; pero vistas por nosotros causaban una impresión de regocijo, aunque (después de los primeros minutos) parecía que caían sobre parapetos y trincheras abandonadas, porque los puntitos negros que primero se agitaban sobre la roja tierra, ya habían desaparecido.

–¡Mire usted a los nuestros, qué cerca están ya del enemigo! Vea usted, la banderita nuestra es la más adelantada.

–¡Vea usted, vea usted, véalos pasar, vea usted cómo se van ya!

Nuestros soldados lanzaron gritos de alegría; las piezas alargaron su tiro, y nuestros infantes se lanzaron al ataque precipitadamente. La banderita tricolor flameó airosa en la posición conquistada. Eran las diez y veinticinco minutos de la mañana.

Poco tiempo después la falda de acceso al cerro de Loreto se pobló de infantes nuestros que subían lenta y penosamente; los caballos fueron llegando, lentamente también. Después todos se veían bien formados y abrigados.

Era llegado el tiempo de cambiar de posición. Digo al mayor Cervantes que vaya a ordenar que traigan nuestros caballos para hacer el reconocimiento de Loreto y decidir del camino y nuevo emplazamiento del grupo de baterías de Jurado.

El capitán Durón batía a la sazón la posición intermedia entre Loreto y El Grillo; aprobando, lo autoricé a que continuara.

Galopando con mi Estado Mayor hacia Loreto, encontramos al señor general Villa y su séquito; aquél venía en su poderoso alazán requiriendo la artillería para establecerla en Loreto.

–Ya viene, mi general –le contesté, y proseguimos al paso hacia Loreto.

¿Se percataría el enemigo de que en el grupo de jinetes en que íbamos marchaba el general Villa? Tal vez; pero por lo menos debe haber adivinado en el encuentro la fusión de dos Estados Mayores importantes; porque nos siguieron con sus fuegos en todo el trayecto. El jefe nos imponía el aire y nosotros obedecíamos; ¿quiénes caerían en el camino?, ¡ojalá no fuera el jefe! Las balas pasaban zumbando y se incrustaban en la tierra con un golpe recio y seco.

El caballo del mayor Bazán fue herido en un casco y su asistente, en un hombro. Eso fue todo.

En Loreto la lluvia de balas era copiosa; ¿de dónde venían? ¡Quién sabe! Tal vez de todas partes; pero no se pensaba en tirar sobre ese enemigo misterioso; toda la atención se concentraba en apoyar el ataque de la infantería del general Servín, que ascendía por los flancos de la elevada Sierpe y estaba a punto de ser rechazada.

Todas nuestras tropas de Loreto tiraban sobre la cima de La Sierpe, sin que la ayuda a Servín pareciera eficaz. El general Villa hizo establecer en el ángulo de una casa una ametralladora que abrió su fuego también sobre La Sierpe, sin que tampoco ella facilitara el avance de Servín.

Y la artillería no podía llegar; ¡a veces los minutos parecen horas!

Por fin llegó un cañón y luego otros, al mando de Durón. El primer cañonazo sonó alegremente en los oídos nuestros y probablemente muy desagradablemente en los de los defensores de La Sierpe. Los primeros tiros que hicieron blanco regocijaron a toda nuestra tropa de Loreto, y al cabo de quince minutos el enemigo comenzó a evacuar la posición; nuestra banderita tricolor flameó en la cima y nuestros soldados lanzaron frenéticos hurras de entusiasmo. La infantería toda de Servín subió por los empinados flancos de La Sierpe a la anhelada cima.

Y como ésta domina El Grillo, su toma fue el segundo paso para la conquista de la más fuerte posición del enemigo.

Los cañones que batieron La Sierpe no podían ser utilizados en la misma posición para tirar sobre El Grillo; había que pasarlos al frente de las casas, en un patio limitado hacia el enemigo por un muro en arco de círculo, que tenía aberturas utilizables como cañoneras. Pero de ese lado de las casas soplaba un huracán de muerte; las balitas de fusil zumbaban rápidas y las granadas estallaban estruendosamente. Pocos cuerpos se quedaban erguidos, pocas frentes se conservaban altas. Di orden al capitán Durón de que mandara traer los armones y entrara en batería frente a las casas, pasando por la derecha, por donde estuvo establecida la ametralladora, y me dirigí enseguida a hacer entrar las demás piezas que apercibí por la izquierda.

Había por ese lado, detrás de las casas un amontonamiento desordenado de soldados, de caballos, de carruajes, de artillería con los tiros pegados, pero sin sirvientes ni oficiales.

Costó mucho trabajo conseguir que reaparecieran los trenistas y los oficiales y que éstos condujeran los cañones al patio de que se ha hecho mención, pasando por un camino estrecho, muy visible del enemigo y perfectamente batido por su artillería. Menester fue hacer uso del revólver y revestirse de la más feroz energía.

Bajo el mismo impulso que movió la artillería avanzó también la parte de nuestra infantería que se había rezagado; avanzó con el dorso encorvado y quiso ponerse al abrigo del muro circular, de donde la empujamos hacia el enemigo, mostrándole el ejemplo del resto de la infantería nuestra que se batía mil metros adelante. Era interesantísimo el seudoavance de esa infantería nuestra rezagada: parecía que soplaba delante de ellos un viento formidable, que muy a su pesar oblicuaba su marcha y la hacía retroceder cuando quería avanzar. ¡Queridos soldados del pueblo, obligados por deber a ser heroicos, cuando sus almas tiemblan y sus piernas flaquean!

Una batería quedó emplazada en aquel patio; una batería que

tiró sobre El Grillo, mientras recibía, no sólo el fuego de la artillería de esa posición, sino también y sobre todo el de La Bufa.

Si nos rechazaban de Loreto, si de allí rechazaban a la artillería, ya no podría nuestra infantería proseguir sobre El Grillo; era necesario batirse allí denodadamente, a pesar del violento fuego que el enemigo tenía, casi todo concentrado sobre Loreto.

La artillería, un momento antes aterrorizada, estaba de nuevo enardecida y brava; trabajaba ahora heroicamente en medio de la lluvia de plomo y acero.

El general Villa, de pie sobre un montón de piedras, seguía atentamente el trabajo de los artilleros, el progreso muy lento y penoso de nuestra infantería y la febril actividad del enemigo, que había ya sentido el rudo empuje de la División del Norte y presentía la derrota, aunque tal vez no la gran hecatombe, la gran catástrofe final.

De repente una gran detonación, a tres metros de nosotros, una nube de humo y polvo y alaridos de pavor.

Creímos que un torpedo enemigo había hecho blanco sobre la pieza más próxima a nosotros y que tal vez había matado a todos sus sirvientes.

Cuando el humo y el polvo se disiparon vimos varios muertos; uno con las dos manos arrancadas de cuajo, mostrando al extremo los huesos de los antebrazos, la cabeza despedazada y el vientre destrozado y con las ropas ennegrecidas; yacía inmóvil como si hiciera horas que estuviera muerto. Otro de los que más me impresionaban tenía cara de espanto y en la boca un buche de sangre de la que se escapa un hilo por los entreabiertos labios, temblorosos de dolor.

No había sido un torpedo enemigo; fue una granada nuestra que al repararse había estallado. Era necesario no dejar reflexionar a nuestros artilleros; que no se dieran cuenta del peligro que había en manejar nuestras granadas; era necesario aturdirlos, cualquiera que fuera el medio.

–No ha pasado nada –les grité–, hay que continuar sin descanso; algunos se tienen que morir y para que no nos muramos nosotros es necesario matar al enemigo. ¡Fuego sin interrupción!

El fuego continuó más nutrido que antes. El general Villa se retiró algunos pasos y se acostó en un montón de arena.

–No sabe usted –me dijo– cuánto dolor me causa una muerte semejante de mis muchachos. Que los mate el enemigo, pase; pero que los maten nuestras mismas armas, no lo puedo soportar sin dolor. ¿Qué haremos –continuó– para que nuestra infantería siga avanzando? Me parece que está ya un poco quebrantada.

–Está ya muy cansada –contesté–; de un solo empuje no se puede desalojar al enemigo de todas sus posiciones, ¿quiere usted que Cervantes vaya a dar la orden para que la infantería avance?

Y partió Cervantes entusiasmado de ver que se le utilizaba en esa comisión.

Allá le vimos muy lejos, con su sombrero arriscado de un lado, al galope acompasado de su caballo alazán.

El general Raúl Madero dijo que sus tropas estaban agotadas y pedía tropas frescas para lanzarlas al asalto de El Grillo.

Mi asistente Baca nos trajo la comida, que compartimos con el general Villa y con los oficiales que por ahí estaban.

Comimos alegremente dentro de un caserón de techo acribillado por nuestras granadas; nunca con más gusto he visto un destrozo semejante.

Para hacer la digestión, Cervantes y yo salimos a dar un paseo; nos encontramos un caballo herido, que rematamos por compasión. Muy débiles parecían las detonaciones de las pistolas a nuestros oídos ensordecidos.

A medida que avanzábamos se nos hacía más perceptible el ruido de la lucha y otra vez volvimos a enardecernos.

Por seguir el ataque en la dirección de El Grillo, casi desde el principio me vi precisado a abandonar mis baterías que atacaban en la dirección de La Bufa. Y ¿Gonzalitos, qué haría? ¿Habría comido? ¿Habría sido herido?

–Vamos de aquel lado –decidí, y dejé un recado para el general Villa participándole mi alejamiento.

Envié al capitán Quiroz la orden de que abandonara el cerro alto de Vetagrande y se trasladara a El Grillo, donde recibiría nuevas órdenes. Creí seguro que mientras tardaba Quiroz en trasladarse, El Grillo caería en nuestro poder.

Saboreábamos el galope de nuestros caballos, cuando apercibimos a Gonzalitos, cojeando. Se había dislocado un pie.

—Sí, señor, ya comí —me dijo sonriendo.

Todo iba bien de aquel lado; la colina de la tierra negra fue tomada desde luego y ahora sus soldados se batían con los de La Bufa.

Mandé avanzar una de las baterías de Saavedra a la colina que está a la espalda de la de la tierra negra, desde donde se veían admirablemente Zacatecas, La Bufa y el camino de Zacatecas a Guadalupe.

Por allá lejos, del otro lado de Zacatecas, entre La Bufa y El Grillo, se veían tropas, seguramente nuestras, que se habían apoderado de una casa blanca y de un gran corralón adjunto. Probablemente eran las tropas de Herrera, Chao y Ortega.

Cerca de nosotros, en nuestra posición, había algunos infantes rezagados de ésos que siempre tienen pretexto para quedarse atrás.

La batería de Saavedra se emplazó en la nueva posición y abrió su fuego sobre La Bufa.

Ya la lucha tenía un aspecto completo de victoria próxima; La Bufa y El Grillo hacían débil resistencia. En mi concepto todo era cuestión de tiempo, para dejar germinar en el enemigo la idea de la derrota.

Del centro de la ciudad se elevó de pronto un humo amarillo, como si estuviera muy mezclado con polvo. Tal vez un incendio; quizás una explosión. Sacamos los relojes; eran las tres y media de la tarde.

Por todos lados nuestras tropas circundaban al enemigo y lo estrechaban más y más. ¿Qué va a ser de él? ¿Por dónde intentará salir?

El ingeniero Valle, el mayor Cervantes, mi hermano y yo veíamos mucha tropa en el camino de Zacatecas a Guadalupe y nos alegraba verlos tan distintamente.

A medida que el tiempo transcurría se veían más soldados, más agrupados y como si trataran de formarse. Luego apercibimos una línea delgada de infantería que precedía a los jinetes, estando estos últimos formados en columna densa. ¿Qué intentaban? ¿Acaso una salida? Pero ¿en ese orden?

Los vimos avanzar hacia Guadalupe; después retroceder

desorganizados, sin distinguir bien a la tropa nuestra que los re-
chazaba.

Enseguida se movieron hacia Jerez y retrocedieron. Intentaron después salir por Vetagrande, del lado en donde estábamos,
y mandamos a cazarlos a los infantes rezagados que estaban con
nosotros.

–No tengan miedo –les dije– no han de combatir. Van ya de
huida, no se trata más que de exterminarlos.

Volvieron a retroceder. Finalmente, nos pareció ver que hacían un último esfuerzo, desesperado, para lograr salir por donde primero lo intentaron, por Guadalupe. Y presenciamos la más
completa desorganización. No los veíamos caer; pero lo adivi-
nábamos. Lo confieso sin rubor, los veía aniquilar en el colmo
del regocijo; porque miraba las cosas bajo el punto de vista artístico, del éxito de la labor hecha, de la obra maestra terminada. Y mandé decir al general Villa: "Ya ganamos, mi general". Y
efectivamente, ya la batalla podía darse por terminada, aunque
faltaran muchos tiros por dispararse.

Por el sur, del lado de los generales Herrera, Chao y Ortega,
allá en la casa blanca con su corralón inmenso, se veían los res-
plandores de los fogonazos del cañón, como cardillos de espe-
jitos diminutos.

De El Grillo empezaban a descender poco a poquito los puntitos negros, rumbo a la ciudad.

Abajo de nosotros, a orillas del camino de Vetagrande, vimos
una presa de agua azul, muy limpia, al borde de unas casitas tran-
quilas. Fuimos a visitarlas a pie, de paseo; la batalla ya no nos
inquietaba.

A medida que nos alejábamos de las baterías de la izquierda,
percibíamos mejor los cañonazos de las de la derecha, que tiraban sobre El Grillo, de cuya cima se iban retirando los federales,
al parecer tranquila y lentamente.

En las casitas abandonadas de junto a la presa reinaba una
gran quietud, turbada sólo por una pareja de asnos que se hacían caricias. Allá, de vez en cuando, zumbaba una que otra bali-
ta, extraviada tal vez.

El mayor Cervantes, al lado del ingeniero Valle y del mayor
Ángeles, yacía vientre en tierra y apoyado, por detrás en las pun-

tas de los pies y por delante en los codos, con el sombrero a media cabeza, para observar en el campo de sus gemelos los detalles del combate, en La Bufa, entre las casas de la pintoresca Zacatecas o allá lejos en la casa blanca con su corralón adjunto, en donde a la simple vista se percibían algunas siluetas de jinetes y el cardillo perenne del grupo de baterías del mayor Carrillo.

Margarito Orozco, el valiente y entusiasta mutilado, venía al galope de su brioso caballo.

–Buenas tardes, mi general, parece que ya vamos acabando.

–Sí. Eche pie a tierra, daremos una vuelta por la presa.

Nos sentamos a platicar en el muro de la presa, de nuestros ideales, de la felicidad de todo el mundo, y me dejó encantado el alma grande y buena de mi amigo.

Un soldado nuestro venía de Zacatecas, muerto de sed bebió aventándose el agua a la boca con la mano.

La brisa de la tarde nos llevaba la peste de un caballo muerto, tirado a pocos pasos.

Regresé a unirme con mis ayudantes y vi la cima de El Grillo llena ya de infantes nuestros, que descendían de derecha a izquierda sobre Zacatecas y también vi que empezaban a entrar tropas nuestras a La Bufa, por la izquierda.

Ahora, pensé, ya no falta más que la parte final, muy desagradable, de la entrada a la ciudad conquistada, de la muerte de los rezagados enemigos, que se van de este mundo llenos de espanto.

Cervantes y Valle se interesaban por ver esta faz de la lucha; los comisioné para que entraran desde luego a Zacatecas y buscaran alojamiento para la tropa y el Estado Mayor, mientras nosotros iríamos a Vetagrande al arreglo del traslado del hospital y las cocinas.

El capitán Espinosa de los Monteros fue el comisionado para llevar la orden a las baterías de marchar a Zacatecas y acuartelarse donde el mayor Cervantes indicara. Orden que fue recibida con hurras de alegría.

Eran las seis cuarenta y cinco de la tarde; la temperatura era deliciosa; el sol de la gloria, ese día, 23 de junio, moría apaciblemente.

Regresé con mi hermano y mi asistente. Por aquel terreno, que fue por mucho tiempo del enemigo y que pocas horas antes era furiosamente disputado, podíamos marchar tranquilos, por su gran ruta visible de Zacatecas, por el puerto lleno de los rastrillazos de las granadas enemigas.

–Muchachos, pueden irse ya a Zacatecas; la ciudad es nuestra –decía yo a los soldados que encontraba en el camino.

El doctor Wichman vaciló; primero nos siguió gran trecho, pero al fin se decidió por entrar esa misma noche a Zacatecas.

En Vetagrande recibieron con gran gusto la noticia del triunfo.

Mi excitación de las primeras horas de combate se había disipado a la hora del crepúsculo y ahora, en las tinieblas, yacía tranquilamente tendido en mi catre de campaña y volvía a ver las fases de la clásica batalla adivinada, dada con tropas revolucionarias, que se organizaban e instruían a medida que crecían.

Volvía a ver el ataque principal hecho sobre la línea La Bufa-El Grillo, de frente por las tropas de Ceniceros, Aguirre Benavides, Gonzalitos y Raúl Madero, apoyadas por la artillería, y de flanco por las tropas de Trinidad y José Rodríguez, de don Rosalío Hernández, Almanza y toda la infantería, en suma diez mil hombres. Rechazada la defensa de ese frente principal, la guarnición no podría continuar la resistencia, por estar la ciudad ubicada en cañadas dominadas por El Grillo y La Bufa, y pretendería salir por el sur o por el este. La salida por el sur era improbable, porque la línea de comunicaciones estaba al este, por Guadalupe hacia Aguascalientes. Bastarían, pues, tres mil hombres nuestros que atacando por el sur taparan la salida de ese rumbo. En cambio, en Guadalupe era necesaria una fuerte reserva, siete mil hombres, con el centro en Guadalupe y las alas obstruyendo la salida para Jerez y Vetagrande. Allí se daría el golpe de mazo al enemigo desmoralizado por el ataque principal y dispuesto a abandonar la ciudad.

Y en el desarrollo de la acción, qué corrección y qué armonía en la colaboración de la infantería y la artillería. La artillería obrando en masas y con el casi exclusivo objeto de batir y neutralizar las tropas de la posición que deseaba conquistar la infantería, pues apenas si se empleaba una batería como contrabatería, y la infantería marchando resueltamente sobre la posición cuando la neutralización se realizaba. ¡Qué satisfacción la de haber conseguido esta liga de las armas, apenas iniciada en

San Pedro de las Colonias, con Madero y Aguirre Benavides, después del desconcierto de Torreón, ganada a fuerza de tenacidad y bravura! Y ¡haberla realizado con tanta perfección, al grado de que todo el mundo sienta la necesidad de esa cooperación armónica!

Y volvía a ver la batalla condensada en un ataque de frente de las dos armas en concierto armónico, la salida al sur tapada, y la reserva al este, para dar el golpe de mazo al enemigo en derrota.

Y sobre esa concepción teórica que resumía en grandes lineamientos la batalla, veía acumularse los episodios que más gratamente me impresionaron: la precisión de las fases; el ímpetu del ataque; el huracán de acero y plomo; las detonaciones de las armas multiplicadas al infinito por el eco, que simulaba un cataclismo; el esfuerzo heroico de las almas débiles para marchar encorvados contra la tempestad de la muerte; las muertes súbitas y trágicas tras las explosiones de las granadas; los heridos llenos de espanto que con horror inmenso ven venir a la implacable muerte; los heridos heroicos que, como Rodolfo Fierro, andan chorreando sangre, olvidados de su persona, por seguir colaborando eficazmente en el combate; o los heridos que de golpe quedan inhabilitados para continuar la lucha y que se alejan tristemente del combate, como el intrépido Trinidad Rodríguez, a quien la muerte sorprendió cuando la vida le decía enamorada "no te vayas, no es tiempo todavía". Y tantas y tantas cosas hermosas. Y finalmente, la serena caída de la tarde, con la plena seguridad de la victoria que viene sonriente y cariñosa a acariciar la frente de Francisco Villa, el glorioso y bravo soldado del pueblo.

Bajo el encanto de la obra clásica de ese día feliz, me hundí plácidamente en un sueño reparador y sin aprensiones.

DÍA 24 DE JUNIO

A la mañana siguiente entramos a Zacatecas visitando el campo de batalla por el lado de La Bufa; en donde, en verdaderos nidos de águilas, se había hecho fuerte el enemigo.

Pocos muertos había por ahí; pero casi todos estaban atrozmente heridos y sus actitudes revelaban una agonía dolorosa.

Buscábamos como botín los útiles de zapa y el material y municiones de artillería. Con vigilantes asegurábamos la posesión de las cosas que íbamos hallando, mientras mandábamos tropas a recogerlas.

Dentro de la ciudad había muchos más muertos: con las heridas invariablemente en la cabeza.

La acumulación de nuestros soldados hacía por todas partes intransitables las calles de la ciudad.

Los escombros de la Jefatura de Armas obstruían las calles circunvecinas. Según decían en la ciudad, familias enteras perecieron en el derrumbe de ese edificio, hecho por los federales, no sé con qué propósito.

Tanta era la tropa que Cervantes no pudo encontrar alojamiento para la artillería y decidí ir a buscarlo en la dirección de Aguascalientes, en Guadalupe o más allá, cerca de la laguna de Pedernalillo, cuyo espejo vimos desde que por primera vez subíamos al cerro alto de Vetagrande.

¡Oh, el camino de Zacatecas a Guadalupe! Una ternura infinita me oprimía el corazón; lo que la víspera me causó tanto regocijo, como indicio inequívoco de triunfo, ahora me conmovía hondamente.

Los siete kilómetros de carretera entre Zacatecas y Guadalupe y las regiones próximas, de uno y otro lado de esa carretera, estaban llenos de cadáveres, al grado de imposibilitar al principio el tránsito de carruajes. Los cadáveres ahí tendidos eran, por lo menos, los ocho décimos de los federales muertos el día anterior en todo el campo de batalla.

Los caballos muertos ya no tenían monturas ni bridas, y los soldados, ni armas, ni tocado, ni calzado, y muchos, ni aun ropa exterior.

Por la calidad de las prendas interiores del vestido, muchos de los muertos revelaban haber sido oficiales.

Gracias a la fría temperatura de Zacatecas, los cadáveres aún no apestaban y se podían observar sin repugnancia.

Todos los caballos estaban ya inflados por los gases, con los remos rígidos y separados. En los soldados, aunque ya habían sido movidos al despojarlos de sus zapatos y ropa exterior, había infinidad de actitudes y de expresiones: quienes habían muerto

249

plácidamente y sólo parecían dormir; quienes guardaban actitud desesperada y la mueca del dolor y del espanto.

¡Y pensar que la mayor parte de esos muertos fueron cogidos de leva por ser enemigos de Huerta y, por ende, amigos nuestros! ¡Y pensar que algunos de ellos eran mis amigos, que la inercia del rebaño mantuvo del lado de la injusticia!

En Guadalupe (como en Zacatecas) los vecinos estaban amedrentados, ¿sus propiedades serían respetadas?

—Está bien —decían— que aprovechen los soldados lo que tengo, para eso es; pero que respeten mi vida, la de mi esposa y las de mis hijos.

Una señora, en un parto prematuro, había muerto de espanto.

Y todos pedían salvoconductos, y todos se disputaban el honor de invitar a comer a los jefes principales, para que tuvieran garantías.

La guerra, para nosotros los oficiales llena de encantos, producía infinidad de penas y de desgracias; pero cada quien debe verla según su oficio. Lo que para unos es una calamidad, para los otros es un arte grandioso.

En la mina de La Fe me alojé con el Estado Mayor; la tropa quedó en Guadalupe.

DÍA 25 DE JUNIO

Muy agradecidos quedamos de la hospitalidad confortable que nos dieron los señores Noble.

Sobre mi Turena, que saltaba deliciosamente los muros y las anchas zanjas, fui a rogar a mi general Villa que me diera cuatro brigadas de caballería para ir a tomar Aguascalientes.

—Le voy a dar siete, mi general.

Y dio las órdenes a los jefes de ellas; y yo di la mía de marcha para el día siguiente. Gozosísimo me frotaba las manos; el domingo entraríamos seguramente a Aguascalientes.

Pero la suerte dispuso las cosas de otro modo. Nuestro jefe se había desvelado pensando en la situación de la División del Norte.

Confiados en que, como nosotros, todos los demás guerreros constitucionalistas no tendrían más afán que marchar hacia el sur, sobre México, nos íbamos yendo muy adelante. Pero no te-

250

níamos municiones sino para dos grandes batallas; por Ciudad Juárez no podíamos introducir municiones, ni nuestros amigos las dejaban pasar por Tampico, ni sacar carbón de Monclova. El licenciado Miguel Alessio Robles, enviado del Cuerpo de Ejército del Noreste para iniciar pláticas con nosotros, se había informado de que nuestra actitud era enteramente de armonía, que si nosotros desobedecimos la orden para que el general Villa dejara el mando de la División del Norte, se debió a que esa orden traería, como consecuencia, males incalculables para la causa y para la patria, que estábamos en obligación de evitar; que no teníamos más deseo que marchar rápidamente hacia México y que invitábamos al Cuerpo de Ejército del Noreste a marchar desde luego sobre San Luis Potosí.

Esa invitación fue contestada por el mismo licenciado Alessio Robles desatentamente.

Y nuestro regreso al norte se hizo indispensable.

Y después del Pacto de Torreón, y cuando nos apercibimos de la trascendencia de la batalla de Zacatecas, pensamos: nuestros amigos pueden entrar fácilmente en la capital de la República; si acaso es necesaria nuestra ayuda en el combate, marcharemos hacia el sur; pero mientras tanto, vale más regresar al norte y alejar la posibilidad de una nueva crisis, tan fácil de provocar.

DÍA 8 DE JULIO

¡Triste y a la vez delicioso rodar de nuestros trenes por los, ahora, verdes campos del estado de Chihuahua!

¡Rápido desfile de postes y arbustos ante el cuadro de una ventanilla, tras de la cual garabateé estos apuntes sobre mis rodillas!

["Batalla de Zacatecas. Descripción tomada del diario del general Felipe Ángeles", 1914; reproducido en versiones levemente diferentes entre sí en Álvaro Matute, *Documentos relativos al general Felipe Ángeles*, 1982, pp. 65-92; Federico Cervantes, *Felipe Ángeles en la Revolución. Biografía (1869-1919)*, 1964, pp. 105-26; y José Enciso Contreras (comp.), *La batalla de Zacatecas*, 1998, pp. 1-28.]

AUTODEFENSA, 1916

En la revolución de 1913 peleamos contra la reacción dictatorial, peleamos por reafirmar el triunfo de la revolución de 1910, ilusoriamente destruido por la traición de Huerta. Desde el principio, muchos descubrimos que Carranza nos llevaba a una nueva dictadura.

Estar desde luego contra Carranza hubiera sido fortalecer a Huerta, hubiera sido un crimen. Divididos ya en espíritu, continuamos la guerra contra Huerta.

Cuando Carranza vio rota la fuerza moral huertista provocó el rompimiento con Villa, prohibiéndole que obtuviera la victoria de Zacatecas. Todos los generales de la División del Norte hablaron de dispersarse y, algunos, de ir sobre Carranza o a las montañas. Esto habría encendido de nuevo la moral en el alma de los huertistas y yo me opuse a ello.

Yo redacté el telegrama que cruzó el rostro de Carranza como un fuetazo. Por mí fuimos a Zacatecas y vencimos finalmente a Huerta. Yo soy el culpable de que, desoyendo los despóticos mandatos de Carranza, hayamos ido a dar el último golpe de muerte a los huertistas. Yo soy el culpable de haberle dicho a Carranza su miseria moral, su envidia, su falta de patriotismo, su ambición, su despotismo.

Después de Zacatecas, la División del Norte se volvió a subordinar a Carranza, para facilitar a la Revolución el triunfo completo. Ahí, propiamente, terminó la lucha contra la reacción dictatorial y empezó la lucha contra la nueva dictadura. Estamos satisfechos de nuestra obra: entre Huerta y Carranza, preferimos a Carranza.

Con esa conducta me hice reo de dos enormes delitos: el de haber sido factor implacable contra el huertismo y el de haber arrancado la careta democrática de Carranza.

Carranza dijo, desde luego, que mi acción era igual a la traición de Huerta. Los carrancistas dijeron por la prensa de la República y por la de Estados Unidos que yo estaba en connivencia con los porfiristas y con los huertistas. Inventaron una carta del señor general Díaz y otra del señor Limantour, en las que se me encargaba tornar la Revolución en favor de ellos, y luego me acusaron de venir a Estados Unidos a vender mi espada a la reacción.

Los huertistas dicen ahora en *La Prensa*, de San Antonio, Texas, que deseo la amnistía de Carranza, que pretendo venderle mi espada a Carranza.

No hay duda, carrancistas y huertistas son del mismo nivel moral, son igualmente inescrupulosos.

Los carrancistas, cuando hablan de mí, dicen que estuve con Huerta porque quieren herirme en el corazón. Los huertistas me llaman general ex villista porque piensan que me humilla haber militado a las órdenes del señor general Villa.

Pues sepan, carrancistas y huertistas, que sus ataques me benefician porque prueban, hasta la evidencia, que no estoy con ninguno de ellos.

Pues sepan, carrancistas y huertistas, que no me humilla el haber servido a las órdenes de Villa, que al contrario me enorgullece. Me enorgullece haber sentido por largos meses el afecto y estimación de un hombre como Villa, y me entristece el pensar que, entre todo el montón de intelectuales del país, no hay un hombre de las energías de Villa que, a diferencia de Villa que no puede entender la democracia por insuficiente cultura, sea capaz de salvarlos del pertinaz azote de los dictadores que tiene encorvadas las espaldas de los mexicanos.

Pues sepan, carrancistas y huertistas, que estoy con Villa, y con Zapata, y con Genovevo de la O, y con todos los pobres que no se someten a la injusticia y que no presentan las espaldas al látigo de los dictadores; que me enorgullezco de ello; que me entristece que mis inescrupulosos enemigos, siendo mexicanos, no aborrezcan el látigo del amo y vayan poco a poco mendigando, como Bolaños Cacho, Urbina y Tablada, el arrimo y el derecho de lamer las botas del dictador.

Sepan que en el destierro pasaré mi vida entera, antes que inclinar la frente; o que moriré ahorcado de un árbol a manos de un huertista o de un carrancista, por el delito capital de odiar las dictaduras; o que algún día colaboraré con éxito en conquistar la libertad y la justicia para todos, aun para ellos.

Felipe Ángeles

[Federico Cervantes, *Felipe Ángeles y la revolución de 1913. Biografía (1969-1919)*, 1943, pp. 211-12.]

El Ascenso a General de Francisco Villa.

La dictadura convirtió a Francisco Villa, desde sus tiernos años, en un rebelde contra la injusticia de los poderosos sobre los humildes y lo obligó a ser un "fuera de la ley".

La rebelión maderista, la revolución democrática de 1910, que pugnaba por poner en vigor la Constitución de 1857 (que instituyó al pueblo mexicano en una sociedad democrática) y que en cierto modo era la continuación de todas nuestras luchas, de todas nuestras guerras, desde 1810, por libertar a los humildes de la zarpa agobiadora de las clases privilegiadas, tuvo entre sus más eficaces guerrilleros a Francisco Villa.

En 1910 tenía todavía Villa el muy rústico aspecto de los excomulgados de la sociedad, que viven en los cerros y los montes, que de vez en cuando van a las chozas de los humildes en donde son recibidos con amistad y aun son cariño y que por excepción van a los grandes poblados, villas o ciudades, viendo con desconfianza a la mayoría de los habitantes y poniéndose en guardia al encuentro del gendarme o de cualquier autoridad.

Nunca tomó la palabra para dar un consejo

durante la revolución maderista: era solo un instrumento de guerra, atraído por la bondad del jefe que absolvía todas las faltas y que amaba hasta a sus enemigos políticos.

En la guerra contra la rebelión orozquista, Villa fue ascendido a General por el Presidente Madero, en premio a su actividad y a la eficacia de sus servicios.

Ese ascenso constituye un gran acontecimiento en la vida de Francisco Villa. Me impresionó profundamente al oírselo referir.

Hacía poco tiempo que las tropas revolucionarias habían tomado Torreón, haciendo creer en el exterior que la revolución triunfaría, y hacía menos tiempo aun que habíamos triunfado en San Pedro de las Colonias llevando la convicción a todas las tropas huertistas y a Huerta mismo, que estaban vencidos.

Las tropas de José Isabel Robles por General Cepeda se acercaban a Saltillo, mientras nosotros efectuábamos la Maniobra de Paredón que aplastaría a todas las tropas huertistas ahí acantonadas y descarrilaría todos los trenes en fuga de Paredón o con tropas de auxilio de Saltillo.

Una larguísima hilera de trenes estaba tendida en la sinuosa vía férrea que atraviesa la pequeña serranía situada entre Hipólito y Paredón.

Nuestro alegre campamento tenía esa hilera de trenes a guisa de columna vertebral. Llegaba yo a caballo de una marcha en rodeo por el Norte para salvar la mencionada serranía, con dos brigadas de caballería y toda la Artillería.

Luego que el General Villa me apercibió, descendió de su cerro y me invitó a apartarnos hasta un llanito en alto, donde nos sentamos: desde ahí era magnífica la vista del campamento y del panorama entero. Hablamos primero de la maniobra que estábamos realizando y luego de diversas cosas ajenas al servicio.

Fue entonces cuando me refirió su ascenso. Decía, imitando la manera de hablar de Huerta, socarrona y con frecuentes repeticiones, cómo éste le había dado la noticia de su ascenso, acordado por el Señor Presidente Madero. Cómo le había ordenado se mandara hacer su uniforme de General para darle a reconocer en las formalidades legales y cómo los Oficiales del Estado Mayor de Huerta se reían y miraban entre sí. Y después, decía cómo se presentó cohibido, con su uniforme nuevo, ante la impertinente hostilidad de sus compañeros de armas, mejor nacidos, más afortunados, salidos de las escuelas y crueles en su hostilidad contra aquél pobre desheredado de la fortuna, expulsado de la sociedad, muerto de sed y hambre por cerros y montes desde joven, sólo recibido en afecto por los habitantes de las más pobres chozas, que miraba desde

las cúspides de las montañas, las ciudades
prohibidas.....!

¿Por qué esa inconsciencia de los individuos
en la inflexible lógica de la evolución social?

"Mire Usted, mi General, me decía afectuoso,
« yo hubiera querido ser amigo de aquellos mu —
« chachos; pero ellos mismos no me dejaban. Sólo
« Rábago tenía algún afecto para mí. Yo comprendía
« que no valían nada y que no tenían ninguna
« razón para conducirse mal conmigo. Veía cla —
« ramente que estaban contra mí, sin saber ellos
« mismos por qué y que acabarían por ani —
« quilarme, por matarme, no sabía yo cómo; pero
« allá iban. Y así fue; así iba a ser; pero quién
« sabe qué otras cosas intervinieron que me sal —
« varon! Quería tal vez el destino, que supieran
« esos muchachos que no tenían razón en reirse
« de mí como un compatriota, ni de mí como
« un General."

Artículo del general Felipe Ángeles, escrito de su puño y letra.

EL ASCENSO A GENERAL DE FRANCISCO VILLA [1916]

La dictadura convirtió a Francisco Villa, desde sus tiernos años, en un rebelde contra la injusticia de los poderosos sobre los humildes y lo obligó a ser un "fuera de la ley".

La rebelión maderista, la revolución democrática de 1910, que pugnaba por poner en vigor la Constitución de 1857 (que instituyó al pueblo mexicano en una sociedad democrática) y que en cierto modo era la continuación de todas nuestras luchas, de todas nuestras guerras, desde 1810, por libertar a los humildes de la carga agobiadora de las clases privilegiadas, tuvo entre sus más eficaces guerrilleros a Francisco Villa.

En 1910 tenía todavía Villa el muy rústico aspecto de los excomulgados de la sociedad, que viven en los cerros y los montes, que de vez en cuando van a las chozas de los humildes en donde son recibidos con amistad y aun con cariño, y que por excepción van a los grandes poblados, villas o ciudades viendo con desconfianza a la mayoría de los habitantes y poniéndose en guardia al encuentro del gendarme o de cualquier autoridad.

Nunca tomó la palabra para dar un consejo durante la revolución maderista: era sólo un instrumento de guerra, atraído por la bondad del jefe que absolvía todas las faltas y que amaba hasta a sus enemigos políticos.

En la guerra contra la rebelión orozquista, Villa fue ascendido a general por el presidente Madero, en premio a su actividad y a la eficacia de sus servicios.

Ese ascenso constituye un gran acontecimiento en la vida de Francisco Villa. Me impresionó profundamente al oírselo referir.

Hacía poco tiempo que las tropas revolucionarias habían tomado Torreón, haciendo creer en el exterior que la revolución triunfaría, y hacía menos tiempo aún que habíamos triunfado en San Pedro de las Colonias llevando la convicción a todas las tropas huertistas y a Huerta mismo de que estaban vencidos.

Las tropas de José Isabel Robles por General Cepeda se acercaban a Saltillo, mientras nosotros efectuábamos la maniobra de Paredón que aplastaría a todas las tropas huertistas ahí acantonadas y descarrilaría todos los trenes en fuga de Paredón o con tropas de auxilio de Saltillo.

Una larguísima hilera de trenes estaba tendida en la primera vía férrea que atraviesa la pequeña serranía situada entre Hipólito y Paredón.

Nuestro alegre campamento tenía esa hilera de trenes a guisa de columna vertebral. Llegaba yo a caballo de una marcha en rodeo por el norte para salvar la mencionada serranía, con dos brigadas de caballería y toda la artillería.

Luego que el general Villa me apercibió, descendió de su carro y me invitó a apartarnos hasta un llanito en alto, donde nos sentamos: desde ahí era magnífica la vista del campamento y del panorama entero. Hablamos primero de la maniobra que estábamos realizando y luego de diversas cosas ajenas al servicio.

Fue entonces cuando me refirió su ascenso. Decía, imitando la manera de hablar de Huerta, socarrón y con frecuentes repeticiones, cómo éste le había dado la noticia de su ascenso, acordado por el señor presidente Madero. Cómo le había ordenado se mandara hacer su uniforme de general para darlo a reconocer con las formalidades legales y cómo los oficiales del Estado Mayor de Huerta se reían y miraban entre sí. Y después, decía cómo se presentó cohibido, con su uniforme nuevo, ante la impertinente hostilidad de sus compañeros de armas, mejor nacidos, más afortunados, salidos de las escuelas y crueles en su hostilidad contra aquel pobre desheredado de la fortuna, expulsado de la sociedad, muerto de sed y hambre por cerros y montes desde joven, sólo recibido con afecto por los habitantes de las más pobres chozas, que miraba desde las cúspides de las montañas las ciudades prohibidas...

¿Por qué esa inconciencia de los individuos en la inflexible lógica de la evolución social?

"Mire usted, mi general, me decía afectuoso, yo hubiera querido ser amigo de aquellos muchachos; pero ellos mismos no me dejaban. Sólo Rábago tenía algún afecto para mí. Yo comprendía que no valían nada y que no tenían ninguna razón para conducirse mal conmigo. Veía claramente que estaban contra mí, sin saber ellos mismos por qué y que acabarían por aniquilarme, por matarme, no sabía yo cómo; pero allá iban. Y así fue; así iba a ser; ¡pero quién sabe qué otras cosas intervinieron que me salvaron! Quería tal vez el destino que supieran esos muchachos que no tenían razón en reírse de mí como un compatriota, ni de mí como un general."

[The Library of Pomona College, Claremont, California, Fondo José María Maytorena.]

GENOVEVO DE LA O, 1917

> *A mi buen amigo el distinguido cubano Manuel Márquez Sterling, en comprobación de una crítica que hice, en afectuosa carta de felicitación, a su libro* Los últimos días del presidente Madero.

No conozco bien al hombre; no podré hablar de él, como lo haría de Francisco Villa; pero Genovevo de la O cabe bien dentro del marco de un artículo, mientras que Francisco Villa apenas cabría en las páginas de un libro.

Apenado por haber sido enviado a dirigir la guerra del sur en el vasto territorio de cinco estados, México, Morelos, Puebla, Tlaxcala y Guerrero, sin que se me hayan permitido unos cuantos días para enterarme del estado de la campaña, sacado violentamente de una ardua tarea de reorganización del Colegio Militar, iba yo en el tren de Cuernavaca escoltado por la tropa del coronel Jiménez Castro.

Avisadas las tropas de los destacamentos de que el nuevo jefe de la campaña iba en el tren, me esperaban formados a lo largo de la vía. Los soldados parecían sin alimentos, amarillos los rostros, sucios y desgarrados los uniformes.

–¿En dónde estan los cuarteles? –pregunté–. ¿Dónde duermen los soldados, dónde se protegen de las lluvias?

¡Pobres soldados, vivían a la intemperie en aquellas elevadas cimas de lluvias frecuentes, casi continuas todo el año! ¡No tener siquiera un pedacito de tierra seca donde echarse a dormir!

Al llegar a Tres Marías nos encontramos con la novedad de que en el destacamento se había capturado a un espía zapatista.

Este acontecimiento está ligado con el acto más trascendental de mi vida. No puedo relatarlo por falta de espacio.

Los oficiales del destacamento estaban indignados; había que colgarlo inmediatamente; no cabía la menor duda de su culpabilidad y no era perdonable la menor vacilación. No hacía mucho había ido al mismo destacamento otro espía, y una vacilación, una torpeza, había hecho posible su evasión. Todos los soldados estaban ebrios, el espía había llevado la noticia al enemigo y Genovevo de la O llegó de noche con sus zapatistas y acabó con el destacamento. Al recordar las escenas ocurridas y cómo al otro día encontraron el campo las tropas de auxilio, daba escalofrío. Así apareció ante mí, por primera vez, la figura fatídica de Genovevo de la O. Así aparece, en general, a toda la sociedad, el heroico soldado zapatista.

Mientras estuve encargado de la campaña del sur, Genovevo fue el jefe zapatista más activo; tuvimos con él dos combates, uno en la hacienda de Micatitlán y el otro en el cerro de La Trinchera, que voy a relatar.

La víspera del combate en la hacienda, un señor me informó que tenía noticias de que Genovevo preparaba el ataque para el día siguiente.

Llovía torrencialmente la tarde de esa víspera y me apenaba dar a los destacamentos circunvecinos al objetivo del enemigo la orden de concentración. Vacilaba yo en darla, porque hacía tiempo había yo cambiado radicalmente la política de mi antecesor, el general Robles, y tenía por ello descontentos a mis oficiales. Si el ataque del enemigo no se verificaba, los oficiales no me perdonarían que hiciera mover las tropas bajo la lluvia torrencial. Ordené, finalmente, que el movimiento de tropas se verificara en la noche a diversas horas, según la lejanía de cada destacamento. Al día siguiente, muy temprano, el empuje del capitán Galaviz, que murió en el combate, casi derrotó al enemigo, acabando por destrozarlo el regimiento de Triana. Galaviz y Reyes, un valiente revolucionario de Gómez Palacio, fueron los héroes de la jornada. Yo me empeñé en acreditar al coronel de Estado Mayor Alberto Bátiz, que mandé en tren y con tropas numerosas, dándole el mando supremo; pero él evadió el combate, yéndose cerca de Jojutla y resistiéndose después a hacer una persecución a fondo, como se lo ordené repetidas veces.

El combate de La Trinchera fue más honorífico para Genovevo porque en él no tuvieron real éxito las tropas del gobierno.

La Trinchera es un cerro que está entre Santa María y Huitzilac; ese cerro domina en casi toda su extensión el camino entre los dos pueblos mencionados, y está separado del mismo por el hondo y pedregoso lecho de un arroyo. Así pues, para atacar La Trinchera desde el camino por un combate de frente se necesita una superioridad numérica muy grande. Detrás de La Trinchera, hay una escabrosísima serranía que termina en una ranchería que era el cuartel general de Genovevo, cerca de Santiago Tianguistengo, del Estado de México.

Quiero relatar este combate con más detalles que el anterior, porque la importancia que le dimos y la fuerza que desplegamos hacen honor a Genovevo.

Un día había salido a pie de Cuernavaca a México, el capitán Gonzalitos, y a poco recibí la noticia de que los zapatistas, en la mañana de ese mismo día, habían dado muerte a un muchachito vendedor de periódicos en el camino, frente a La Trinchera. Creíamos que también a Gonzalitos lo habían muerto; pero a poco, por teléfono supimos que internándose al monte había escapado, y que, sin novedad, Gonzalitos proseguía su camino hacia México.

Un día después supimos que en el mismo lugar del camino, frente a La Trinchera, los zapatistas habían detenido y robado a unas soldaderas. Mandé el destacamento de Cruz de Piedra, que era el más inmediato (estaría como a tres kilómetros de La Trinchera), para que despejara el camino y persiguiera a los zapatistas. Tuvieron las fuerzas de ese destacamento un combate con los zapatistas y me informó el jefe del destacamento que había derrotado al enemigo; pero por lo que supe después, eso era falso, pues sólo se había tiroteado el destacamento con el enemigo y enseguida retirado a Cruz de Piedra.

Por el jefe del destacamento de Huitzilac fui informado de la falsedad del parte del de Cruz de Piedra, y por ello mandé enseguida al capitán Osorno, que se había distinguido frecuentemente en persecuciones al enemigo, para que con una compañía lo batiera y arrojara de La Trinchera. Osorno dio parte de que había desalojado al enemigo.

Un día después volvió a informarme el jefe de Huitzilac, coronel Viruegas, que los zapatistas continuaban en su puesto y de que eran muy numerosos.

Me resistí a creer que un oficial tan valiente y caballeroso como Osorno diera un parte falso; pero me indujo fuertemente a cerciorarme de la veracidad de la información de Viruegas el hecho de que Gonzalitos debía regresar a pie de México, la tarde de ese mismo día. Así es que después de comer pensé en ir a hacer personalmente un reconocimiento con sólo los oficiales de mi Estado Mayor. Ya en camino reflexioné que si acaso nos atacaban los zapatistas y mataban a alguno de mis oficiales, la prensa de México recibiría la noticia con inmensa alegría y que gritaría a voz en cuello mi impericia y mi tonto espíritu de aventura, y decidí escoltarme con tropas del destacamento de Buena Vista (hacienda inmediata a Cuernavaca); pero las tropas de ese destacamento habían salido a algún servicio y sólo pudieron darme trece soldados. Eso era peor que nada; porque sin soldados de infantería podríamos muy fácilmente escapar del enemigo en caso de encontrarlo numeroso, mientras que con una pequeña escolta de infantería no podríamos escapar. A esos trece soldados agregué cuarenta que encontré en Cruz de Piedra: total, cincuenta y tres soldados.

Una casualidad nos salvó de haber sido derrotados; consistió la casualidad en detener a mis soldados para simular una maniobra por vía de ejercicio en un lugar que sin saberlo yo, estaba oculto de la vista del enemigo. Seguramente éste, que nos había visto venir, estaba esperando que pasáramos del lugar donde por casualidad nos habíamos detenido, para romper el fuego. Si hubiéramos pasado un poco más adelante, el enemigo hubiera matado a casi todos mis soldados en unos cuantos segundos, y hubiera dispersado a los pocos que hubieran quedado, porque estábamos como a doscientos metros del enemigo y éste era por lo menos de quinientos hombres, según supe después. Aposté bien a mis soldados parapetándolos con el borde del camino y quince de ellos, mandados por un sargento, iban a servir como exploradores, que tenían por misión marchar hacia La Trinchera, bajo el amparo de los demás que quedaban apostados, con objeto de cerciorarse de si efectivamente el cerro había ya sido abandonado. Apenas avanzaron los exploradores unos cuantos pasos, quedaron a descubierto y fueron recibidos por un nutrido fuego, cuya intensidad hacía comprender lo numeroso del enemigo. Afortunadamente, si era imposible para nosotros llegar a La Trinchera por encontrarse de por medio la barranca del río y por nuestra inferioridad numérica, era difícil para el enemigo atravesar sin peligro ese obstáculo. Repuestos de la sorpresa, pudimos apreciar bien la situación y estimar que mientras hubiera bastante luz, el enemigo no podría pasar el obstáculo.

El tiroteo orientó a Gonzalitos (quien regresaba a pie de México) para saber qué camino debería seguir, y con una escolta de doce hombres que tomó de Huitzilac, en el momento preciso en que los zapatistas nos anunciaban que nos iban a cortar la retirada, por una vereda que Gonzalitos conocía bien. Apostamos la escolta de Gonzalitos en la salida de esa vereda y cuando los zapatistas avanzaban por ella, los hicimos retroceder. Había yo ido con tropas para salvar a Gonzalitos y éste, a su vez, nos salvaba con sus tropas y su conocimiento del terreno.

Tan cerca estuvimos los combatientes que se oían claramente las voces infantiles de los zapatistas que decían:

–Vendidos de Madero, vengan por su peso.

Y nuestros soldados contestaban:

–Ahí les van sus tierritas.

En la noche nos retiramos a Cuernavaca y di la orden para que al día siguiente fuera todo un batallón que había en esa ciudad, disponible para expediciones contra las partidas zapatistas que pudieran aparecer en cualquier región del estado de Morelos, y lo mandé a las órdenes de su jefe, el coronel Tamayo. Nunca creí que todo el batallón fuera insuficiente para batir a los zapatistas de La Trinchera; pero sí desconfié de la pericia de su jefe, por lo cual le di un valiente oficial de mi Estado Mayor, el teniente San Román, que me había acompañado en el reconocimiento referido y que, por consiguiente, estaba en aptitud de evitar al coronel Tamayo cualquier sorpresa del enemigo. A pesar de esto, el coronel desplegó su batallón enteramente a descubierto, bajo el fuego cercano de los de La Trinchera, y después de breve combate tuvo que retirarse al amparo del fuego de dos ametralladoras, una de ellas manejada por el mismo San Román, quien fue herido mortalmente. El fracaso del coronel Tamayo fue de importancia, porque desmoralizó a la única tropa disponible para expediciones. Me habría sido fácil relevar con ese batallón algunos destacamentos y tomar parte de otros para tener tropas frescas y suficientes con que emprender un nuevo ataque; pero no quise debilitar las fuerzas de los destacamentos y las guarniciones de los pueblos y haciendas, para no infundir ninguna alarma, y pedí a México que se me enviara un batallón y una batería. Pasaba a la sazón por la capital el 29° Batallón y me lo enviaron. El general Blanquet, que mandaba ese batallón, tardó una semana en llegar y, mientras, se esparció la noticia entre los zapatistas de que no habíamos podido desalojar a Genovevo de La Trinchera, y esto, naturalmente, constituyó un triunfo moral para los zapatistas de todo el estado.

Cuando el general Blanquet se puso en comunicación conmigo desde Tres Marías, lo enteré de la operación que íbamos a emprender y que consistía esencialmente en que yo fijaría al enemigo por un combate de frente, con un batallón y una batería y que mientras el enemigo estaba entretenido conmigo Blanquet bajaría de Huitzilac y caería por la espalda.

Ésa sería la operación principal, completada por las dos siguientes secundarias. Seguramente los dispersos de las tropas de Genovevo escaparían por la sierra hacia la ranchería que les servía de cuartel general, por lo cual ordené al general Velázquez (quien mandaba las tropas del Estado de México) que mandara con anticipación fuerzas que los batieran. Por otra parte, era de esperarse que las diversas partidas zapatistas acudieran al auxilio de Genovevo, hostilizando por la espalda al batallón del coronel Tamayo, que fijaría de frente al enemigo de La Trinchera. Para impedirlo, los destacamentos que estaban por esa región, El Fuerte, La Herradura, etcétera, fueron movidos ligeramente y puestos en comunicación para obrar como el caso lo requiriera.

El combate en La Trinchera duraría tres horas; desalojamos al enemigo, tomamos posesión del cerro y establecimos ahí un destacamento en un cuartel y fortificación muy confortables.

El triunfo fue celebrado por la prensa y otorgado naturalmente a Blanquet, el enemigo latente del gobierno. Este general fue fotografiado por sus reporteros en unión mía; yo muy limpiecito y de pie, como quien no ha trabajado gran cosa (y ésta era la realidad para ambos), y Blanquet a un lado, dormido en el suelo, muerto de fatiga.

Mis oficiales estaban muy orgullosos del buen éxito de mis previsiones, pues al tomar posesión del cerro de La Trinchera, vimos el combate de nuestros destacamentos, que por el lado de La Herradura rechazaban a las partidas que intentaban hostilizarnos por la espalda.

Pero en realidad el triunfo era de Genovevo, que por diez días había desafiado desde la altura de La Trinchera a las tropas del gobierno, y finalmente se iba casi intacto, según voy a explicar.

El destacamento que del Estado de México había enviado el general Velázquez cayó en una emboscada y fue rechazado en Ocuila, antes de llegar a su destino para batir a los dispersos zapatistas.

Nuestro fuego de frente debe de haber hecho muy poco efecto. Esa impresión tuve desde luego y la confirmé después por rumores que me venían de nuestros enemigos.

El general Blanquet, que debía caer por sorpresa sobre la espalda del enemigo, en lugar de acercarse silenciosamente, desplegó su batallón y maniobró a toques de corneta, como diciendo al enemigo: "Allá vamos por tu espalda, tú sabes si nos esperas", y el enemigo dijo: "Mil gracias, hasta luego".

Veremos adelante quién es Genovevo y se juzgará imparcialmente si estas hazañas, insignificantes para un general, no son meritísimas para un humildísimo indito.

Muy interesado inquirí quién era Genovevo, entre extranjeros y mexicanos, entre maderistas, antimaderistas y netamente zapatistas, y adquirí la certeza de que era simplemente un carbonero del pueblo de Santa María, muy trabajador, muy cumplido en sus compromisos y muy pacífico.

¿Por qué entonces se ha rebelado contra el gobierno? Nadie se atrevía a contestar: los más osados y sinceros llegaron, sin embargo, a decirme que se había rebelado porque mataron a personas de su familia; algunos decían que la víctima había sido el padre; otros, la madre; otros, la hermana; no supe de fijo quién o quiénes de su familia habían sido sacrificados.

Pero ¿quién era el responsable? Ahí era donde todos permanecían mudos.

La casualidad me llevó a saber la realidad suficiente de los motivos que tuvo Genovevo para rebelarse contra el gobierno.

El noble y valiente teniente coronel Alvírez, que primero había colaborado dócilmente en la política de exterminio del general Juvencio Robles, ahora colaboraba con igual docilidad en la política mía de amor y reconstrucción.

Habíamos logrado juntar casi por completo a los ahora nómadas que anteriormente formaban el pueblo de Huitzilac. Los habíamos ayudado a reconstruir sus casas y no sólo, sino que los habíamos hecho nuestros amigos y los habíamos armado. Un día que supe que el destacamento federal al mando de Alvírez había salido de Huitzilac a algún servicio, fui a ver a Alvírez para invitarlo a una excursión a una laguna que existe en medio de la intrincada sierra de las hazañas de Genovevo.

–No podemos ir, mi general –me contestó–, porque mi tropa ha salido a un servicio.

–Pero el pueblo está armado y él puede escoltarnos –le repliqué.

Alvírez me miró con sorpresa y quizá con un oscuro pensamiento de desaprobación. Era un hombre bueno; pero estaba embebido del prejuicio antiindígena.

Hicimos una larga e interesantísima excursión y sentí la inmensa satisfacción de ver que mis amigos los pobres, los expoliados, los perseguidos, los indignos de confianza, me entendían, eran buenos y leales y se acercaban y se me pegaban al corazón.

Había emprendido en Santa María idéntica labor a la ya iniciada acerca de Huitzilac; pero allí no tenía yo un colaborador tan eficaz como Alvírez.

Cuando existía ese pueblo, patria del ex gobernador porfirista Alarcón, tenía una situación privilegiada y todos los encantos. Ahora era una ruina, como de un pueblo anterior a la conquista. La iglesia era a la vez un cuartel y una caballeriza del Ejército Federal. Todo aquello era una terrible acta de acusación contra el gobierno. ¿Para qué ser más explícito? Alguna vez lo diré todo si es preciso.

Sobre aquellas ruinas desoladas vibraba el clarín del destacamento de Cruz de Piedra, dominándolo todo en el encanto del delicioso valle de Morelos.

Yo, un descreído, me avergoncé de la obra del gobierno y, un indio, me apesadumbró el imaginarme a mis hermanos sin hogar, errantes como fieras en los bosques.

Y empecé la reconstrucción. Ya la iglesia no fue un cuartel y una caballeriza; la reparé de los cañonazos, la pinté y la decoré. Y así, nuevecita y sola, parecía más triste y era una protesta más enérgica.

Los antiguos pobladores empezaron a cultivar sus pequeñas hortalizas y luego a construir sus jacales para vivir provisionalmente, mientras construían sus casas. La cosa marchaba muy bien y muy aprisa cuando renació la vieja intriga que me puso en la pista de por qué se rebeló Genovevo.

Estaba yo en mi oficina cuando se me presentó un semisoldado federal. No vale la pena que explique la palabra compuesta semisoldado.

–Ahí están unos enviados de Genovevo que lo vienen a matar a usted –me dijo.

Me causó risa y curiosidad la noticia.

–Pero ¿cómo sabes tú eso? –le dije.

–Muy bien, señor, porque los conozco, sé que están con Genovevo y le dijeron a doña Fulana, que les hizo un almuerzo, a qué venían.

Era aquello inverosímil, pero poco a poco me pareció posible.

Por supuesto que voy haciendo este relato sin pretender escribir en los diálogos exactamente las palabras empleadas, tanto porque no es indispensable, como por necesidades literarias y porque no recuerdo exactamente las expresiones reales, aunque este proceder merezca los reproches de la *Revista Mexicana*, de San Antonio, Texas, que al comentar mi artículo de combate "Díaz, Madero y Carranza", me incrimina por no citar textualmente las palabras de Cabral, en lugar de contestar el asunto principal para los porfiristas, que consiste en que es ridículo que quieran arrebatarnos la bandera democrática diciendo que siempre la han tenido entre sus manos.

–Sí, señor –prosiguió el semisoldado–, la señora del almuerzo es también de Santa María y yo también –y sacó de la bolsa una larga lista. Era la lista de los ex habitantes de Santa María–. Vea usted señor, éste está con Genovevo; éste también; éste ya murió, murió en tal parte de tal enfermedad; éste murió en tal combate, lo hirieron en el pecho; éste está en Tepoxtlán, etcétera, etcétera –y luego cambiando de asunto–: Ya se convencieron de que a usted es muy fácil matarlo, porque sale solo por los campos y es muy confianzudo, y vienen a matarlo a cuchillo; se lo dijeron a la señora que les sirve el almuerzo, y ahorita están allí sentados frente al Palacio de Cortés.

Todo eso dicho muy largo y muy confuso, y muy despacio, y muy torpemente.

–Bien –le dije–, toma esta orden y ve a tal cuartel para que te den una tropa y los aprehendas.

Al poco tiempo volvió y me dijo:

–Señor, ya se fueron.

–Pues mira –le dije–, otra vez no te dilates tanto para decir las cosas; conserva esta orden y cuando los vuelvas a ver, muy calladito y muy de prisa vas por la tropa; los aprehendes y me los traes.

No habían transcurrido ocho días y ya estaban presos.

Muy ocupado estaba yo cuando me lo participaron y no pude desde luego estudiar el asunto. Cuando me desocupé, cansado y con el juicio torpe, pedí que me trajeran a los presos.

¡Cuál no sería mi sorpresa al ver que los presos eran los mismos a quienes estaba yo protegiendo y ayudando a reconstruir sus casas! Por cansancio cerebral me cupo un momento la duda de si sería fundado el cargo que les hacían. Me hubiera bastado pensar que a ellos se les hubiera podido aprehender cualquier día y que el haber dejado transcurrir casi una semana había sido totalmente meditado.

–Pero ¿es posible que ustedes pretendan asesinarme?

–¿Quién le dijo a usted eso? –me preguntaron al instante aquellos indios reservados que a mí me hacían el honor de tenerme confianza.

–Fulano de tal –contesté.

–¡Ah! se explica; ése es el hombre que nos ha hecho tantos males; era de nuestro pueblo y le servía de espía al general Robles; por él mataron a muchos del pueblo.

Seguramente que aquéllos decían la verdad; ya estaba yo en la buena pista. Algunos días más tarde me telefoneó el jefe del destacamento de Cruz de Piedra diciéndome que habían atacado al destacamento desde las ruinas del pueblo de Santa María, que él había bajado con su tropa, había aprehendido a los agresores y los tenía presos.

–No haga usted nada a los presos –le dije–, dentro de unos minutos estoy con usted –y me fui al galope.

¡Eran los mismos que me querían asesinar!

–Pero ¿dónde están las armas de estos señores? –pregunté al jefe del destacamento.

–No las pudimos encontrar –respondió el oficial.

Y los indios confesaban que habían oído partir desde el pueblo los primeros tiros; pero que no vieron quiénes los dispararon.

En pocas palabras enteré al oficial de que tenía yo la seguridad de que aquellos indios no eran culpables y de que estaba yo en vías de descubrir una interesante intriga.

–Póngalos en libertad y protéjalos usted en su trabajo en el pueblo –ordené al oficial.

Obedeció bien, pero leí en sus ojos la incredulidad.

Inmediatamente fui a ver al señor gobernador del estado, el ingeniero Patricio Leyva, mi amigo y condiscípulo. Lo enteré de todo lo sucedido y del afán que tenía por descubrir la intriga.

–Bien –me dijo–, no la ha descubierto todavía porque no está usted enterado de las cosas del estado. Desde hace mucho tiempo están de pleito el pueblo de Santa María y la hacienda de Temixco y el motivo es un terreno en discusión. En tiempo del gobernador Alarcón le dieron el triunfo a la hacienda y desde entonces está muy disgustado el pueblo. La intriga fue muy sucia, como sucedía frecuentemente en tiempos de Díaz. Por la buena y con habilidad, hicieron que Santa María nombrara un delegado para entenderse con otro de Temixco. Compraron fácilmente al delegado del pueblo y éste decidió con el otro delegado que el terreno en litigio quedaría a favor de la hacienda y que ésta daría al pueblo quince mil pesos. Se hicieron todos los documentos, se legalizó el convenio y se depositaron los quince mil pesos en el banco, a disposición del pueblo. Éste se enojó y no lo admitió, protestó; pero la cosa estaba ya hecha y las autoridades la apoyaban. Esta situación se agravó, porque una vez estando el pueblo necesitado de dinero, tomó tres mil pesos de los quince mil pesos depositados. Cuando el gobierno del señor Madero se estableció, los del pueblo revivieron el litigio y era muy probable que ahora las autoridades dieran la razón al pueblo. El camino que sus enemigos encontraron fácil fue el de presentar al pueblo como rebelde indómito al que es preciso exterminar y lo consiguieron, en efecto, como usted sabe. Y ahora quieren probablemente que usted desista de su empeño en reconstruir el pueblo.

Voy a ser lo más benévolo posible con el señor general don Juvencio Robles y a emplear las palabras más suaves. Voy a suponer que no haya sido cómplice en la intriga de exterminar el pueblo; voy a suponer que haya estado en mi caso, pero que él no tuvo ni la actividad mental ni física necesarias; o que su amistad con los próceres del Partido Científico lo predispusiera en contra de los indios y en favor de sus expoliadores. Y en esa actitud voy a hacer una evocación de los acontecimientos que produjeron la rebelión del trabajador, cumplido y pacífico carbonero de Santa María.

La mano de la intriga se mueve en las sombras misteriosas. Las delegaciones hábiles traen consigo los colgamientos de los habitantes más connotados del pueblo de Santa María. El malestar y disgusto crecen primero tímida y ocultamente y después cada vez más ostensibles; algunos, los menos sufridos, abandonan el pueblo y se incorporan a Zapata. Los más sufren y almacenan odio. Luego, la conspiración y las expresiones de disgusto se tornan poco a poco en desafíos, hasta que finalmente viene la amenaza del general Robles:

–Si el pueblo no se somete, irá la tropa a someterlo.

Y el pueblo contesta:

–Que venga y la recibiremos a balazos.

Y así fue, y se dio la batalla de Santa María, que tuvo en la capital la resonancia de un acontecimiento histórico que hace época. El insigne artillero Guillermo Rubio Navarrete se cubrió de gloria; casi todos los oficiales fueron ascendidos, y hasta un ayudante del presidente de la República, Justiniano Gómez, que fue a presenciar la batalla, tuvo que ser ascendido, en realidad para ganar su testimonio de tan distinguido hecho de armas, y oficialmente por haber tomado una activa participación en la batalla.

Y ¿qué es lo que en verdad había pasado?

Que con unas cuantas armas, los habitantes de Santa María habían cumplido su palabra de recibir a balazos a las tropas del gobierno, que esos habitantes se batieron heroicamente, y que mucho tiempo después de que los defensores del pueblo fueron desalojados, entraron las tropas del gobierno y mataron a muchos inocentes, entre otros a alguno o algunos de los miembros de la familia de Genovevo de la O, y que éste, desde entonces, se levantó en armas, y se transformó de carbonero en enemigo de la injusticia de tan inicuos colaboradores de un gobierno bien intencionado, pero pésimamente servido.

Y ahora Genovevo, de víctima de la codicia por un terreno, de víctima de la estulticia o parcialidad de un general, de víctima de la sed de ascensos de los oficiales, se había convertido en colaborador de los enemigos del gobierno.

Después, así como la prensa elogiaba a Robles, Blanquet y Huerta, por ser enemigos latentes del gobierno, así abultaba la actividad de Genovevo para hacer creer que a pasos agigantados se derrumbaba el gobierno del señor Madero.

Una vez en Chapultepec me decía bromeando mi esposa:

–Cómo te prueba la campaña, has engordado, ¿o será la lejanía de tu mujer lo que te hace tanto bien?

Pocos días después los periódicos de México traían la noticia de que Genovevo había tomado Cuernavaca y era gobernador del estado; que a mí me había pasado a cuchillo y que mis oficiales de Estado Mayor huían por el texcal. Mi esposa creyó la noticia y como medio de tener alguna información, me puso un telegrama preguntándome cómo seguía yo. Recordé la broma y contesté.

–Engordando.

No me pasó siquiera por la imaginación la angustia de mi esposa, ni las indignidades de la prensa.

La campaña de ésta fue tan activa que al señor presidente le pareció de efecto político que hiciera yo una excursión aparatosa al Estado de México, que quemara el cuartel general de Genovevo y que me hiciera acompañar del batallón de Blanquet, que ahora estaba encargado de las tropas de ese estado, para que la prensa de oposición hiciera ruido a la excursión.

Le ordené a Blanquet que estuviera el 29º Batallón cierto día en Malinalco, un hermoso pueblecito del Estado de México. Y estuvo allí, en efecto, juntamente con los Carabineros de Coahuila. Afortunadamente para el pueblo (como se comprenderá después), llegaron pocos minutos después que las tropas de Morelos. Se decía que ese pueblo era muy frecuentado por Genovevo; de la exactitud de esto adquirí la convicción por un acontecimiento que es pertinente referir.

Un rico señor de Malinalco nos invitó a comer. Al tomar la copa de aperitivo, el teniente coronel Jiménez Riveroll, que era el que en realidad mandaba todas las expediciones del 29°, se empeñaba en aprehender a una señora que vivía en Malinalco. Al principio sólo me daba por razón (que seguramente era suficiente para su jefe, el general Blanquet) que la señora era querida de Genovevo; pero como yo me reí de la razón, tuvo que suspender su empeño. A los postres volvió a insistir con nuevas razones, que apoyaba con el testimonio del anfitrión. Era una inmoralidad su presencia en la población, un motivo de disgusto para toda ella y una amenaza, porque atraía frecuentemente a Genovevo, y la sociedad deseaba su alejamiento.

Desde luego pensé que estos nuevos motivos eran una invención del teniente coronel Riveroll, a quien apoyaba el dueño de la casa quizá sólo por cortesía; pero yo seguía una conducta invariable de prudencia, sin chocar brutalmente con mis subalternos, a no ser que el caso imperiosamente lo exigiera. Así es que accedí a la petición de Riveroll, permitiendo que condujera a Toluca a la señora en cuestión. Mis enemigos verán en eso una falta imperdonable, porque exigen del contrario una conducta idealmente perfecta y toleran en el amigo las atrocidades más grandes.

Tengo la costumbre de visitar las iglesias en cada pueblo que no conozco bien, para observar el terreno desde las torres y tener la primera idea acerca de su configuración para establecer el servicio de seguridad. Acompañado de mi condiscípulo del Colegio Militar, el ingeniero Rafael Izquierdo (bajo el mando de Riveroll), nos sentamos a platicar sobre las bóvedas de una iglesita muy interesante, situada en uno de los barrios de Malinalco. Por la conversación de Izquierdo sentía yo que un obstáculo inmaterial nos separaba; tenía algo secreto que no podía decir y, sin embargo, el recuerdo de los días que pasamos juntos en Chapultepec lo impulsaba hacia mí.

–Si usted supiera –me decía– la conspiración que hay y quiénes son los comprometidos en ella, se asombraría usted.

No puedo ser explícito en esto porque requeriría muchas páginas, y no quiero tampoco hacer conclusiones sin el desarrollo cabal de mi pensamiento porque atraería ataques de mis enemigos, aun los menos intransigentes; pero sí diré que después de la Decena Trágica entendí todo lo que Izquierdo no me pudo decir, y algo de ese todo es lo siguiente: que Blanquet y los jefes del 29° Batallón estaban desde esa fecha en conspiración contra el gobierno del señor Madero.

Salimos al día siguiente para Ocuila, Riveroll con las tropas del Estado de México directamente, y yo con las del estado de Morelos, rodeando por Chalma. En Malinalco nos informaron que con seguridad encontraríamos a los zapatistas en Ocuila y tramamos caerles de frente y por la espalda.

El camino que yo seguí es maravilloso. Los católicos podrían aprovechar muy bien el encanto de aquel camino cubierto de hermosos árboles y encajonado entre majestuosas montañas, en prestigio del Señor de Chalma. Los creyentes infaliblemente sienten ahí la presencia de Dios.

Los pobres habitantes de aquellas regiones huían de nuestra vecindad y desde las cumbres de las montañas presenciaban el desfile de las tropas.

Las soldaderas, al ver las siluetas de aquella gente proyectadas en el cielo, me pedían que las tropas tiraran sobre aquellos zapatistas, suponiendo que cada uno de esos hombres, o mujeres, o niños, era un enemigo con una carabina, y al rehusarme, comentaban:

–¡Ah qué mi general, tan bueno, que no quiere que maten a los zapatistas!

Aquellas heroicas mujeres no sospechaban que esa gente eran los habitantes de los pueblos que huían de nuestra vecindad por los infames atropellos de que habían sido víctimas; no comprendían que con ella tenían causa común, y también pedían su exterminio. Pensaban lo mismo que Jiménez Castro, que se gloriaba de haber colgado de cada árbol de Morelos a un habitante del estado; pero, también, como en Jiménez Castro, trabajaba en ellas lentamente la nueva idea. Jiménez Castro, que había sido el más enérgico opositor de mi política, la imitó en tiempos de Huerta, cuando éste lo hizo gobernador del estado.

Desgraciadamente llegué a Ocuila después de Riveroll, que había inventado ya una batalla contra los habitantes del pueblo y colgado a algunos infelices.

Al llegar pregunté a todos los que creí conveniente del pueblo y de las tropas mismas: todas las informaciones eran concordantes.

La información de una linda muchacha de veinte años, una de la sección de prostitutas de Toluca que traían los oficiales de Riveroll, fue la más pintoresca.

De pie, la muchacha contaba accionando con todo su gracioso cuerpo, a la vez delgado, redondo y fuerte. Extendiendo los flexibles brazos simulaba el arco de las tropas llegando en torno del pueblo. El fuego era nutrido, los habitantes asomaban la cara en las puertas y luego se escondían, tal vez se tiraban al suelo o se metían debajo de las camas; algunos corrían despavoridos por las calles. Un infeliz salió con una pistola antiquísima en las manos, una pistola descompuesta; era probablemente un desequilibrado que al ser rodeado por los soldados exclamó, tirando la pistola y levantando las manos:

–Estoy dado.

–Sí ¿eh?, pues te vamos a colgar –le dijo alguno de los oficiales.

Y la linda muchacha se embellecía aún más, poniéndose seria.

–Se puso el pobre hombre muy descolorido –continuaba la muchacha–, dijo: "¡Oh, mundo engañador!", y le pusieron el lazo, y lo izaron, y estiró los pies, y agachó la cabeza, y sacó la lengua, ¡una lengua muy larga!

Imitando, la muchacha sacaba también la lengua, delgada y roja, agachaba la cabeza y se le llenaban de espanto los grandes ojos negros.

Yo pensaba: y ¡esto pasa cerca de mí, casi en mi presencia!

Acababa yo de visitar la iglesia que domina admirable y artísticamente aquel simpático pueblo de indios y de platicar con el curita, y recorría yo los lugares donde estaban acantonadas las tropas, cuando en la guardia del 29º Batallón me encontré a una señora ya de edad, gruesa, con la dentadura imperfecta y hermosos colores en la cara, que estaba llorando abundante y silenciosamente.

—¿Qué le pasa a la señora? —pregunté al oficial de guardia.

—No sé, mi general —contestó.

—¿Qué le pasa a usted, señora? —le pregunté.

—Nada —respondió enfadada.

—¿Quién es esta señora? —volví a preguntar al oficial de guardia.

—Es la querida de Genovevo de la O.

—Bien —dije al oficial—, voy a buscar algo que comer y como dentro de una hora estaré en esa casa, que es donde me alojo, mándeme usted entonces a esta señora.

Quería yo hablar a solas con ella, para saber qué le pasaba.

—Cómo no he de llorar —me dijo—, si lo que no me ha pasado con los zapatistas me pasó con las tropas de usted.

Cuando se convenció de que yo no había tomado participación en su desgracia, me contestó, ya de buen modo, lo que la apenaba.

—Sí, es cierto, Genovevo de la O tiene relaciones conmigo. ¿Por qué no? Yo no pierdo nada; pero no me ha impulsado el amor, sino el deber de defender, aunque sea con mis faldas, el honor de mis hermanitas. Y mi amistad con Genovevo protegió la virginidad de mis hermanas. Pero contra la perfidia de los oficiales de usted no he podido luchar. Fueron a mi casa, me dijeron que si yo no aceptaba estar con uno de ellos me traerían presa, pero que si aceptaba me darían un salvoconducto; y acepté y me encerré en un cuarto con un oficial, y mientras los demás violaron a mis hermanitas. Usted comprenderá ahora mi pena.

Siento mucho no seguir el curso de este asunto; esto basta en un artículo dedicado en honor de Genovevo y para vergüenza nuestra. La exposición completa nos llevaría más adentro del infierno en que vivimos.

Me informé de la situación topográfica de la ranchería, cuyo nombre he olvidado y que según fama servía de cuartel general a Genovevo. El camino desde Ocuila hasta ese cuartel general es descubierto, pasa por terrenos casi planos, y el cuartel general estaba en la hondonada de un vallecito, situado un poco antes de

Santiago Tianguistengo, en la boca de la sierra que termina en Huitzilac.

Di la orden de marcha; la caballería de los Carabineros de Coahuila iría delante (como caballería independiente), dos compañías de las tropas de Morelos irían de vanguardia, y el resto formaría el grueso en donde, a la cola, iría el 29º Batallón de Riveroll para que no pudiera volver a inventar batallas.

Cerca ya del cuartel general de Genovevo, yendo yo a la cabeza del grueso, vi que algunos de los Carabineros de Coahuila corrían por nuestro flanco y se me figuró que iban en dirección del enemigo. Eso me desagradó, creí que el enemigo caía sobre nuestro flanco y pensé desde luego detener las tropas para maniobrar hacia ese flanco; pero pronto me convencí de que estaba yo equivocado: los Carabineros de Coahuila no galopaban hacia el enemigo, sino hacia unos caballos que pacían en el potrero y que se querían robar.

Jiménez Riveroll envió un oficial para solicitar que lo pasara yo a la cabeza, y para advertirme que nos iban a sorprender y a derrotar. Le contesté yo que no tuviera cuidado, que ya sabía yo que su batallón era muy bueno; pero que recordara que las buenas tropas, como la guardia de Napoleón, se reservaban para lo último: para el *évènement,* como decía ese gran capitán.

Al llegar finalmente a nuestro objetivo, los Carabineros de Osuna dispararon algunos tiros, quizá sobre rezagados del campamento de Genovevo. La vanguardia formada por tropas de Morelos, que ya fraternizaban conmigo y tenían el mismo espíritu que yo, entraron desplegadas, pero sin disparar un solo tiro. El grueso de las tropas entró en columna de viaje, al paso redoblado.

Se conoce que Riveroll no tragó los elogios que hice a su batallón por conducto del oficial que me envió, porque estaba atufado y no se me acercó en todo el día.

En aquella ranchería sin un solo habitante, cada casita tenía un cuarto habitación, una cocinita y una pequeña caballeriza. Parecía realmente un campamento muy bien organizado. ¿Lo sería realmente?

En la noche, acurrucado de frío en mi catrecito de campaña, tenía yo los ojos muy abiertos en la oscuridad.

Los tiros de los centinelas del servicio de seguridad se centuplicaban por el eco de las montañas y semejaban el sonido que produjera al ser rasgada una pieza larguísima de manta, de esa manta trigueña con que se hacen sus vestidos nuestros indios.

¡Nunca me habían producido más placer los tiros!

Sí, pensaba yo, que tiren los soldados, aquí nadie los oye; aquí no sucede lo que en Cuernavaca; allá un tiro que se le sale a un soldado es transformado por los reporteros en una batalla que nos dan y nos ganan los zapatistas; aquí no nos oye ningún reportero, aquí pueden tirar los soldados. El eco era largo y parecía continuo; seguramente no era sólo producido por los flancos de las estribaciones de los cerros, sino también por los troncos de los árboles, por las ramas y las hojas; y me dormí pensando en el maravilloso libro de Helmholtz, *Las sensaciones del tono*, la primera base científica de la música.

Al día siguiente formamos la tropa y le hice saber a Jiménez Riveroll que daba yo por concluida la expedición y que él debería marchar a Toluca con las tropas que había traído. Nosotros seguiríamos a Cuernavaca por Santiago Tianguistengo, Jalatlaco y Tres Marías. Además, le ordené que mandara quemar el campamento. Sus ojos brillaron de alegría, como diciendo: "¡Vaya, hombre, hasta que empieza usted a ser sensato!"

¡Qué espectáculo más salvaje el del incendio de un poblado! Se me figuró ver al presidente con sus ojos bondadosos y estuve seguro de que si hubiera estado allí, habría ordenado: "¡Mande usted que apaguen ese fuego, que lo apaguen a toda costa!"

¡Qué final de excursión más desagradable! Parece que andábamos trabajando por la gloria y justificación de Genovevo.

Desde Santiago Tianguistengo el camino asciende casi en línea recta, asciende muy alto, muy alto. Y desde la cumbre se ve hermosísimo el valle de Toluca, la ciudad y los pueblos diluidos en la diafanidad del delgado aire a gran altura sobre el nivel del mar, de aquel valle y de aquella alta cumbre.

Es indecible la impresión de desagrado que experimenté al ver desde la cumbre el pavoroso aspecto con que se me apareció el valle aquella vez. Riveroll había ido quemando a su paso las cosechas hacinadas a la orilla del camino y aparecía éste delineado, desde Santiago Tianguistengo hasta cerca de Toluca, con hogueras neronianas. Lo peor del caso era que Riveroll podía decir que yo le había dado el ejemplo, quemando el campo de Geno-vevo. Y lo más triste aún era que, según supe después, Genove-vo estaba en la cumbre emboscado, viéndonos pasar; el mismo Genovevo me lo comprobó posteriormente en Cuernavaca.

–Lo vimos a usted pasar, y aunque no hubiéramos podido com-batir contra sus tropas, lo habríamos podido matar a usted; pero ¿para qué lo matábamos? Usted había sido bueno con nosotros.

Sólo me falta una plumada para acabar de referir lo más im-portante que sé de Genovevo.

El relato de la embajada que me dio la Convención de Aguas-calientes para los zapatistas sería, si lo hiciera, de lo más ho-norífico para Zapata, pero emplearía mucho espacio y no sería pertinente. Sólo voy a referirme a ella para dar el brochazo que me falta.

Fuimos los de la comisión, en automóvil, de México a Cuer-navaca. En todos los destacamentos zapatistas del camino se nos recibió casi calurosamente, con honores militares y discursos ofi-ciales; pero en Cuernavaca, alrededor de Zapata, había expec-tación, incertidumbre y frío. Zapata estaba esperándonos de pie en la entrada del Banco de Morelos; Genovevo estaba fuera, a un lado de la puerta, montado en uno de esos caballos que son apenas de más talla que un perro grande. Cuando llegamos a su inmediación, Genovevo preguntó con voz jovial, extendiendo el brazo y apuntándome con el dedo.

–¿Éste es el general Ángeles? –y como recibiera información afirmativa, dijo efusivamente:

–Venga un abrazo.

Me estrechó en sus brazos, el pueblo aplaudió y se interrum-pió así, por un minuto, el frío de la recepción.

Ahora pregunto yo: ¿tiene derecho la sociedad para amparar los despojos que hacen los privilegiados contra los pueblos de los desheredados?; ¿tiene derecho la sociedad que permite el ase-sinato por los jefes militares, de los humildes indios, víctimas de bajas y viles intrigas?; ¿tiene derecho la sociedad que tolera la explotación de la guerra que hacen los oficiales para progresar en su profesión, a costa de la vida de las familias de esos pue-blos?; ¿tiene derecho la sociedad que no ve con horror el incen-dio de las poblaciones, la conversión de los templos en cuarteles y caballerizas, que ve impasible que los indios son expulsados de sus hogares y andan errantes por los bosques como fieras?; ¿tiene derecho esa sociedad a reprochar a Genovevo que haga una guerra sin cuartel a sus verdugos y que caiga a medianoche sobre un campamento de soldados ahogados por el alcohol y los sacrifique?... El historiador de corazón, poeta liberal y amigo de mi patria, pinta con mano maestra la figura de Madero, el bondadoso apóstol de la democracia y quiere hallar en cada revolucionario un idealista, un redentor de genio, socialista o simplemente demócrata. Quizá ve a los zapatistas incultos rodeados de consejeros incompetentes, cometiendo graves errores de administración, de justicia y, en general, de gobierno. Los ve reacios, con justísima razón, a aliarse al nuevo tirano, porque lo sienten enemigo. Y como fueron enemigos del bueno y justo de Madero y persisten enemigos del falso continuador de la obra de aquél, el historiador, entristecido, los juzga elementos eternos de rebeldía.

¿Tendrá razón el historiador?

Las aspiraciones verdaderas de esos heroicos descendientes de Guerrero, el insurgente, no son las de sus manifiestos, por otros escritos. Sus aspiraciones son más altas y más justas: desean que el vergel de Morelos no sea para ellos un infierno, exigen que se les deje gozar el paraíso que les brinda su encantadora patria.

No tiene derecho la sociedad. No tiene razón el historiador. Es justificada la actitud de los zapatistas.

El culpable de que la anarquía se perpetúe es el hombre de estado que tiene helado el corazón y no entiende de amor. Ellos que exigen justicia, que tienen necesidad de justicia, quieren una mano verdaderamente amiga y saben responder a ella con nobleza.

¡Debemos, los mexicanos, estar orgullosos de esos valientes y altivos indios y anhelar ardientemente la aparición de un Zorrilla de San Martín que cante sus epopeyas!

[*La Patria*, El Paso, diciembre de 1917.]

CARTA A MANUEL MÁRQUEZ STERLING, 1917

New York, octubre 5 de 1917
Sr. Don Manuel Márquez Sterling

Estimado y buen amigo:

En un ejemplar perteneciente a la viuda de Madero he leído apresuradamente el libro *Los últimos días del presidente Madero*.

¿Por qué apresuradamente?

Leyendo ese libro he admirado en usted al hombre bueno, al liberal y al artista y he quedado agradecido del historiador.

Por ser usted un hombre bueno, liberal y un artista puede comprender y pintar a Madero, legándole a la Historia su mejor retrato.

Por ser un liberal, pudo usted interesarse por la causa democrática, descubrir el complot que contra ella se tramó por el embajador americano y por algunos mexicanos y relatarlo de tal manera que convence a todo el mundo de su veracidad.

Por ser un buen cubano y buen amigo de México pudo usted prestar un servicio a ambos países, acercándolos más de lo que estaban ya, y pudo usted meterse en el mero centro de muchos corazones mexicanos y conquistarse el respeto de todos, aunque muchos no quieran manifestarlo.

A pesar del mérito indiscutible del libro, tiene algunas inexactitudes insignificantes y un error de mucha importancia.

Entre las inexactitudes citaré las siguientes.

Dice usted que el general García Peña encontró al señor Madero (que el 10 de febrero de 1913 volvía de Cuernavaca a México) en Tlalnepantla. Esta población está del lado opuesto, García Peña nos encontró realmente entre Xochimilco y Tepepan.

Dice usted que el general Huerta iba a fusilar en Torreón al general Villa (ya era general, el señor Madero lo había ascendido cuando las tropas estaban en Torreón, y el mismo Huerta lo dio a reconocer como tal a la División Federal del Norte), porque Villa salió a batir a Orozco contra orden expresa de Huerta. Hay ahí error de lugar y de causa. Lo iba a fusilar en Jiménez (lejos de Torreón, a medio camino de esta ciudad para Chihuahua) y la causa fue diferente. La verdadera fue que Huerta sabía que en Villa, Madero tenía un apoyo valioso, y la aparente, una intriga vulgar, que no honra a Huerta y que me resisto a escribir.

Relata usted la campaña de Huerta contra Orozco, de manera que hace honor a la pericia militar de Huerta. El error provino seguramente de que tanto la prensa de oposición como la escasísima amiga del gobierno elogiaban la campaña. Pero la de oposición elogiaba porque Huerta era enemigo de Madero, y quería fortalecer y engrandecer al general, y la gobiernista elogiaba porque la gente cree que algunas veces la mentira favorece.

La campaña tuvo éxito pero no debido a la pericia de Huerta, como tampoco se debió a la pericia nuestra el éxito de nosotros contra Huerta. México no tiene ejército, no tiene más que chusmas armadas, aunque los mexicanos hayamos siempre dicho cosa diferente, porque tenemos un patriotismo especial y porque no sabemos cómo son los ejércitos.

Cuando el embajador americano Wilson hizo triunfar la perversidad de Huerta creyendo que ayudaba a Félix Díaz, y Huerta se hizo presidente, mandó éste escribir una historia de su campaña del norte y en ella resultaba mejor general que Bonaparte. Ese juicio, aunque disminuido, habría quedado en nuestra Historia si Huerta hubiera sido un verdadero patriota, como ha persistido la reputación de habilísimo general de nuestro gran Morelos, corriendo indiscutida la versión de que Bonaparte dijo que con dos Morelos conquistaría el mundo.

Nosotros no podemos tener Historia porque somos un pueblo muy joven, muy poco ilustrado y muy apasionado. Amamos y odiamos ciegamente. Y la Historia requiere mucho tiempo y mucha serenidad de juicio. Nosotros no tenemos una Historia ni siquiera de nuestra primera revolución, la de Independencia, que aún perdura en una de sus fases. ¡Pero qué mucho que así suceda, cuando aún no existe una verdadera Historia de la Revolución Francesa, habiendo sido ésta un acontecimiento de trascendencia mundial y a pesar de los eminentes libros de Carlyle, de Michelet, de Taine y de Jaurès!

Perdóneme usted, querido amigo, que se haya desbocado mi caballo de jinete descuidado y que mi imaginación de ex estudiante de álgebra haya recorrido una serie de cero al infinito.

El error de mucha importancia que contiene consiste en la apreciación que hace usted de Zapata y de los zapatistas. Zapata no es un atleta, los zapatistas no quieren la anarquía perpetua. Zapata es un charrito, como le decía Villa, del relieve de nuestros gloriosos insurgentes de la guerra de Independencia. Los zapatistas querían simplemente que el vergel de Morelos no fuera un infierno inhabitable: querían solamente un pedacito de felicidad en esta tierra. Los zapatistas han tenido siempre razón, aun contra Madero, así me lo manifestó éste, y me envió a la guerra del sur para ver de reparar errores, dejando a mi exclusivo criterio la conducción política y militar de la campaña.

Si usted conociera de este asunto lo que yo, querría usted a los zapatistas tanto o más de lo que quiso a Madero y escribiría usted un libro más hermoso aún que *Los últimos días del presidente Madero*.

Y sobre todo estaría usted convencido de que lo que se requiere para resolver el problema zapatista es la bondad cristiana de Madero sin el error inicial que éste tuvo, y no la implacabilidad inescrupulosa de Huerta o la repulsiva y fría de Carranza.

Y estaría usted arrepentido de insinuar la sombra de la idea de un exterminio y de haber tenido las pesimistas imaginaciones de artista entristecido que ve extenderse "la plaga zapatista como sombra siniestra y llorosa por las verdes planicies, llenando los vacíos del criollo ausente, y organizándose a la manera de su instinto y de su naturaleza y de sus necesidades, y labrando la tierra y poseyéndola en comunidad, bajo reglas y costumbres peculiares, como las marcas teutónicas o la aldea aymara de fisonomía puramente agrícola; y –añade usted– resuelto, acaso, veráse, por inercia el conflicto económico y social que provocó el monopolio de sucesivas tiranías. No serán eficaces, entre tanto, los decretos de la nación, ni las leyes del Congreso, ni las comisiones agrarias ni los convenios políticos, ni las ligas rebeldes. Dividida la tierra por el blanco y por el blanco distribuida, seguirá la horda en pie, el cabecilla en guardia, los fusiles cargados. Y Zapata como un cuervo gigante cubrirá con sus alas negras los vergeles deliciosos de Morelos."

Zapata lucha por un ideal de justicia como el glorioso e infortunado insurgente Guerrero, y siguiendo un poco la opinión de usted no quiere tener la confianza y desprendimiento de aquél: tal vez conozca la historia de su compatriota. Zapata creería en los convenios políticos que fueran sinceros, Zapata creería en las ligas rebeldes que sean leales. Tiene razón la horda de ser desconfiada, hace bien en conservar cargados sus fusiles y de montar la guardia.

Y el charrito Zapata, jinete en su retinto en las cimas del Jilguero, destacando su silueta de aceradas líneas sobre el incomparable cielo de mi patria, vigilará las ágiles correrías de nuestros simpáticos indios de brillantes ojos negros y enjutos músculos, que vagan por los bosques tropicales, reflejan sus imágenes en las corrientes cristalinas, o saltan en las rocas del texcal.

Aún disentimos en otros dos puntos que no quiero mencionar. Pero si discrepamos en algunas ideas, en innumerables concordamos y éstas me produjeron tal entusiasmo que si a mi alcance hubiera usted estado cuando leí su libro, le hubiera magullado la mano a vigorosos apretones.

Le ruego acepte mis calurosas felicitaciones por su libro y mis fervientes votos porque siga usted ocupándose de las nobles tareas de acercar más a nuestros dos queridos pueblos y de laborar en la obra democrática.

Felipe Ángeles

[Biblioteca de La Habana, Fondo Epistolar Mexicano.]

CARTA A EMILIANO SARABIA, 1917

New York. Octubre 28 de 1917.

Señor don Emiliano Sarabia.
1488, 50th St.
Los Ángeles, Cal.

Querido y buen amigo:

Leí con interés su carta. Estoy de acuerdo con usted en todos los conceptos.

Recientemente ha sucedido un acontecimiento importante, digno de ser conocido. Por lo demás este momento no es más favorable que otro cualquiera. Las cosas fundamentales que están elaborando el porvenir existen desde hace tiempo y las cosas van sucediendo fatalmente. Pero para ver claro se necesita fe y firmeza, y enfrentarse al porvenir con alguna bravura.

Nuestro amigo cree que para empezar a trabajar es necesario que se satisfagan requisitos que nunca han de llenarse; eso equivale a abandonar toda acción. Yo creo que sólo se necesitan tres cosas: 1°, atinar con la verdadera necesidad nacional; 2°, merecer la confianza en el interior y en el exterior, y 3°, obrar con resolución y lograr escapar el bulto por algunos meses para no dejarse colgar en un poste de telégrafo. Y el tiempo que es buen amigo de las cosas buenas hace solo la obra esperada.

Amigos inteligentes han lanzado una cosa que naturalmente ellos piensan que dará magníficos resultados; yo creo que esa cosa es muy complicada y que va al fracaso. Hasta ahora lo más acertado son las ideas de nuestros enemigos, y la verdad es que a mí me cuesta trabajo resignarme a dejarles el triunfo, que seguramente vendrá si no hacemos algo más de acuerdo con las necesidades nacionales y más en armonía con nuestros intereses personales, porque el triunfo de la reacción es nuestra desgracia vitalicia.

Contarles el acontecimiento reciente a que ya me referí y alguna otra cosa mía, aclarar lo antes expuesto y discutir cada uno de los puntos, sería el objeto de mi viaje. Hasta ayer tenía yo un serio motivo para rehusarme a ir; habiendo pasado ese motivo de inconveniencia, estoy dispuesto a emprender el viaje, siempre que entre ustedes reine algún optimismo, por moderado que sea.

Si deciden mi viaje, le suplico que me busque un cuartito caliente en una casa donde pueda yo tomar mis comidas y que esté en algún lugar poco frecuentado por mexicanos.

Sabe usted muy bien que lo quiero y estimo en mucho su criterio. Ojalá y tenga usted aliento suficiente para soplar con fuerza en el pecho de nuestros amigos y hacer latir sus corazones con entusiasmo. Predique usted que nunca los Sanchos hicieron algo grande; en todas las obras de empuje se necesitan los locos como Madero o don Quijote. Ni es ahora la humanidad más mala que en otros tiempos; todos luchan por sus intereses; pero algunos los cifran en objetos materiales y otros en la gloria; algunos confían el éxito a la habilidad, sin importarles gran cosa el que los medios sean morales o inmorales, y otros confían el éxito a la sinceridad de sus propósitos y a la buena voluntad con que colaborarán todas las personas, o gran parte de ellas por lo menos, por cuyos intereses se lucha. Si ha perdido uno la fe, se ha hecho desgraciado. Más vale morir corriendo tras una ilusión, que vivir desesperanzado. Si nos ha tocado la dicha o la desgracia de vivir en una época de prueba en que se juega el porvenir de la patria, abriguemos la esperanza de que nuestros hijos tengan el orgullo de decir: cumplió con su deber. No sólo está a discusión la suerte de la patria, sino también nuestra reputación.

Yo comprendo muy bien que no tengo otro porvenir que morir por la patria haciendo mi deber o sacarme la lotería triunfando desinteresadamente.

Perdone esta desaliñada carta y reciba un cariñoso abrazo de su amigo,

Felipe Ángeles

[The Library of Pomona College, Claremont, California, Fondo José María Maytorena.]

MANIFIESTO AL PUEBLO MEXICANO, 1919

En menos de medio siglo, después de nuestra emancipación de la gloriosa España, el movimiento liberal mexicano cristalizó en la Constitución de 1857, integrada con las Leyes de Reforma, para cuya obediencia ha sido un inmenso obstáculo el gobierno de caudillos, sostenidos por un ejército modelado a la usanza de los tiempos predemocráticos.

Bajo el férreo gobierno de dictadores, la constante aspiración del pueblo ha consistido en ser gobernado por los preceptos de esa Constitución, y esa aspiración se ha mezclado con vagos anhelos de reformas que hagan desaparecer injusticias y malestares sociales.

En breve frase pueden condensarse los desiderata del pueblo, diciendo que la sociedad mexicana tiende a asegurar y a perfeccionar la democracia y, dentro de ella, a corregir las injusticias que ha producido una viciosa organización social y a prevenir las que en el futuro pudiera producir.

La primera fase de esa evolución debe indispensablemente iniciarse con el acatamiento del primer principio de orden de una nación: *la inderogabilidad de su Ley Fundamental*; esa primera fase debe partir del imperio efectivo de la Constitución de 1857, y debe consistir en el establecimiento de un gobierno democrático legítimo.

Para que pueda existir un gobierno democrático, es decir, un gobierno de autoridades, real y libremente elegidas, que consignen en nuevas leyes las reformas que anhele el pueblo y que gobiernen como servidoras del pueblo y para beneficio del pueblo, y no de las autoridades mismas, es indispensable destruir el caudillaje y suprimir el ejército que sirve al caudillo como instrumento de tiranía.

Todo caudillo satisface naturalmente las condiciones de un dictador y sus tropas constituyen el instrumento más adecuado a su despotismo. Además, ese ejército, aparte de que es impropio para los altos fines a que debe estar destinado, se convierte sin dificultad en órgano de opresión. Por lo tanto, si queremos asegurar la democracia, debemos acabar para siempre con el gobierno de la espada, inhabilitando a todo caudillo para ser elegido como presidente de la República, e instituyendo un ejército genuinamente nacional, representante del pueblo entero e inadecuado para sofocar las manifestaciones del sentimiento popular.

En tiempos del militarismo que originó incidentalmente el gran Cromwell, Inglaterra llamó al heredero del decapitado reo del absolutismo, aterrorizada a la sola idea de tener que soportar el despotismo humillante y odioso de tiranos sin gloria, elevados al poder por revoluciones militares que se suceden a cortos intervalos.

Restaurar la Constitución de 1857 y romper para siempre la espada opresora, con objeto de asegurar definitivamente el establecimiento de la democracia de nuestro país, deben ser nuestros inmediatos ideales; hacer las reformas que exige nuestro estado social actual será enseguida la obra de los representantes del pueblo, cuya labor continua e indefinida perfeccionará nuestras instituciones democráticas y hará de nuestra patria una adelantada y justa sociedad fraternal.

Imponer con las armas reformas que dicta la voluntad de un jefe o de un partido, es reincidir en el despotismo y menospreciar las instituciones democráticas.

Si en la conciencia nacional existe, como yo creo, la convicción de que la sociedad mexicana necesita urgentemente reformas que afecten a toda la nación y que no sean meramente locales, las instituciones democráticas garantizan su realización.

Lo que indudablemente requiere la nación para salvarse de esta tremenda crisis económica que han creado la Constitución de Querétaro y la inmoralidad y estrecho criterio de odio de las autoridades carrancistas, es trabajar; pero, para trabajar, cada quien necesita plenas garantías en su vida y en sus intereses, y el fraternal apoyo de sus compatriotas, y la ayuda servicial y justiciera de todas las autoridades.

Trabajar en armoniosa confraternidad es no sólo necesario para salir de esta tremenda crisis económica; es también un estricto deber patriótico, para evitar el peligro de un inmenso sacrificio y de una trascendente humillación, pues no podemos asegurar que la doctrina wilsoniana (que nos reconoce el derecho de pelear nuestras propias batallas por la libertad, aunque en ellas algunos ciudadanos americanos resientan inevitables perjuicios) siga acatándose por el gran pueblo americano cuando tenga una nueva administración y millones de soldados ya desocupados.

La vecindad de Estados Unidos (país poderoso en fase avanzada de civilización) constituye durante nuestras luchas intestinas un peligro inminente, que no podrá conjurarse con la actitud demagógica de Carranza, quien adula y fomenta el sentimiento antiamericano y hace concebir ilusiones de alianzas imposibles e ineficaces, sino con una política de sincera amistad, de aspiración a los mismos ideales y de respeto mutuo a toda clase de intereses y derechos, especialmente el de la soberanía.

Ante la gravedad de una situación y de una actitud que comprometen el porvenir de mi patria, con el derecho que tengo como mexicano y cumpliendo con el deber que impone a todo ciudadano la voluntad nacional consignada en la Constitución de 1857, convoco *a todo el pueblo mexicano* para luchar por la restauración de esa Ley Fundamental, tal cual la encontraron los funestos acontecimientos de febrero de 1913, y por la extirpación del gobierno de caudillos, que con la fuerza de un ejército opresor ahoga en sangre las libertades del pueblo.

Para lograr estos propósitos y establecer un gobierno democrático, propongo lo siguiente a mis conciudadanos que estén ya levantados o se levanten después en armas desconociendo a las autoridades carrancistas.

Que durante la lucha, vayamos protegiendo el nombramiento de autoridades locales provisionales designadas por el voto público, siguiendo lo más cerca posible el espíritu de las leyes, y que nos esforcemos por que toda persona sea respetada en sus intereses legítimos hasta donde lo permitan las necesidades de la guerra entre civilizados. Que a medida que vayan pacificándose los estados, sus gobernadores convoquen a elecciones de autoridades locales definitivas. Que cuando hayamos triunfado, el jefe militar de facción, que por designación de los comandantes de las otras facciones revolucionarias sea nombrado jefe supremo para acaudillar la Revolución, convoque a elecciones de autoridades federales. Que velemos porque en las elecciones se respete el sufragio de todos los ciudadanos, *cualquiera que sea el partido a que pertenezcan*. Que para realizar uno de los ideales a que aspiramos, *la extinción del caudillaje*, quede necesariamente excluida de dichas elecciones la candidatura del caudillo. Que el Congreso de la Unión, en el libre ejercicio de sus facultades, rechace o legitime la obra legislativa y administrativa de pasadas asambleas y gobiernos revolucionarios.

Vine del pueblo y era yo exclusivamente un soldado. La ignominia de febrero de 1913 me hizo un ciudadano y me arrojó a la Revolución en calidad de devoto de nuestras instituciones democráticas. Ahora de nuevo, por constitucionalista y demócrata, vuelvo a la lucha armada contra el caudillo que se opuso a Huerta, en nombre de la Constitución de 1857, y que impúdicamente la abrogó al triunfo (retrotrayendo así al pueblo mexicano a la era caótica de los tiempos de Santa Anna, en la que aún no teníamos carta constitucional estable de nuestras instituciones); que se llama demócrata y que, cosa inaudita, privó del voto a los no carrancistas, y que para coronar sus atentados, impuso a la nación con la fuerza de las armas, una nueva Ley Fundamental que, suprimiendo la responsabilidad del presidente de la República por sus violaciones al sufragio, ha institucionalizado el procedimiento absolutista de Porfirio Díaz, consistente en substituir la voluntad nacional por la del Ejecutivo, para ser el único elector, fuente de todo poder y árbitro absoluto de los destinos de la patria. Esta serie de atentados y la incapacidad de la administración carrancista, nos han llevado a la ruina económica y a la anarquía, y si no subvirtiéramos al actual gobierno, nos llevarían indudablemente a la pérdida de nuestra soberanía o a la mutilación del territorio nacional.

El lábaro democrático que empuñó Madero contra la dictadura, es la misma bandera revolucionaria que enarboló Juárez a la cabeza del viejo e histórico Partido Liberal; es la misma enseña nacional que simbolizó a la patria en las guerras contra la Intervención francesa y el imperio de Maximiliano; es el mismo emblema que al triunfo de la República, en esas guerras de nuestra segunda independencia, se transformó en expresión consagrada de la voluntad nacional y en firme base de nuestras veneradas y anheladas instituciones democráticas y, finalmente, con el respeto unánime nacional a esa Ley Fundamental, durante medio siglo, ese pabellón que tiene todos los prestigios y la gloria de todas las victorias, esa Constitución de 1857, es el hecho que ante el mundo entero prueba la existencia de la nación mexicana, en el concierto de los pueblos libres, organizados.

Hoy, como en el octavo año de nuestra lucha por la independencia, el país está exhausto de riqueza y el pueblo está agobiado de sufrimientos y decepcionado del movimiento libertario de 1910, por la impostura de Carranza. Pero tengo la firme convicción de que, así como hace un siglo yacía en el seno de las cenizas el fuego sagrado de la independencia que al fin se consumó, ahora yace la llama de la democracia que establecerá definitivamente el imperio de la ley y que extirpará para siempre la plaga de los caudillos dictadores.

Esta batalla democrática, aparentemente fracasada por el perjurio de Carranza, que no teniendo apoyo de sus tropas, recurrió a la corrupción de ellas para tenerlo, que aun así no quiso abandonar un solo momento el Poder Ejecutivo, por temor de no poder recuperarlo y que tuvo que derogar la Constitución para remover el obstáculo que le impedía ser presidente de la República; esta lucha democrática, repito, castigando al perjuro que por satisfacer una vanagloria efímera no tuvo escrúpulos en retrotraer a su patria a la era caótica de los principios de una sociedad que aún no tiene carta fundamental estable de sus instituciones, cerrará un ciclo de nuestra evolución y afianzará el régimen efectivo de la democracia.

Quedará establecida, entonces, la indispensable base para el futuro engrandecimiento de la patria, en cuyo seno luchen los partidos y se impongan las reformas con el número de los votos y no con el de las bayonetas.

Sólo entonces tendremos un gobierno fuerte; no porque el presidente de la República sea un enérgico dictador apoyado en sus cañones, sino porque siendo un fiel mandatario obediente de la voluntad nacional consignada en las leyes, esté resueltamente sostenido por el pueblo que lo invistió de autoridad y que

considera el menoscabo de esa autoridad como menoscabo del
honor nacional.

[*La Patria*, El Paso, 5 de febrero de 1919.]

FUENTES

ARCHIVOS

México

Archivo Histórico de la Defensa Nacional (AHDN), ciudad de México: Fondo Cancelados, expediente Felipe Ángeles.

Archivo Histórico de la Secretaría de Relaciones Exteriores (AHSRE), ciudad de México: Fondo Manuel Calero; Fondo Genaro Estrada; Fondo General Felipe Ángeles, expediente personal.

Archivo Histórico de la Universidad Nacional Autónoma de México-Centro de Estudios Superiores Universitarios (AHUNAM-CESU), ciudad de México: Fondo Carlos Castillo Bassave; Fondo Gildardo Magaña; Fondo Juan Barragán.

Archivo personal de Luz Corral de Villa, Chihuahua: documento "Álbum de pensamientos y recuerdos".

Archivo de la Secretaría de Hacienda y Crédito Público, ciudad de México: Archivo Francisco I. Madero (AFIM-SHCP).

Biblioteca Nacional, ciudad de México: Archivo Francisco I. Madero.

Centro de Estudios de Historia de México, ciudad de México.

Universidad Panamericana, ciudad de México: Fondo Roque González Garza.

Estados Unidos

Archivo de Clinton A. Luckett, El Paso, Texas.

The Bancroft Library, University of California, Berkeley, California: Archivo de Silvestre Terrazas.

The Library of Pomona College, Claremont, California: Fondo José María Maytorena.

National Archives, Washington: Records of the Department of State.

The Nettie Lee Benson Library, University of Texas, Austin, Texas: Archivo de Lázaro de la Garza.

Cuba

Biblioteca de La Habana, Fondo Epistolar Mexicano.

Francia

Archives Militaires de Vincennes.

Aguilar Mora, Jorge, *Una muerte sencilla, justa, eterna. Cultura y guerra durante la Revolución mexicana*, Era, México, 1990.

Ángeles Contreras, Jesús, *El verdadero Felipe Ángeles*, Universidad Autónoma de Hidalgo, Pachuca, 1992.

Ávila Espinosa, Felipe Arturo, *El pensamiento económico, político y social de la Convención de Aguascalientes*, Instituto Nacional de Estudios Históricos de la Revolución Mexicana-Instituto de Cultura de Aguascalientes, México, 1991.

——, *Los orígenes del zapatismo*, El Colegio de México-Universidad Nacional Autónoma de México, México, 2001.

——, *Entre el Porfiriato y la Revolución. El gobierno interino de Francisco León de la Barra*, Universidad Nacional Autónoma de México, México, 2005.

Barragán, Juan, *Historia del ejército y de la revolución constitucionalista*, 2 vols., Stylo, México, 1946.

Barrera Fuentes, Florencio (introducción y notas), *Crónicas y debates de las sesiones de la Soberana Convención Revolucionaria*, Instituto Nacional de Estudios Históricos de la Revolución Mexicana, México, 1965.

Bauche Alcalde, Manuel, y Guadalupe y Rosa Helia Villa (comps.), *Pancho Villa. Retrato autobiográfico, 1894-1914*, Universidad Nacional Autónoma de México-Taurus, México, 2003.

Bonilla, Manuel, *El régimen maderista*, Arana, colección Biblioteca de la Historia Mexicana, México, 1962.

Calero, Manuel, *Un decenio de política mexicana*, s.e., Nueva York, 1920.

Calzadíaz Barrera, Alberto, *General Felipe Ángeles*, en *Hechos reales de la Revolución*, t. 8, Patria, México, 1982.

Campobello, Nellie, *Cartucho*, Era, México, 2003.

Carranza Castro, Jesús, *Origen, destino y legado de Carranza*, B. Costa-Amic, México, 1977.

Cervantes, Federico, *Felipe Ángeles y la revolución de 1913. Biografía (1869-1919)*, s.p.i., México, 1943.

——, *Francisco Villa y la Revolución*, Alonso, México, 1960.

——, *Felipe Ángeles en la Revolución. Biografía (1869-1919)*, s.p.i., México, 1964.

Contreras, José (comp.), *La batalla de Zacatecas*, s.e., Zacatecas, 1998.

Cumberland, Charles C., *La Revolución mexicana. Los años constitucionalistas*, Fondo de Cultura Económica, México, 1975.

Diccionario histórico y biográfico de la Revolución mexicana, 8 vols., Instituto Nacional de Estudios Históricos de la Revolución Mexicana, México, 1990-1994.

Enciso Contreras, José (comp.), *La batalla de Zacatecas*, Zacatecas, 1998.

Fabela, Isidro, *Mis memorias de la Revolución*, Jus, México, 1977.

Ferraté, Juan (selección y traducción), *Veinticinco poemas de Cavafis*, Lumen, Barcelona, 1974.

Franco y González Salas, María Teresa, *José González Salas: ministro de la guerra*, tesis de licenciatura, Universidad Iberoamericana, México, 1979.

Garciadiego, Javier, *Rudos contra Científicos. La Universidad Nacional durante la Revolución mexicana*, El Colegio de México-Universidad Nacional Autónoma de México, México, 1996.

Garfias Magaña, Luis, "El general Felipe Ángeles. Esbozo de una biografía militar", *Revista del Ejército y Fuerza Aérea Mexicanos*, t. I, época XVI, n. 8, México, agosto de 1977.

Garro, Elena, *Felipe Ángeles*, Difusión Cultural, Universidad Nacional Autónoma de México, colección Textos de Teatro, n. 13, México, 1979.

González Blanco, Edmundo, *Carranza y la Revolución de México*, Imprenta Helénica, Madrid, 1916

Guilpain, Odile, *Felipe Ángeles y los destinos de la Revolución mexicana*, Fondo de Cultura Económica, México, 1991.

Guzmán, Martín Luis, *El águila y la serpiente*, Compañía Ibero-Americana de Publicaciones, Madrid, 1928; Compañía General de Ediciones, México, 1976.

——, *Memorias de Pancho Villa*, Porrúa, México, 1984.

——, *Obras completas*, 2 vols., Fondo de Cultura Económica, México, 2004.

Hall, Linda, *Álvaro Obregón: poder y revolución en México, 1911-1920*, Fondo de Cultura Económica, México, 1985.

Jackson, Byron, *The Political and Military Role of General Felipe Angeles in the Mexican Revolution, 1914-1915*, tesis doctoral, Georgetown University, Washington, 1976; edición en español: *Felipe Ángeles. Político y estratega*, Gobierno del Estado de Hidalgo, Pachuca, 1989.

Jaurrieta, José María, *Con Villa (1916-1920), memorias de campaña*, Consejo Nacional para la Cultura y las Artes, México, 1997.

Juicio del general Felipe Ángeles, Ayuntamiento de Chihuahua, Chichuahua, 1994.

Katz, Friedrich, *La guerra secreta en México*, Era, México, 1981.

——, *The Life and Times of Pancho Villa*, Stanford University Press, Stanford, 1998; edición en español: *Pancho Villa*, Era, México, 2a ed., 2005.

Keegan, John, *El rostro de la batalla*, Ejército, Madrid, 1990.

——, *Historia de la guerra*, Planeta, Barcelona, 1993.

King, Rosa E., *Tempest Over Mexico. A Personal Chronicle*, Little, Brown, Boston, 1940; edición en español: *Tempestad sobre México*, Consejo Nacional para la Cultura y las Artes, México, 1998.

Krauze, Enrique, *Biografía del poder. Caudillos de la Revolución mexicana (1910-1940)*, Tusquets, México, 1997.

Márquez Sterling, Manuel, *Los últimos días del presidente Madero. Mi gestión diplomática en México*, Porrúa, México, 1958.

——, *Los últimos días del presidente Madero*, Instituto Nacional de Estudios Históricos de la Revolución Mexicana, México, 1985.

Matute, Álvaro (selección y prólogo), *Documentos relativos al general Felipe Ángeles*, Domés, México, 1982.

——, *La Revolución mexicana: actores, escenarios y acciones*, Instituto Nacional de Estudios Históricos de la Revolución Mexicana, México, 1993.

——, "Las dificultades del nuevo Estado", en *Historia de la Revolución mexicana,* vol. 7, El Colegio de México, México, 1997.

——, "La historia como ideología", *Boletín de Enlaces y Difusión de la Coordinación de Humanidades,* año III, n. 22, México, junio de 1997.

Mena Brito, Bernardino, *Carranza, sus amigos, sus enemigos,* Botas, México, 1935.

——, *Felipe Ángeles, federal,* Herrerías, México, 1936.

——, *El lugarteniente gris de Pancho Villa (Felipe Ángeles),* Mariano Coli, México, 1938.

——, *Hasta dónde llegaron los contrarrevolucionarios combatiendo a Carranza y a la Constitución de 1917: villistas, zapatistas, pelaecistas, felixistas, meixueiristas y obregonistas,* conferencia del 17 de noviembre de 1959 en la Sala de la Sociedad Mexicana de Geografía y Estadística, con ocasión del Año de don Venustiano Carranza, Botas, México, 1960.

——, *Ocho diálogos con Carranza,* Editores Mexicanos Unidos, México, 2a ed., 1964.

Obregón, Álvaro, *Ocho mil kilómetros en campaña,* Fondo de Cultura Económica, México, 1959.

Osorio, Rubén, *Pancho Villa, ese desconocido,* Talleres Gráficos del Estado de Chihuahua, Chihuahua, 1991.

——, *La correspondencia de Francisco Villa,* Biblioteca Chihuahuense, Chihuahua, 2004.

Pani, Alberto J., *Apuntes autobiográficos,* 2 vols., Librería de Manuel Porrúa, México, 1950.

Pineda Gómez, Francisco, *La irrupción zapatista. 1911,* Era, México, 1997.

——, *La revolución del sur, 1912-1914,* Era, México, 2005.

Portilla, Santiago, *Una sociedad en armas. Insurrección antirreeleccionista en México, 1910-1911,* El Colegio de México, México, 1995.

Quirk, Robert, *An Affair of Honor: Woodrow Wilson and the Occupation of Veracruz,* Mississippi Valley Historical Association, University of Kentucky, Lexington, 1962.

Reed, John, *México insurgente,* Crítica, Barcelona, 2000.

Reynolds, David S., *John Brown, Abolitionist. The Man Who Killed Slavery, Sparked the Civil War and Seeded Civil Rights,* Alfred A. Knopf, Nueva York, 2005.

Richmond, Douglas, *La lucha nacionalista de Venustiano Carranza, 1893-1920,* Fondo de Cultura Económica, México, 1986.

Romance histórico villista, anónimo, 1917.

Rosas, Alejandro, *Felipe Ángeles,* Planeta-DeAgostini, colección Grandes Protagonistas de la Historia Mexicana, México, 2002.

Russo, Peggy y Paul Finkelman (comps.), *Terrible Swift Sword. The Legacy of John Brown,* Ohio University Press, Athens, 2005.

Salmerón Sanginés, Pedro, "Pensar el villismo", *Estudios de Historia Moderna y Contemporánea de México,* vol. 20, Instituto de Investigaciones Históricas, Universidad Nacional Autónoma de México, México, 2000.

————, *La División del Norte, la tierra, los hombres y la historia de un ejército del pueblo*, Planeta, México, 2006.

————, "Los historiadores y la guerra civil de 1915", mecanoscrito, 2007.

Sánchez Lamego, Miguel Ángel, *Historia militar de la revolución constitucionalista*, Instituto de Estudios Históricos de la Revolución Mexicana, México, 1956-1957.

Serrano, Sol (compilación e introducción), *La diplomacia chilena y la Revolución mexicana*, Archivo Histórico Diplomático Mexicano, Secretaría de Relaciones Exteriores, México, 1986.

Solares, Ignacio, *La noche de Ángeles*, Planeta, México, 2003.

Taibo II, Paco Ignacio, *Pancho Villa. Una biografía narrativa*, Planeta, México, 2006.

Taracena, Alfonso, *Venustiano Carranza*, Jus, México, 1963.

Terrazas, Silvestre, *El verdadero Pancho Villa*, Era, México, 1985.

Torres, Juan Manuel, *La Decena Trágica*, Academia Nacional de Historia y Geografía, México, 1963.

Treviño, Jacinto B., *Memorias*, Orión, México, 1961.

Urbina Sebastián, Édgar, *Catálogo parcial del Archivo Francisco I. Madero, perteneciente a la SHCP (cajas 1-23). Madero, los preparativos y la dirección de la revolución de 1910*, tesis de licenciatura, Universidad Nacional Autónoma de México, México, 2005.

Vargas Valdés, Jesús (prólogo), *Felipe Ángeles. El legado de un patriota. Textos del juicio y ejecución de un idealista revolucionario*, Gobierno del Estado de Chihuahua, colección Biblioteca Chihuahuense, Chihuahua, 2003.

Villarreal Lozano, Javier, *Venustiano Carranza. La experiencia regional*, Instituto Coahuilense de Cultura, México, 2007.

Womack, John, *Zapata y la Revolución mexicana* [1966], Siglo XXI, México, 9a ed., 1969.

Zweig, Stefan, *Fouché*, Grasset, París, 1969.

PERIÓDICOS

El Correo del Bravo, El Paso, Texas, 1920.
El Correo Mexicano, Los Ángeles, California, 1918.
El Demócrata, México, 1919.
El Heraldo, Chihuahua, 1919.
El Imparcial, México, 1912-1913.
El País, México, 1912.
El Paso Morning Times.
La Patria, El Paso, Texas, 1917.
El Universal, México, 1919.
El Universal de México, Nueva York, 1919.

Carmen Álvarez de la Rosa de Castañeda, entrevista de Odile Guilpain, México, 1982.

Eduardo Ángeles, entrevista de Odile Guilpain, 1982.

ÍNDICE ONOMÁSTICO

Molina, Ricardo, 136
Monclova (Coahuila), 251
Mondragón, Manuel, 20, 41, 59-60, 203, 208
Monterrey (Nuevo León), 17, 110, 112-13, 215-16
Moras, cerro de Las, 154
Morales, Rubén, 32
Morelos (estado), 9, 17, 19-20, 23, 37, 39-40, 44-47, 49, 51-52, 62, 67, 73, 82-83, 112, 205-209, 214, 223-24, 262, 266, 269, 275-76, 279, 282, 285-86
Morelos (Zacatecas), 226-30, 235-36
Morelos y Pavón, José María, 224, 284
Muñoz Holguín, José, 154-56, 180
Murguía, Francisco, 108, 110, 112
Múzquiz (Coahuila), 200
Nagore, Manuel, 49
Naranjo (capitán), 47
Natera, Pánfilo, 88-89, 176, 212, 228-30, 232
Ney, Michel, 39
New Condon, 137
Noble (señores), 250
Nogales (Sonora), 150, 209
Nonoava (Chihuahua), 154
Nueva York, 94-95, 104, 126, 130-33, 136, 138-39, 141-42, 144, 158, 163, 166, 195, 199
Nuevo León, 18
O, Genovevo de la, 9, 46, 147, 182-83, 191, 206, 223-24, 253, 262-63, 274, 278
Oaxaca (estado), 109
Obregón, Álvaro, 11, 26, 69, 72, 75-78, 85, 88, 90-91, 95-99, 102, 105, 107-14, 210-12, 214-15, 217
Ocuila (Estado de México), 268, 276-78
Olivos, valle de Los, 95, 153
Orendáin, batalla de, 214
Orozco, Pascual, 43, 114, 205, 284
Orozco, Margarito, 246

Ortega, Toribio, 101, 244-45
Ortiz, José, 197
Osorno, capitán, 264-65
Otero y Gama, Juan, 156, 177, 194-95
Pachuca (Hidalgo), 108, 201, 217
Pacto de Torreón, 72, 251
Pacto de Xochimilco, 75
País, El, 53
Palacio Nacional, 18-19, 28, 31-35, 55, 57, 59-61, 83
Paredón, batalla de, 105, 224, 260
París, 41, 82-83, 104
Partido Legalista, 137
Partido Liberal, 292
Paso, El (Texas), 46, 64-65, 94, 121, 124-25, 133, 141, 144, 217
Patria, La, 46
Patrón Correa (doctor), 33
Paz, Eduardo, 63
Pedernalillo, laguna de, 249
Pensilvania, 131
Peraldí, Fernando, 159
Perdomo (teniente), 234
Pilar de Conchos (Chihuahua), 154
Pilas, Las (Zacatecas), 228, 232, 234
Pimienta (Zacatecas), 230
Pino Suárez, José María, 10, 28, 31, 33-34, 57, 59, 83, 119, 208, 216
Plan de Ayala, 11, 41, 73, 147-48, 223
Plan de Guadalupe, 93
Plan de Río Florido, 139
Plata, mina de La, 229, 233, 235, 237
Prado, Eduardo, 201
Prida, Ramón, 133
Prieto, Víctores, 159, 161, 181, 185, 187
Primera, Juan, 154-56
Progreso (Yucatán), 109
Puebla (ciudad), 108, 112
Puebla (estado), 262
Puerto Rico, 166
Querétaro (ciudad), 93, 104, 290
Quevedo, Rodrigo M., 153
Quintero Arroyo, Juan, 63
Quiroz (capitán), 233-36, 243

Fotocomposición: Alfavit
Impresión: Litográfica Ingramex S.A. de C.V.
Centeno 162-1, Col. Granjas Esmeralda
México, D.F. 09810
20-XII-2008

Adolfo Gilly en Biblioteca Era

La revolución interrumpida

El cardenismo. Una utopía mexicana

Chiapas: la razón ardiente
Ensayo sobre la rebelión del mundo encantado

Historia a contrapelo. Una constelación:
Walter Benjamin, Karl Polanyi, Antonio Gramsci,
Edward P. Thompson, Ranajit Guha,
Guillermo Bonfil Batalla

Felipe Ángeles en la Revolución